推进家政服务
提质扩容

家政服务业发展典型案例汇编

PROMOTING THE QUALITY
AND CAPACITY OF

DOMESTIC
SERVICE INDUSTRY

TYPICAL CASES OF
DEVELOPMENT
IN DOMESTIC SERVICE INDUSTRY

国家发展改革委社会发展司
商务部服务贸易和商贸服务业司 ｜ 编著
人力资源社会保障部农民工工作司

社会科学文献出版社
SOCIAL SCIENCES ACADEMIC PRESS (CHINA)

前　言

　　家政服务业事关亿万百姓福祉，既是爱心工程，也是朝阳产业。近年来，我国家政服务业快速发展，政策体系逐步完善，产业规模持续扩大，服务模式不断创新，努力满足人民群众日益增长的多样化、多层次家政服务需求，在保障民生、促进就业、扩大内需、精准扶贫方面的作用日益凸显。

　　为贯彻落实《国务院办公厅关于促进家政服务业提质扩容的意见》，全面总结推广各地家政服务业发展的有效做法，国家发展改革委会同商务部、人力资源社会保障部在全国范围内征集遴选了一批家政服务业发展典型案例，共同编写了《推进家政服务提质扩容——家政服务业发展典型案例汇编》，深入总结了近年来我国家政服务业发展的经验和成效。本书每个案例都紧密围绕推进家政服务业高质量发展要求，既有实践内容，又有理论剖析；既从思路上启发，又从模式上借鉴，以形成一批可复制可推广的成果，为全国家政服务业发展提供示范经验。

　　由于时间和水平有限，疏漏和不妥之处在所难免，敬请广大读者批评指正。

编　者
2019 年 6 月

目 录

第一篇

家政服务业发展情况综述

　　家政服务业事关亿万百姓福祉，既是爱心工程，也是朝阳产业。近年来，我国家政服务业快速发展，政策体系逐步完善，产业规模持续扩大，服务模式不断创新，努力满足人民群众日益增长的多样化、多层次家政服务需求，在保障民生、促进就业、扩大内需、精准扶贫方面的作用日益凸显。

一　政策体系日趋完善

　　2007 年 3 月，国务院印发了《关于加快发展服务业的若干意见》（国发〔2007〕7 号），提出"大力发展家政服务和社会化养老等服务业"，将家政服务上升为服务业的重要领域之一。2010 年，国务院办公厅印发了《关于发展家庭服务业的指导意见》（国办发〔2010〕43 号），对家政服务发展做出了全面部署。2012 年，商务部颁发《家庭服务业管理暂行办法》（商务部令 2012 年第 11 号），对家庭服务机构经营规范、家庭服务员行为规范等做出了具体规定。2014 年，人力资源和社会保障部、国家发展改革委、商务部、全国妇联等 8 部门印发《关于开展家庭服务业规范化职业化建设的通知》（人社部发〔2014〕98 号），提出了规范化职业化建设的总体目标和具体要求。2016 年，《国民经济和社会发展第十三个五年规划纲要》将积极发展家庭服务业纳入其中，提出促进家政服务业向专业化、规模化和网络化发展。2017 年 5 月，全国妇联印发《关于举办全国巾帼家政服务职业大赛的通知》，巾帼家政服务职业大赛应运而生。2017 年 7 月，国家发展改革委、人力资源和社会保障部、商务部等 17 个部门联合印发《家政服务业提质扩容行动方案（2017 年）》（发改社会〔2017〕1293 号），从引导家政企业做大做强、加强行业发展政策扶持、健全职业培训制度、完善家政服务标准和服务规范、强化监管等 5 个方面提出了一系列政策措施，促进家政服务提质扩容。2019 年 6 月，国务院办公厅印发了《关于促进家政服务业提质扩容的意见》，围绕家政培训标准化、家政人才职业化、家政服务专业化、家政行业规范化的目标，从加强家政服务技能培训、鼓励家政企业进社区、财税支持、健全信用体系等方面提出一系列政策措施，推动家政服务业高质量发展。

　　文件印发后，各地、各有关部门高度重视，认真贯彻落实。各地建立相关工作机制，出台配套文件，开展扶贫对接，有关部门陆续制定出台了人才培养、财税支持、标准化建设、家政扶贫等系列政策文件，为家政服务业发展营造了良好的政策氛围。

二 家政服务产业快速发展

一是产业规模持续扩大。随着经济发展和居民收入水平不断提高，家政服务的需求与日俱增，家政服务业快速发展。2013年以来，我国家政服务业营业收入年均增长保持在20%左右，2017年营业收入达到4400亿元，比2016年提高26%，与2013年相比增长了近130%。二是吸纳就业成效明显。家政服务业是吸纳各类就业困难人员的主要行业之一，且小微企业众多，在吸纳就业方面具有天然优势。2017年家政服务从业人员数达到2800万人，与2013年相比增长了55.56%。三是新业态加快涌现。部分地区和企业利用互联网、大数据、云计算等信息技术，开发了家政服务信息系统、App应用、家政电商平台等，并逐步延伸至保洁、养老、育婴等领域智能产品和辅助器具的研发与制造，推动行业转型升级。

三 职业化建设不断加强

一是家政培训力度持续加大。组织实施"巾帼家政培训专项工程""家政培训提升行动""春潮行动""技能培训促就业行动"等培训活动，各地相关部门、行业协会和家政企业开展多途径、多形式的各类培训与竞赛，家政从业人员技能水平不断提高。二是家政培训基地加快建设。各地积极开展家庭服务职业培训示范基地创建工作，制定推动示范基地建设的各项扶持政策，截至2018年底，全国已有省级家庭服务职业培训示范基地255家。三是家政服务职业教育逐步扩大。2018年，全国共有家政服务业相关专业点数212个，招生人数6578人。其中，有31所高职院校开设家政服务与管理专业，专业点数31个，招生点数104个，招生人数2969人；共有74所高职院校开设社会工作专业，专业点数77个，招生人数3071人。

四 规范化建设持续推进

一是诚信体系不断健全。国家发展改革委、商务部等28个单位联合签署《关于对家政服务领域相关失信责任主体实施联合惩戒的合作备忘录》，从 27 个方面对家政服务领域的失信行为进行联合惩戒，不断推动家政行业诚信体系建设。二是各项标准陆续实施，出台《关于加强家政服务标准化工作的指导意见》，发布《家政服务母婴生活护理服务质量规范》《家政服务机构等级划分及评定》等 11 项国家标准，针对家政服务的具体业态进行规范，提高家政服务质量和水平，推动家政服务业规范化发展。各地也积极加强地方标准建设，制定省级标准。三是监管力度不断加强。各地开展了家政服务市场专项检查，抓紧加大对违法违规行为防范惩处力度，市场经营秩序进一步规范。

五　家政服务助力精准脱贫

充分发挥家政服务就业容量大的扶贫优势，开展全国家政服务劳务对接扶贫行动，引导中西部地区贫困县与中心城市劳务对接，输转一批贫困地区劳动力到中心城市家政服务业就业。截至 2018 年 8 月底，贫困县与中心城市及其企业之间签订的协议超过 1000 份，各地贫困县输出家政服务员 6.2 万人，其中建档立卡贫困户 1.8 万人。开展"百城万村"家政扶贫工作，引导家政服务企业与贫困县对接，支持家政劳务输出基地建设，建立家政扶贫供需对接平台。截至 2018 年 9 月，共参与对接的国家级贫困县有 822 个，参与企业有 415 家，实现就业超过 10 万人。

第二篇

政府工作经验典型案例

第一章　推进家政服务业高质量发展

|案例 1|

北京市试点员工制家政服务，
探索职业化发展新路径

基本情况

北京市家政服务业始于 20 世纪 80 年代中后期，在国内起步较早、发展较快、从业人数较多。截至 2018 年底，北京市共有注册家政服务企业（含个体工商户）5300 余家，从业人员超过 50 万人。家政服务业已成为首都市民生活的重要组成部分。尽管市场供应有了很大改善，行业发展与居民需求仍然不相适应。主要存在几个方面的问题：一是产业规模总体偏小，企业规范化、从业人员职业化水平偏低；二是市场监管还不到位，行业自律有待加强；三是行业管理体系和劳动保障制度不健全，大多数服务人员没有建立劳动关系和办理社会保险；四是供需矛盾突出，服务结构不合理，缺乏个性化服务等。

2010 年，国务院办公厅出台了《关于发展家庭服务业的指导意见》（简称《指导意见》）（国办发〔2010〕43 号），对我国家庭服务业工作进行了全面部署，文件中也首次出现了员工制家政服务的提法。《指导意见》下发后，北京市积极响应国家号召，率先进行了员工制家政服务试点，经过了几年试点，逐步探索出了提升家政服务业规范化、职业化水平的新思路。

主要做法

1. 联席会议齐抓共管，政策先行提供保障

为加强对发展家庭服务业促进就业工作的组织领导，2009 年 12 月，北京建立了由人社局牵头，发展改革委、财政局、商务委、民政局等 8 家成员单位组成的发展家庭服务业促进就业联席会议，主要负责研究制定北京市促进家庭服务业发展的政策、措施，解决推动发展家庭服务业重大问题，初步形成了部门间各司其职、各负其责、齐抓共管的良好局面。

2011 年 5 月，为贯彻落实国务院办公厅《关于发展家庭服务业的指导意见》（国办发〔2010〕43 号）文件精神，鼓励和扶持北京市家政服务业发展，北京市印发了《关于鼓励发展家政服务业"家七条"的意见》（京政办发〔2011〕23 号）（以下简称《家七条》），通过给予社会保险补贴及培训补贴、免征营业税、中小企业发展专项资金支持等政策措施，鼓励家政服务企业实行员工制管理，为引导北京市家政服务业健康有序发展提供了政策保障。

2. 加大优惠扶持力度，积极开展员工制试点

《家七条》出台后，社会和家政企业反响强烈，普遍认为这是一个好政策。但在实际操作过程中，对于文件中"对符合条件的员工制家政企业按照'先缴后补，一年一补'的原则，补贴标准为企业缴纳养老、医疗、失业保险费的 50%"等规定，家政企业普遍感觉社保负担重、垫资压力大，参与的积极性不高，致使文件出台一年多，家政企业没有实质性响应。为此，在进一步调研的基础上，北京市出台了《关于鼓励家政服务企业实行员工制管理的试点意见》（京人社农工发〔2012〕233 号）（以下简称《试点意见》），决定择优认定一批不同工种、具有典型示范作用的家政

服务企业作为员工制家政服务试点单位，开展员工制家政服务试点工作。《试点意见》加大了对员工制企业的扶持力度。将企业最关注的社会保险补贴标准由过去每年补贴50%调整到最高可补贴100%，并将过去每年补贴一次调整为每半年一补。同时，出台了《北京市员工制家政服务试点企业社会保险补贴操作办法（试行）》《关于北京市员工制家政服务试点企业一次性职业介绍有关问题的通知》等配套文件，保证《试点意见》落实到位。

2012年11月，员工制试点工作正式启动。本着公开、公平、自愿的原则，在全市申请员工制试点的37家企业中，择优认定了北京慈爱嘉养老服务有限公司、北京真理想社区服务有限公司、三替集团北京三替家政服务有限公司、北京惠安居家政服务有限公司、北京惠佳丰家政服务有限责任公司5家企业作为北京市首批员工制家政服务试点企业，开展员工制试点。

3. 加强员工制宣传推介，推动各项措施落地

为尽快推动试点工作全面展开，北京市人社局多次深入试点企业开展政策宣讲，督促引导企业与员工签订劳动合同，为其缴纳社会保险。各试点企业主动宣传员工制的好处，并采取员工签订劳动合同与考核评级、奖励挂钩等措施，调动从业人员签订劳动合同的积极性。同时，多部门协调，优化服务流程，简化各项审批手续，确保各项补贴政策尽快落地。

4. 开展技能培训考核，提升员工职业素养

为提升家政服务从业人员综合素质，北京市人社局认定了北京市工贸技师学院等2所市级家政服务员定点培训机构，按照"统一标准、统一教材、统一考核鉴定、统一证书"的要求，开展家政服务员职业技能培训、鉴定。同时根据试点企业实际，批准了3家试点单位自主开展职业技能培训资格。通过岗前培训和在职提升培训，家政服务员综合素质和技能水平有了明显提高。

5. 督促企业规范管理，提升服务供给质量

为改变公司规模较小，主要负责人及管理人员企业化管理意识、经验和文化素质难以适应现代企业制度需要的不利局面，5家试点企业建立了人力资源管理、培训、服务流程及客户回访等制度，北京市人社局多次举办家庭服务企业职业经理人培训班和家庭服务业师资培训班，通过对企业

经营管理人员和师资人员的培训，带动企业进一步规范经营行为，强化从业人员职业操守，提升服务技能和水平。

6. 加强信息化建设，提高试点工作效能

为提高员工制试点企业的服务效能，北京市人社局研发了员工制家庭服务企业信息管理系统及资格认定、职业培训、社保补贴、职业介绍补贴4个子系统，依托信息化管理，切实提高了试点工作质量。北京市商务委、民政局依托96156北京市社区服务平台、家政服务网络信息平台及基层社区服务中心（站）设施，将网络服务功能加以集成，整合服务信息资源，实现了家政服务信息共享。慈爱嘉养老服务有限公司自主开发了养老服务管理系统——美丽花，通过该系统实现了社区居家养老服务模式中社区、服务商、家庭的整合。通过信息化建设，企业管理水平、服务规范化得到进一步提升。

7. 开展劳务对接活动，确保从业人员有序输入

北京市充分利用京津冀协同发展、南水北调及对口支援等有利契机，积极会同当地人社部门建立家政服务员定点培训输出基地，不定期组织试点企业开展定向劳务对接活动，在保障供给、提升素质的基础上，推动外埠家政服务员有序流入。

经验效果

经过五年的探索和实践，5家试点企业规范化程度有所改善，员工流动性明显下降，职业素质和职业化水平得到较大提升，家政服务质量显著提高，行业竞争力增强，试点工作取得明显成效。5年来，累计有3000多名家政服务员与公司签订了劳动合同，并按要求缴纳了社会保险；2900余人参加了技能培训，大部分通过考核顺利取得了职业资格证书；试点企业的服务站点不断增加，服务范围不断扩大，更多的市民享受到了员工制家政服务。以慈爱嘉养老服务有限公司为例，截至2018年，该公司居家养老服务已覆盖东城区等8个区，服务中心管理面积共计约4000平方米，每个服务中心覆盖20~30个社区，老年人比例约20%，累计照护服务15万余人次。

|案例2|

江苏省扬州市构建"三大体系",开展"四化建设",推动家庭服务业提档升级

基本情况

近年来,扬州市通过"基础建设年、体系建设年、效应提升年、四化建设年、创新发展年"等,突出用好"联席会议、行业协会、引导资金"三大抓手,不断完善"组织服务、政策支持、技能培训"三大体系,深入开展"职业化、规范化、品牌化、规模化"四化建设,着力撬动家庭服务业发展实现提档升级。

曾经的扬州家庭服务行业"小、散、乱"现象严重,服务水准参差不齐,无法适应人民群众日益增长的家庭服务社会化、专业化需求,主要存在以下几个制约因素。

1. 行业管理不力

一是没有明确的行业主管部门;二是虽然成立了家政服务行业商会,但是一直没有实际运行;三是家庭服务行业缺少整体规划,在行业管理上存在政策措施、服务标准、培训制度、诚信评价等规范制度体系的缺位。

2. 劳动力供给不畅

一是行业存在稳定性差、流动性大的特点,季节性缺工现象严重;二是受传统思想影响,再加上待遇偏低,很多人不愿意从事家庭服务工作;三是从业人员主要来自苏北、安徽等地,随着这些地区经济的发展,扬州家政从业人员不断减少。

3. 企业质态不稳

一是准入门槛低，大部分企业规模小、盈利能力差，90%以上是"一张桌子、一部电话、一个人"的"中介制"；二是"游击队"扰乱"正规军"，员工"私下签约"现象严重；三是服务价格没有跟上市场发展，企业利润受到挤压；四是少部分企业规模化发展遇到了"社保缴费、税收收费、融资途径"等成本高问题的制约。

4. 服务能力不强

一是诚信评价体系不健全，家庭服务质量亟待提升；二是从业人员培训体系不完善；三是雇主和服务人员双方权益保障不到位；四是缺少调节市场供需的信息服务平台，资源得不到有效配置。

主要做法

1. 构建行业发展三大体系

（1）积极构建"条块结合、部门协作"的组织服务体系。突出强化三大抓手的引领服务功能。一是将家庭服务业列为扬州市现代服务业十大重点产业之一，纳入现代服务业发展的总体规划，专门成立家庭服务业重点产业指挥部，由分管副市长牵头负责，明确市人社局为家庭服务业发展的责任部门，接受市服务业工作领导小组的统一领导，同时在市现代服务业发展政策内单列一项家庭服务业政策，将家庭服务机构纳入市服务业政策的享受范围。充分发挥市家庭服务业联席会议作用，联合相关部门从行业发展、财税政策、技能培训等方面加大对行业的帮助和扶持。与商务部门合作，推进扬州"三把刀"建设；与质监部门合作，研究制定行业标准；与工商部门合作，助推企业品牌升级；与民政部门合作，对养老护理员进行统一培训；与房管部门合作，引导物业公司转型升级等。二是加大对行业协会的指导和服务。重新成立市家庭服务业协会，配备三名专职人员，在资金上通过购买服务等方式给予扶持。制定各类规范公约，指导家协和相关企业起草各类行业标准，开展系列培训、交流、考察、表彰等活动，引领行业发展。三是发挥家庭服务业引导资金的带动促进作用。为企业争取相关的补贴资金、扶持引导资金，帮助企业获取低成本信贷融资，开展宣传推广，为企业收集有利的项目信息、市场信息，帮助企业破解用工难、融资难、劳动力成本高等难题，扶持各类企业做大做强。

（2）积极构建"点面结合、贴近帮扶"的政策支持体系。加大就业创业相关政策与产业发展相结合的程度和力度，增强家庭服务业吸纳就业能力。先后出台了《关于加快发展家庭服务业的实施意见》《扬州市家庭服务业提速发展行动计划》《扬州市家庭服务业岗位补贴和社会保险补贴实施办法》《关于实施扬州市现代服务业提质增效三年（2018－2020年）行动计划的若干政策意见》等政策。

（3）积极构建"培赛结合、三级联动"的技能培训体系。打造"前校后企"办学模式，加大对民营培训学校的扶持指导、督促考核，提高培训质量。市、县、乡二级联动，每年实施家庭服务业万人培训工程及技能培训月活动，开展家庭服务业技能竞赛等，不断提升从业人员的技能水平。

2. 推进行业发展四化建设

（1）职业化建设——打造行业正规军。一是全面推广"前校后企"模式，人社部门对培训学校的立项、审批、招生、培训、就业全过程进行引导与扶持。引导家庭服务企业开办职业培训学校向社会招收学员，学员考核合格后颁发职业资格证书，并签订协议、安排就业。通过在校学习和企业顶岗实习相结合的培训模式，既提高从业人员职业能力，也减轻企业招工压力。截至2018年底，扬州市已有28所民营家庭服务业培训学校，累计培训各类学员5万多人次。扬州大学医学院、扬州华南职业培训学校、扬州安康职业培训学校获评江苏省家庭服务职业培训示范基地。二是实施万人培训工程。从2012年开始，扬州市组织实施了"家庭服务业万人培训工程"，每年举办一届职业培训月活动，组织全市各类培训机构，提供家政服务员、育婴员等9个主要培训科目，分层次、分级别、分专业对从业人员进行培训，每年培训3000多人次。三是组织技能大赛。每年联合总工会、共青团、妇联等部门举办家庭服务业技能大赛，组队参加省家庭服务业大赛，推动从业人员服务能力的提档升级。

（2）规范化立身——把优秀变成习惯。行业标准的制定就是把优秀的做法变成行业的习惯。在工作中，有意识地引导企业在发展过程中树立标准意识，积极帮助企业制定与申报市、省标准。由扬州华南服务公司、华南职业培训学校联合起草的《病员（养老）生活护理服务规范》，成功申报为省级服务业标准化试点项目，三利月姨公司的《产期母婴健康服务规范》《实现母乳喂养服务规范》《小儿湿疹健康服务规范》等成为地方标准，与此同时，《母婴生活护理从业人员评价规范》《清洗保洁服务规范》《居家养老服务规范》等一大批地方标准纷纷出台。突出对行业协会的指导和服务，学习全国各地家庭服务行业的好经验，收集本地企业的好做法，在总结提炼的基础上，制定了各类规范公约，引领行业发展。目前扬州市已经引导协会联合相关企业和机构，制定了行业公约、雇主公约、行业指导价格、示范合同等规范性文本，并通过新闻媒体、协会网站、公众号等多种渠道进行发布推广，在全行业形成了风向标和标准线。

（3）品牌化战略——提升核心竞争力。品牌是企业的形象，是企业的核心竞争力。通过开展示范服务站创建、诚信企业认定、骨干企业评选等活动，建立一套对接行业需求、吻合行业特征、适合行业发展的管理体制，充分发挥其在行业发展中的示范带动作用。通过活动、宣传、专业咨询、培训、会展等帮助相关企业塑造企业品牌和服务品牌，鼓励企业积极争创品牌，推动中小企业通过宣传、聚合、嫁接等方式，扩大品牌影响力。每年举办1~2次省部级以上的会展活动。根据人社部《关于开展中心城市家政服务劳务对接行动的通知》，组织相关企业赴安徽金寨、陕西榆林、山西太原等地开展跨地区家政服务劳务协作，经过多年努力，涌现出了一批在行业内叫得响、在长三角地区具备知名度的品牌。

（4）规模化发展——攥指成拳闯市场。规模化是企业和产业降低成本、抵抗风险的重要路径。为此，扬州从做大企业、做强产业两个方面着手，形成家庭服务业规模集群，攥指成拳闯市场。一方面，通过政策引导、服务引导、宣传引导，激活民间投资，持续加大各类资本对家庭服务业有效投入，帮助企业破解融资难、用工难、劳动力成本高等难题，促进家庭服务企业进一步做大做强。连续多年组织企业申报市服务业发展引导资金家庭服务业专项，2017年组织14家企业申报项目，成功获得249万元资金扶持；与电商协会合作，引导"维小保、修车郎、爱家360、智慧社区"等各类民营家庭服务业信息平台做大做强。另一方面，瞄准快易洁、58同城等龙头企业，积极招引它们来扬州投资或合资，目前已经有多家全国百强家庭服务企业在扬州投资兴业，为扬州家庭服务行业的健康发展注入了蓬勃动力；与市创业指导中心、团市委青创部等合作开展家庭服务业创业指导服务，宣传创业优惠政策，鼓励各类群体开办家庭服务企业；持续开展好人社部家庭服务业调查、市服务业十大产业统计系统填报、列统企业申报等统计工作，摸清行业底数；每年定期举办家庭服务业专场招聘会，帮助企业解决季节性缺工难题；加强舆论宣传，营造家庭服务业发展的良好氛围。

经验效果

近年来，扬州市每年确定一个工作主题重点突破，通过用好"三大抓手"，完善"三大体系"，持续深入开展家庭服务业"四化建设"，行业管理规范有序，政府服务措施得力，企业质态稳步提升，服务能力与时俱进，社会需求得到了较好的满足。

扬州市开展的"2016 年、2017 年人社部家庭服务业统计调查"数据分析表明，扬州市家庭服务企业已经从"小、散、乱"向"职业化、规范化、品牌化、规模化"转型，企业、员工、客户三者关系和谐融洽。同时发现，扬州本地家庭对家庭服务的需求达到了 61.7%，平均每 3 户就有 2 户有家庭服务需求，使用家政服务员的家庭对服务质量评价较高，从业人员的工资、社保、休息休假等权益得到了较好的保障。

经过多年努力，扬州市目前已经拥有各类家庭服务企业、机构近千家，从业人员达 7 万多人，其中困难群体就业 2 万多人。"陆琴脚艺""华南服务"获评全国驰名商标，"三利月姨""安康培训""友僮母婴""邦邦家政""兰庭家政"等 10 多家企业获评省著名商标、市知名商标，"华南服务""三利月姨"荣获"江苏名牌"称号。2 家企业获评全国家庭服务业百强企业，9 家企业获评全国家庭服务业千户企业。

案例 3

山东省青岛市坚持新发展理念，
打造家庭服务爱心工程

近年来，山东省青岛市高度重视家庭服务业发展，按照习近平总书记"要把家政服务业做实做好，办成爱心工程"的指示精神，全力落实国家、省部署要求，实施提质扩容行动，支持民营经济发展，围绕"增加服务供给、提高服务质量"中心任务，坚持新发展理念，创新实施了一系列惠民政策，进一步加快培育就业新动能，促进家庭服务业职业化、规范化、诚信化、品牌化发展，满足人民群众日益增长的美好生活需要。

基本情况

随着居民家庭生活水平的不断提高，家庭服务内容、覆盖范围越来越广，家庭服务需求已经逐渐由自发需求转变为刚性需求，并贯穿于居民家庭生活，特别是婴幼儿照护、养老护理等"育儿养老"技术含量高的服务项目，逐渐成为行业需求主流。青岛市委、市政府高度重视家庭服务业发展，实施了家庭服务业提质扩容行动，逐步创新构建起青岛市促进家庭服务业发展的政策体系、培训体系、行业自律体系和服务体系，将家庭服务业作为助推新旧动能转换，提升居民家庭幸福感和获得感的民生工程、爱心工程。一是加大投入，构建有利于引导家庭服务业规范化职业化的政策体系。健全扶持政策体系，从鼓励就业创业、稳定就业、防范运营风险入手，减轻机构资金负担、提高行业社会保障力度，鼓励各类人员到家庭服务业就业创业，家庭服务机构规模扩大，吸纳就业能力增强，法人单位逐年增加，占比超过 70%，平均每家单位吸纳就业人员 143 人。二是增加服务供给，健全有利于提升职业化发展的技能培训体系。为提高家庭服务机构从业人员职业素质和技能水平，组织开展全员培训，努力建设一支诚实守信、技艺精湛、作风优良的家庭服务从业人员队伍，打造职业技能竞赛品牌，选拔表彰技术能手。家庭服务从业人员普遍接受职业技能培训，具备较高的职业素质和技能，为向居民家庭提供专业化服务提供了保障，其中，培育母婴护理、养老护理、家政服务等专业中高级技能人才占比超过60%，职业化水平不断提高，为家庭服务业转型发展储备人才。三是多措并举，构建有利于行业自律的"标准+"家庭服务模式。组织行业专家、家庭服务机构编制地方服务规范，不断提高从业人员的职业素养，规范服务行为、畅通服务流程、提升服务质量，引导行业标准化规范化发展。四是创新机制，打造有利于提升服务供给能力的"互联网+家庭服务"新模式。通过线上线下资源整合，扩大家庭服务信息覆盖面和服务质量，为家庭、社区、家庭服务机构提供全方位、封闭式服务，构建起供需对接、信息咨询、服务监督、服务评价一体化的家庭服务便民机制。

主要做法

1. 加大财政投入，健全扶持政策体系

将培育就业新动能家庭服务业作为新兴产业，其蕴含巨大的就业空间和发展潜力，青岛市委、市政府高度重视行业发展，设立家庭服务业专项资金，确保政策落到实处。一是鼓励就业。家庭服务机构每招用一名城乡劳动者，给予350元岗位奖励，其中，对新招用属就业困难人员和家庭困难高校毕业生的，给予每人每月876元的社会保险补贴；对以灵活就业形式从事家庭服务工作的，按每人每月参保数额2/3、最高500元的标准给予社保补贴。放宽地域限制，凡在青岛市从事家庭服务业工作的非青岛户籍人员，均可享受上述政策。随着政策的实施，从业人员签约率从55%升到85%，吸纳就业人数、主动参保人数实现双提升。二是鼓励创业。失业人员、高校毕业生和农民工开办家庭服务机构的，给予10000元的一次性创业补贴；打破身份限制，凡在青岛市创办家庭服务机构的，均可获得45万元的由政府全额贴息的担保贷款。三是稳定就业、鼓励机构做强做大。对实行员工制运营的家庭服务机构，吸纳从业人数达到30人及以上的，按

每人每年 1000 元标准给予家庭服务机构稳定就业岗位奖励，鼓励机构规模化经营、标准化管理、品牌化发展，吸纳更多劳动者稳定就业，目前稳定就业实名制登记人员 16836 人，扶持期限从 3 年延长至 5 年。四是鼓励打造专业产业园区。鼓励各级政府和社会力量创建家庭服务业园区，吸纳家庭服务机构入驻，政府给予 3 年免房租补贴，推动家庭服务业抱团式、集约式发展。目前，青岛市建成 6 个、总面积逾万平方米的专业化家庭服务业就业创业广场，形成了行业发展聚集效应，居民家庭可以到广场比价选择家庭服务机构和从业人员。其中，青岛（市北）家庭服务就业创业广场成为山东省唯一一家家庭服务行业省级就业创业示范园区。五是防范运营风险。全国首创政府和机构共同为从业人员购买商业综合保险政策，政府按照每人 100 元标准给予补贴，防范潜在的人身、财产和第三方责任风险，120 元商业综合保险可获得最高 50.4 万元的保障，营造了行业安全稳定的发展环境，解除企业的后顾之忧。

2. 实施多层次技能培训，提升从业人员素养

一是在全市范围内实施了家庭服务业技能培训项目，鼓励家庭服务从业人员参加技能培训，培训合格的给予不超过 2000 元的培训补贴，从业人员均可得到一次免费培训机会，目前青岛市约有 80% 的从业人员做到持证上岗，从业人员技能水平显著提升。为打造全国一流的家庭服务业培训基地，加大政府投入，满足家庭服务从业人员对技能实训的需求，2016 年基地被山东省人力资源和社会保障厅授予"山东省家庭服务职业培训省级示范基地"荣誉称号。

二是举办职业技能大赛。为搭建员工晋升通道，促进从业人员交流经验，每年通过行业协会组织开展一次家庭服务职业技能大赛，涉及母婴护理、育婴、家政服务等项目。对竞赛优秀选手授予金牌服务员称号，并对前六名的获奖者给予最高 10000 元奖励。青岛市连续 7 年举办技能竞赛，吸引 2046 名从业人员参与，培育表彰养老服务、母婴护理、育婴师等高端技能人才 1017 人，金牌服务明星 324 人，宣扬精益求精的敬业风气、营造劳动光荣的发展氛围。

三是畅通培训＋就业通道。为满足家庭服务从业人员对技能培训和就业的需求，联合 40 余家岛城品牌机构组建了青岛市家庭服务业培训就业联

盟，构建了集"技能培训+操作实训+技能鉴定+就业服务+政策落实"等一体化服务平台，提供标准化培训鉴定服务，凡是有就业需求的，还可以享受免费家庭服务业就业岗位对接服务，打通培训就业通道。几年来，机构组织培训6.1万人次，推荐就业1.8万人次，为带动行业从低端服务向中高端发展储备、输送人才。

3. 实施职业化规范化"两化"提升计划，推动家庭服务业转型升级

为统筹协调推动家庭服务业发展，规范家庭服务行为，发挥发展家庭服务业促进协调领导小组作用，青岛市组建了由家庭服务业机构参与的家庭服务业促进会，实施"两化"建设，主要承担研究制定行业规范、建立行业自律机制，促进行业公平竞争，开展信息交流、理论研讨、人员培训等工作，助力行业新旧动能转换。一是出台行业服务规范，针对行业规范化程度偏低的现状，组织行业专家、家庭服务机构编纂出台了母婴护理师、养老护理、家政服务等10个具有青岛特色的服务规范，改变了过去粗放式的家庭服务管理模式，服务规范对每一个服务细节都给予量化标准，从细微之处来提升服务质量，体现出以人为本的服务理念。二是组织岗前培训，依托青岛（市北）家庭服务就业创业广场举办职业道德服务礼仪培训班，通过职业道德、法律法规、服务规范等专项辅导学习，提高从业人员专业技能和职业素养，提升服务质量。三是针对家庭服务业"中介制"服务居多的特点，出台家庭服务双方及三方协议范本，规范机构用工，明确机构、从业人员及居民家庭用户双方、三方权利与义务，已免费发放3万份。四是成立了养老护理、母婴护理、家政服务、烹调面点等4个专家委员会，聘请19位岛城知名专家学者担任委员，组织师资培训，出台了青岛市母婴护理培训教材和服务标准，推动行业规范化建设。五是培育职业经理人队伍，提升职业化水平，针对家庭服务机构的不同发展需求，邀请专家对全市家庭服务机构经理人进行系统培训考核，经过培训，青岛市拥有一支超过200人的懂管理、高素养家庭服务业职业经理人队伍，为机构做强做大储备管理人才。六是实施"五个一批"家庭服务典型引领计划。自2019年起，每2年培育30个家庭服务诚信机构、表彰10个家庭服务品牌机构、选树50名家庭服务明星、打造一批家庭服务职业培训基地、创建一批家庭服务业创业孵化园区，给予每个诚信机构5万元奖补、每个品牌

机构 10 万元奖补、每个服务明星 1 万元奖励，充分发挥行业自律、典型引领作用。目前，青岛市拥有包括爱心大姐、泉林家政、天虹缘家政等 10 个全国千户家庭服务业企业。

4. 创新"互联网＋家庭服务"新模式，提高服务供给能力

为满足人们对家庭服务的需求，青岛市创新了线上（云平台）＋线下（家庭服务业广场）相融合发展的新机制，提升服务供给能力，营造良好的服务环境。一是打造各级家庭服务业就业创业广场。青岛市已建成省级、市级就业广场各 1 个，形成功能互补、信息共享服务体系，入驻机构有 440 个，带动就业 1.6 万人、年交易额突破 4000 万元，满足居民家庭、家庭服务机构、从业人员需求，成为青岛市家庭服务业新地标。

二是整合资源，提供放心满意服务。整合家庭服务业就业创业广场、12333 家政服务热线、青岛市家庭服务业云平台等各种线上线下资源，建立全市统一的"互联网＋"家庭服务就业创业平台，提供服务对接、求职招聘、政策帮扶等 10 余类服务。平台为保证服务质量，还提出了"6 个100% 承诺"：从业人员 100% 签订合同、从业人员 100% 实名认证、从业人员 100% 健康查体、从业人员 100% 岗前培训、从业人员 100% 签订入职合同，服务订单 100% 电话回访。平台吸纳 268 个知名家庭服务机构入驻，完成家庭服务预约 43362 个，订单好评率达到 98% 以上。三是建立家庭服务业诚信体系。运用大数据，对家庭服务 16836 万名从业人员、353 个家庭服务机构进行数字化流动监测，掌握就业、培训、服务评价等情况，居民家庭可通过诚信系统掌握为其服务的从业人员的基本情况、技能水平、诚信评价等信息，杜绝山寨服务，让群众明明白白放心消费。

经验效果

青岛市按照上级的统一部署，实施的家庭服务业提质扩容行动，在培育新动能、增加服务供给、提升"两化"建设等方面取得了长足发展。一是在培育就业新动能方面，吸纳就业效果明显。全市拥有规范化的家政服务、养老服务、社区照料服务、病患陪护服务和残疾人托养服务机构 1705 个，吸纳从业人员 4 万人，年收入突破亿元，且机构数量、收入均以每年20% 的速度增长。有效缓解了农村进城务工人员和新旧动能转化失业人员

就业难题，吸纳就业人数每年涨幅在 18% 左右，员工制从业人员比例明显上升，职业化水平显著提升，从业人员素养得到有效提升，专科以上学历占比升至 7.63%。二是在提升服务供给方面，居民家庭需求日益丰富，呈现多元化刚性趋势，市场规模不断扩大，服务需求以与居民日常生活较为密切的服务项目为主，居民家庭需求向中高端服务转变、朝着专业化方向发展。特别是二孩政策和人口老龄化程度不断加剧，"育儿养老"等技术含量较高的服务项目占比也逐渐加大，占到总需求的 32.6%。青岛市家庭服务业积极应对，加大技能人才培育，出台了家庭服务从业人员技能提升培训补贴政策，特别是婴幼儿照护、养老护理等刚需技能人才培育。家庭服务从业人员至少接受一次职业技能培训，具备较高的职业素质和技能，2017 年经过专业培训的人数比 2016 年上升了 18.11%，取得职业资格证书的人数同比上升了 24.01%，为专业化服务提供了保障。三是在实施扶持政策方面，大大降低了企业人工成本，有效防范运营风险。实施家庭服务从业人员商业综合保险，有效降低青岛市家庭服务机构的经营风险，发放家庭服务业稳定就业岗位奖励，鼓励从业人员稳定就业，员工制人数同比增长 25.06%，引导家庭服务机构稳定化规范化发展，行业吸纳就业空间逐步扩大，累计防范各类补贴 1 亿元，惠及 353 户机构、1.5 万名从业人员，减轻企业资金压力，对鼓励企业做强做大、稳定人才队伍起到了积极作用。

青岛市在促进家庭服务业发展、规范行业管理等方面做了一些工作，下一步，青岛市将结合新旧动能转换重大工程和支持民营经济发展决策部署，进一步解放思想，开拓创新，努力打造青岛市家庭服务业名片，为建设开放、现代、活力、时尚的国际化大都市做出更大贡献。

| 案例 4 |

湖北省以"五化"建设为抓手，着力推进
家政服务产业健康发展

基本情况

据不完全统计，湖北省家庭服务企业及网点发展达 3.6 万户，从业人员约 120 万人，发展了湖北木兰花家政、武汉友缘家政、武汉炎黄家政、武汉恩安、武汉圣玛莉、武汉成名信赖等一批龙头企业，创建了木兰花、友缘、克林、楚大姐、贤内助、清江家政妹等一批品牌。2011 年、2012 年、2015 年湖北省分别有 40 户、44 户、48 户家庭服务企业被评为全国千户百强，其中百强企业十余家，规模数量居全国前列。湖北木兰花家政公司在新三板成功上市，成为中国家政第一股。十堰市建立全国首家家庭服务业创新产业园。

当前，家政服务业在迅速发展的同时，仍面临供需矛盾突出，人员素质不高，专业化程度偏低，市场主体发育不够充分，企业规模普遍较小等问题。针对这些亟待解决的问题，湖北省围绕"增加服务供给，提高服务质量"，突出组织引导、行业规范、人才培训、信息服务、品牌建设五个重点，努力推进全省家政服务业规范化、职业化、信息化、品牌化、产业化发展。

主要做法

1. 突出组织引导，推进家政服务业发展环境的优化

一是完善工作机制。建立并完善了以人社厅牵头、14 个部门为成员的

厅际联席会议制度。宜昌市政府还成立了由常务副市长为组长的领导小组。二是优化服务。认真落实各项职业培训补贴、社保补贴、小额担保贷款、财税等系列扶持政策，优化行政审批服务。三是开展扶贫对接。按照人社部的要求与部署，以落实与上海、浙江、福建签订家政服务劳务对接扶贫行动协议为抓手，积极推动省内外家庭服务劳务协作工作。在实施县内对人、市内对村、省内对县、省外对东南发达省市的贫困人口"四级"劳务对接中，家政服务劳务是重要内容。

2. 突出行业规范，推进家政服务业发展的规范化

一是加强行业地方标准规范建设。2012年以来，制定了《家政服务业通用术语》《家政服务业应急快速反应规范》《家政服务员培训规范》等3项行业标准，发布了8项家庭服务业省地方标准，另外还立项并研制10项地方标准，企业标准化试点成效显著。二是加强规范化管理。指导湖北木兰花家政公司与商业保险公司联手推出了家政服务"公众责任险和团体人身意外伤害险"，探索以商业化的服务模式，提高家政服务抗风险的能力。武汉市将社区家庭服务消费维权工作纳入辖区工商所的消费维权服务站，在功能相对完善的居家养老服务中心设立12315消费维权服务站和直通车。三是加强规划与政策引导。省政府《关于加快服务业发展的意见》《湖北省服务业发展"十三五"规划》《关于做好当前和今后一个时期就业创业工作的实施意见》均将家庭服务业作为重点进行布置，并将家庭服务业纳入全省重点发展的十大服务业产业之一。省服务业"三千亿元产业培育工程"与"提速升级行动计划"把家政服务列入重点项目。实施服务业"五个一百工程"，已有3家家服企业负责人被列入全省百名现代服务业领军人才，2家家服企业被评为全省服务业重点企业，4个家服品牌被评为全省服务业重点品牌。

3. 突出人才培训，推进家政服务业发展的职业化

一是加大经营管理者和领军人才的培养。将家庭服务业经营管理和专业人才培养纳入全省人才中长期规划，企业经营管理者培训班项目化，省财政每年落实经费组织专项培训班，培训累计人数达千人。指导武汉现代家政进修学院开展涉外家政管理、家政教育师范等专业的普通高等专科层次学历教育。二是加大从业人员的培训。全省把家庭服务从业人员作为职

业技能培训工作的重点，认真组织实施"家政服务工程""家政服务员技能提升计划""春潮行动"等培训项目。近年，全省还聚焦精准扶贫，大力实行"菜单式"、"订单式"、"定向式"、特色班、师资班等培训，提高培训的针对性、有效性。此外，指导武汉友缘家政公司、武汉炎黄职业培训学校开展英式管家示范培训。三是加强示范基地建设。自2015年起，在全省范围内开展家庭服务职业培训示范基地创建工作。目前，湖北省已在家服产业园、规模企业、职业院校、培训机构分别确定24家省级示范基地。四是举办技能大赛。连续三年湖北省家服办会同妇联、商务厅等成员单位联合举办全省家政服务职业技能大赛，向单项第一名的三名选手颁发了"湖北省三八红旗手"荣誉证书，对冠亚季军分别颁发金银铜牌及证书，并给予奖金。组织了全省巾帼脱贫创新创业大赛，营造了比赶学和尊重家庭服务业技能人才的氛围。

4. 突出信息服务，推进家政服务业发展的信息化

湖北省以家庭服务业协会、社会中介组织和大型龙头企业为主体，综合运用多种信息化手段，在武汉、宜昌、襄阳等城市建立公益性家庭服务网络信息平台；不少家庭服务企业也在探索家庭服务信息化平台的建设，并取得一定成效；一些大型互联网企业向家庭服务业领域拓展，影响日益扩大。如十堰市家庭服务创新产业园开发了"今管家"App，实现园区58家家服企业资源和服务共享；三峡日报传媒集团建成了"家政服务网络中心"，为市民提供便捷服务；湖北木兰花公司开发的家政信息平台可提供公司全品类服务，类似的还有武汉炎黄家政公司开发的"炎黄保姆在线"家政O2O平台、"炎黄养老到家"等。

5. 突出品牌建设，推进家政服务业发展的产业化

引导全省家庭服务企业探索多业态发展之路、品牌发展之路。指导十堰市建立全国首家家庭服务业创新产业园，目前，已入驻企业50余家，对接了家庭服务业相关的18个大类和62个分类服务项目。入驻家创园的企业可享受房租补贴、产业扶持、金融服务、人才支撑、市场拓展等五大扶持政策。十堰市张湾区除对入园企业给予每月20元每平方米房租补贴外，还给予新经济产业发展基金的支持。

引导各地结合市场需求，打造品牌。宜昌市打造了"清江家政妹"等

具有三峡特色的劳务品牌。恩施、襄阳等地围绕当地务工人员掌握的传统技艺，打造了"荆楚家政妹""襄阳京山月嫂"等9个劳务品牌。全省开展了"十大劳务品牌领军人物"评选表彰活动，在全省评选的30个劳务品牌中有9个家庭服务品牌，为省内外企业输送了大量家服人员，带动60余万人就业。

经验效果

总体来看，近几年来，经过省厅际联席会议成员单位和全省各地的共同努力，家政服务业行业规模逐步扩大，家政服务企业和从业人员不断增多，家政服务质量逐步提升，互联网与家政服务业融合步伐逐步加快，取得了三大效果。

1. 龙头企业的快速发展，推动了行业规模的扩大和品牌化发展

湖北省家服企业近五年年均增长率达到两位数，预计到2020年全省家庭服务企业将超过5万家。武汉友缘家政、湖北木兰花家政、武汉炎黄家政、武汉克林物业、十堰贤内助等一批龙头企业快速发展，并创建出了一批优质品牌。湖北省百强企业十余家，规模数量居全国前列，有3家家庭服务企业负责人被列入全省百名现代服务业领军人才。木兰花家政公司在新三板成功上市，成为中国家政第一股。

2. 服务业态的创新发展，为家政服务业注入了生机和活力

全省家庭服务企业"跳出家政做家政"，探索出多业态发展之路。在做好传统保姆、保洁等服务的基础上，把居民衣、食、住、行、娱乐、养老、家庭管理等生活所需都纳入了服务范围，拓宽了服务领域，增强了企业发展能力。如武汉友缘家政公司针对社会对家政服务需求多样化、高端化的趋势，相继开发出高级管家、母婴护理、儿童早教、催乳理疗、母婴用品配送、人力资源、科技环保等10余个领域的50余种服务项目，既延伸了家政服务，又增长了企业盈利能力。

3. 从业人员素质的进一步提升，促进了家政服务质量的不断提高

全省从业人员职业化建设逐步加强，通过认真组织实施"家政服务工程""家政服务员技能提升计划""春潮行动"等培训项目，开展多途径、多形式的各类培训与竞赛活动，进一步提升了从业人员职业素质。目前，

湖北省家庭服务业已初步形成覆盖行业标准、地方标准、企业标准的三级标准体系，对促进家政服务行业的快速有序发展，起到重要规范和引导作用。武汉百步亭花园社区、湖北木兰花家政公司开展了国家级服务标准化试点，湖北木兰花家政公司、武汉友缘家政公司、十堰贤内助家政公司开展了省级服务标准化试点。武汉友缘家政公司实行"三不六统一"的服务承诺制以及"三全六流程"的管理制度，引入 ISO9001 国际质量管理标准，并通过国际质量管理体系认证。

四川省眉山市通过实施"六个一"工程，推进家政服务业提质扩容

基本情况

眉山市地处成都平原，是传统农业大市和人口大市，总人口 350 万。全市家庭总数约 101 万户，有家政服务潜在需求的家庭约 5 万户，实际从业人员约 2 万人。随着家庭小型化、快速老龄化、生活现代化，加之全面实施"二孩政策"，眉山市家政市场供需矛盾加剧，供需比例有所失衡。养老护理员、育儿嫂、月嫂、保洁员、家政保姆等工种需求旺盛。

主要做法

1. 建立一套机制，高位推进

眉山市成立了以市委副书记为组长的市促进家政服务业提升拓展工作领导小组，明确了 17 个市级成员单位的责任分工，各区县成立了相应领导机构，将家政服务业发展纳入市委、市政府目标绩效考核，纳入市委、市政府专项督查的重要内容，出台了目标绩效考核办法和年度重点工作任务分工，倒逼工作责任落地落实。

2. 出台一批政策，高端引领

出台了《眉山市促进家政服务业提升拓展工作方案》《眉山市促进家政服务业提升拓展十二条政策措施》《眉山市促进家政服务业提升拓展专项资金使用管理办法（试行）》《2018 年度眉山市促进家政服务业提升拓展工作专项资金项目实施方案》等配套文件，眉山市财政每年安排 1000

万元、六个区县财政每年各安排 300 万元专项资金，从企业培育、平台建设、培训体系、人员输出、协会发展等方面对促进家政服务业提升拓展给予政策扶持，引导产业发展。

3. 打造一个品牌，扩大影响

成立国有独资的眉山苏小妹家政服务有限公司，注册"苏小妹"家政公共品牌，出台品牌使用管理办法。聘请家政资深 CEO、策划运营专业人士和互联网技术高端人才，共同组建"苏小妹"品牌运营管理团队。运用"互联网＋"模式，研发"苏小妹"手机 App，构建"诚信评价、培训认证、标准服务、职业关怀"四大体系，打造全国性"苏小妹"公共品牌服务平台。

4. 成立一个协会，规范管理

成立眉山市家政服务行业协会，为政府和会员企业提供信息咨询、供需对接、技能考核、技术研发、质量监督等全方位互动服务。支持行业协会规范行业标准、组织技能大赛、建立网络服务平台等，推动家政产业由传统服务业向现代服务业转变。

5. 建立一套标准，确保品质

依托"苏小妹"家政品牌，建立标准化企业管理、员工培训和客户服务体系。编写推广标准化管理制度、培训教材、考核题库、服务流程等。依托眉山职业技术学院开设家政专业，引进"英伦管家""荷兰管家""菲律宾家政"培训模式，标准化培养家政服务人才。

6. 聚焦一线市场，规模输出

瞄准北京、上海等一线城市广泛建立政府、协会、企业多层次家政服务供给合作关系。推动一线城市"苏小妹之家"建设，提供待业暂住、休假娱乐、探亲交友、就业指导、法律援助等关怀服务，不断增强"苏小妹"在外务工人员就业归属感。开通"苏小妹"400 服务专线和微信公众号，24 小时接受客户咨询投诉和维权求助。

经验效果

1. 家政产业规模迅速扩大

通过政策激励和开展家政服务人员培训、建设信息化平台、培育龙头及中小专业型家政服务企业等，眉山市家政服务体系建设成效明显，呈现出服务领域逐步扩展、市场规模不断扩大的发展态势。据不完全统计，截至2017年底，全市注册各类家政服务企业（机构）从200个增加至700余个，新增国有苏小妹家政服务有限公司成为龙头企业，白猫保洁、百邦家政等老牌本土企业迅速崛起。外地知名企业爱君家政、南芳家政、川妹子等公司纷纷入驻眉山。初步测算，2017年眉山家政服务业年营业额达到3.6亿元，比2016年增长20%。"苏小妹"家政公共品牌已初步形成品牌培训和品牌服务标准，已有16家家政服务企业和16家家政培训机构通过"苏小妹"品牌评定。

2. 家政企业管理服务水平明显提升

积极引导家政龙头企业和中小型企业，细分服务项目，对从业人员开展专业化培训，在竞争中寻求差异化发展。如传统的保洁、搬家、保姆等项目不断细分，月嫂、育儿嫂、居家养老、早教、理财、家庭保健、管家服务等创新服务开始占领市场，获得市场的认同。眉山苏小妹家政服务公司在育儿嫂、月嫂等专业服务培训和提供方面已独占鳌头；眉山白猫保洁公司立足家庭清洁精细化服务，取得长足发展。据统计，目前眉山家政服务已涵盖20多个门类200多个服务项目，专业化、精细化的服务项目全面提升了市民对家政服务的需求满足度。眉山积极探索研发家政信息系统，目前信息平台中的家协端管理系统、企业端管理系统、开发端管理系统已初步投入使用。客户端小程序系统和护理端小程序系统已上线1.0版本，初步形成客户、护理员、企业、家协的四方参与的生态平台。

3. 家政服务人员专业技能和服务水平显著提升

眉山市家政服务技能培训机构规模有效扩大、专业化程度极大提升。2017年9月至今，除日常技能提升培训外，全市"苏小妹"家政服务技能培训机构已开展标准化技能培训20余次，专业提升培训班30多个，培训标准化、高素质家政服务人员1000余名。所有培训人员均严格通过技能测试考评合格并在医疗机构、养老机构等进行实操演练和就业指导。将标准化技能培训、实操演练和就业指导相结合，实现家政培训与市场需求紧密接轨，全市新培训家政呈现"两升一降"，即服务人员的实际操作能力显著提升，客户满意度明显提升，上户退单率显著下降。

4. 家政服务输出供给能力极大增强

眉山市仁寿县入选"百城万村"家政扶贫试点县，成功争取商务部、联合国开发计划署"百城万村"家政扶贫国际试点示范项目，建立眉山家政劳务输出基地，与泸州市叙永县、宜宾市屏山县等劳务输出大县建立了合作招生机制；与上海有福妈妈、北京管家帮等家政企业共同搭建输出平台，建立从中西部地区向北京、上海等一线城市输送家政服务人员的有效机制，现已输出高素质家政从业人员400余名，成功探索出家政服务人员进一线城市的模式。

第二章　推进家政人才培养培训

| 案例6 |

山西省吕梁市就业培训推动脱贫攻坚，
精准扶贫塑造吕梁山护工品牌

基本情况

在山西省10个深度贫困县中，吕梁山片区占8个，是山西贫困面最大、贫困人口最多的地区。吕梁山片区是全国14个集中连片贫困地区之一，位于吕梁山片区的吕梁是革命老区和贫困大区，更是全省"脱贫攻坚"的主战场，13个县（市、区）就有10个是贫困县，目前仍有48万人处于生活贫困之中，占全省贫困人口的1/5，脱贫任务可谓艰巨。

作为一座快速发展并亟待转型的城市，吕梁有大量的农村劳动力可以挖掘。这正是家政服务行业开发的"沃土"。因此"吕梁山护工"实现了"从一到众、从无到有、从补到助"的三大突破，成为一张享誉全省、叫响全国的品牌。但是群众自身存在的技能瓶颈、观念瓶颈、服务意识瓶颈以及市场瓶颈等问题亟待解决。

主要做法

"吕梁山护工"给了贫困人口一个就业机会，相关部门通过系统的技能培训给了大家一个稳定的支点。打造"吕梁山护工"品牌，吕梁的办法概括起来有以下五点。

1. 设立专门机构，健全组织领导体系

为了加强对这项工作的领导，吕梁市成立了吕梁山护工培训就业工作领导组，领导组下设办公室，办公室下设五个工作组，全面指导吕梁山护工培训就业工作。各县（市、区）也成立了护工护理就业服务相应的领导机构和专门工作机构，各乡镇指定了专职负责人，各村第一书记牵头、村两委积极配合，为开展吕梁山护工培训就业工作提供了强有力的组织保障。

2. 营造社会氛围，构建宣传发动体系

新建"吕梁山护工"网站，大力宣传"吕梁山护工"品牌。建立了"吕梁山护工"微信平台，及时与吕梁山护工在线互动交流。组织 10 名优秀护工代表，两次开展深入 13 个县（市、区）和离柳集团进行了 27 场"吕梁山护工"走出大山脱贫致富事迹巡演和专场招聘会。每期培训结束，都要隆重举行"吕梁山护工"走出大山欢送仪式，已经连续举办了十五次。每次市委、市政府主要领导都要参加并亲切寄语，为"吕梁山护工"走出大山加油鼓劲，为吕梁山护工开启新的精彩人生点赞喝彩。制作了《走出大山天地宽》专题片，邀请全国著名作词家李幼容作词、张凯耀作曲，完成了《吕梁山护工》主题歌的创作。通过各种形式的宣传发动，激发了广大贫困群众积极参与培训就业的热情，提振了广大干部脱贫攻坚、精准扶贫的信心和决心。

3. 提升就业本领，完善技能培训体系

打响"吕梁山护工"品牌，让贫困群众走出大山，融入城市，实现稳定就业。首要任务是搞好培训。吕梁市将山西医科大学汾阳学院、吕梁卫校、吕梁高级技工学校、吕梁经管校、临县白文职校、吕梁学院汾阳师范分校 6 所院校确定为"吕梁山护工"培训基地。2016 年 12 月，吕梁市通过公开招标，又确定了 5 家民办培训机构（吕梁市远航职业培训学校、吕梁市好大姐职业培训学校、吕梁市精准职业培训学校、吕梁市富康职业培训学校、兴县斯思职业培训学校）为"吕梁山护工"培训机构。按照国家职业技能鉴定标准，选定专业教材，制定了统一的教学大纲，设置了家政服务、母婴护理、养老护理、医疗陪护四个专业。制定了统一的课程、课时，进行理论培训和实操实训。除专业课程外，增加了普通话、军训、就业指导、法律常识、职业道德、宗教信仰、心理咨询和礼貌礼仪等培训内容。培训结束后，由职业技能鉴定机构进行统一考试考核，核发资格证。

4. 拓宽就业渠道，构建就业服务体系

为了确保"吕梁山护工"能够"输得出、稳得住、干得好"，成为市场的"宠儿"，我们坚持政府推动、市场导向、企业运作的模式，取得了较好成效。首先，大力拓展外地市场，与北京、天津、青岛、太原、包头、鄂尔多斯、神木等地的 50 家家政服务用工单位建立长期稳定的合作关系。同时积极培育本地家政市场，通过引进来和走出去的办法，推动本地家政企业健康有序地发展。为使外出就业的吕梁山护工权益得到保障，我们在太原成立了"吕梁山护工"驻并第一、第二联络部，在北京成立了"吕梁山护工"北京服务部和五个服务站，目前共建立了 6 部 17 站，市县两级派驻联络员，精准对接每一位外出就业护工，为他们排忧解难，解除后顾之忧。同时，吕梁总工会、吕梁妇联也相继成立"吕梁市家政服务护理护工行业工会联合会""吕梁山护工驻并妇女联合会"，跟踪服务外出就业的"吕梁山护工"。

5. 制定出台政策，建立政策支撑体系

吕梁市相继出台了《吕梁山护工（护理）培训就业工作五年规划（2016－2020）》《吕梁山护工（护理）培训就业实施办法》《关于进一步打响"吕梁山护工"品牌促进转移就业扶贫的意见》等纲领性文件，同时以吕梁山护工培训就业领导组办公室名义出台了《吕梁山护工培训就业管理考核办法》《用工单位准入考核办法》《吕梁山护工培训就业驻校监管员职责》《吕梁山护工培训就业巡查办法》等一系列文件，为全面开展"吕梁山护工"培训就业工作提供了政策保障。

经验效果

截至目前，"吕梁山护工"已培训结业 25325 人，其中贫困人口 11947 人；实现就业 12520 人，其中贫困就业学员 4956 人。就业区域辐射北京、天津、青岛、太原、包头、西安等城市。就业人员主要从事医疗陪护、养老陪护、月嫂、育儿嫂、保洁等家政服务工作，其中在北京就业的有 1386 人，月纯收入达到 3800 元以上。

两年来，"吕梁山护工"培训就业工作紧紧围绕"问题导向、底线思维、政府推动、市场引导、企业运作、社会保障"的工作思路，着力破解群众自身存在的技能瓶颈、观念瓶颈、服务意识瓶颈以及市场瓶颈等问题，精准构建起"组织领导、宣传发动、技能培训、就业服务、政策扶持"五大工作体系，以"政府支持、专业培训、持证上岗、跟踪服务"为工作机制，着力打造"诚信、勤劳、专业"的"吕梁山护工"品牌，目前"吕梁山护工"已经与北京、天津、青岛、西安、太原、包头、苏州、神木等地的 50 多家家政服务用工单位建立长期稳定的合作关系。

走出大山，吕梁护工的致富路越走越宽。贫困深重的吕梁山，群众脱贫致富有了希望。稳定的收入成为贫困人口脱贫的现实驱动，而护工技能是贫困人口持续增收的有力杠杆。政府、社会各界帮扶下的"吕梁山护工"正在成为吕梁贫困地区人民看得见、摸得着、行得通的一条脱贫路径。

| 案例 7 |

山西省天镇县"穷则思变"盘活脱贫攻坚大棋局，"靠山吃山"天镇保姆进京闯五关

基本情况

山西省大同市天镇县地处山西省最北端，是国家级贫困县。由于县域土地贫瘠，资源有限，除了农业几乎没有其他产业，当地人纷纷外出打工。2012 年财政收入刚突破 1 亿，是个典型的"民穷县也穷"的地方。天镇县区位优势明显，距北京 280 公里；劳动力资源丰富，有富余劳动力5.4 万人，其中妇女 2.6 万人。

然而"守业有余，创业不足"的思想惯性，束缚了农村妇女外出就业的脚步，当地人称之为"腿短"。为此，分析主要矛盾，寻找滞后症结，审视发展短板，把握自身资源的特殊性，找准扶贫攻坚的关键点和着力点，对农村妇女思想观念和就业模式进行一次革命，彻底打破农村妇女们"围着锅台转、围着丈夫转、围着孩子转"根深蒂固的封闭思想，并创建科学合理的培训模式。

主要做法

天镇县探索扶贫长效机制，狠抓劳务经济，借助人社部对天镇县定点扶贫的机遇，从 2013 年起，依托"雨露计划""千村万人"创业就业技能培训工程，以培训农村妇女从事家政服务为切入点，开展"万名巾帼闯京城，劳务增收创新业"行动。为此，我们做了大量琐碎而细致的工作，可以说是历尽艰辛，主要做法如下。

1. 过"五关",打破就业羁绊

为了能让妇女转变观念,走出大山,天镇县发动相关工作人员,钻山沟、进农家,走村入户宣传动员,挨家挨户坐在贫困农民的土炕上,与贫困农村妇女算长远账、算增收账,逐渐打消她们的顾虑。每成功输出一名妇女,都需要过"五关",即村干部思想关、妇女自身观念关、丈夫面子关、子女理解关、村民舆论关。

2. 重培训,提升就业竞争力

技能是家政人员能否实现就业的"敲门砖"。天镇县从加强培训入手,除传授理论知识之外,还进行礼仪、烹饪、电器操作等方面的培训,使从业人员尽快提升综合素质,提升竞争力。

3. 抓机遇,打开京津大市场

2013年初,瞄准北京"保姆荒"的现状和广阔市场,创新性地提出"带着乡亲们到北京过大年"的就业思路。腊月二十四,手拉手,护送19名妇女援驰北京春节期间的"保姆"市场,开启了大规模"天镇保姆"劳务输出之旅。手把手教给她们怎样乘坐地铁、换乘公交。亲自与客户对接,帮助他们选择服务的家庭,为她们能够迈出脱贫致富坚定的步伐鼓勇气、强信心!

4. 夯基石,打造培训主阵地

通过社会各界捐助,创建了5000平方米、设备总价值达50万元,拥有"婴幼儿护理""老年护理""居家清洁""家用电器"等8个培训室,功能齐全、设施完备的家政服务培训基地。同时,在北京设立了劳务输出办公室,主动做好劳务输出对接,形成劳务输出产业链,构建了培训、用工、服务、保障"一站式"工作机制。

5. 强服务,当好保姆的"保姆"

为"保姆"提供"保姆式"的服务,是"天镇保姆"形成规模、叫响品牌的基石。为切实维护务工妇女的合法权益,天镇县实施了"动员、培训、输送、签约、服务、回访"全方位服务,做到全面宣传当好介绍人,就业服务当好保证人,亲自输送当好保护人,跟踪服务当好"娘家人",通过走访调研、座谈慰问等"保姆式"服务,详细掌握务工人员的思想状况、就业环境、工资待遇等,帮助她们解决工作中遇到的困难和问题。

目前，"天镇保姆"依托大同市两所职业培训学校，将天镇县及周边县区有意从事家政服务的劳动者组织起来开展家政服务培训。首先是转观念，鼓励贫困农村劳动力，特别是贫困农村妇女劳动力外出就业，着力激发贫困地区劳动力通过劳务输出实现脱贫增收的意愿；其次是强技能，从坐姿、站姿、沏茶倒水等礼仪细节，到菜肴烹调、家居保洁、家用电器使用，以及老、病、幼、孕护理等方面增强专业知识技能。同时开展"崇德向善、敬老孝亲"的优秀传统文化教育，塑造"天镇保姆"的人文、诚信特色。培训后考试合格的颁发统一的培训合格证书，通过已建成的劳务输出渠道，有组织进入北京、天津等地家政市场，月收入均可达 3000 元以上。"天镇保姆"用"诚实、淳朴、勤劳、善良"的品质和形象，用勤劳与汗水赢得了信任与尊重，走出一条依靠品牌劳务输出实现就业脱贫的成功路径。

独具特色的服务理念是天镇保姆发展的魅力所在。一是创新服务理念，激发家政人员的"原动力"。在教学中创新性地加入德孝文化教育课程，弘扬传统文化、传承中国精神，使"老吾老以及人之老"的理念融入家政服务工作之中，凸显天镇农村妇女特有的"淳朴、诚实、勤劳"本质特色。二是创新教学模式，提高家政服务人员的"适应力"。家政人员入户上岗，开始的一周到一个月是"适应期"或"磨合期"，能否顺利渡过这段时期，是成功就业的关键。为此，适时增加心理学课程，开展心理辅助和咨询，切实提高家政服务就业成功率。三是创新组织建设，凝聚家政从业人员的"向心力"。开展"党建带妇建，妇建促党建"活动，在保姆群体中建立党支部，中国第一个保姆党员在此诞生。目前，已有正式党员 1 人，预备党员 3 人，培养入党积极分子 30 人。家政服务妇女竞相入党，成为美谈。这两项创新工作，使天镇家政服务更具特色，品牌更加响亮。

2018 年，山西大力实施全民技能提升工程、加强特色劳务品牌建设，着力提高劳务输出组织化程度和就业稳定性。"天镇保姆"依托邻近京津冀城市群的地理优势和晋北地区劳动力资源，大力发展以保姆为重点的家政服务特色劳务经济，打造"天镇保姆"升级版，是实现稳定脱贫的一条可行之路。2018～2020 年，"天镇保姆"将拓展打造保姆、保安、保洁、护工"三保一护"特色品牌，计划每年培训、输出劳动力 1 万人以上，使

"天镇保姆"真正成为山西劳务输出的金字招牌。

经验效果

四年来,"天镇保姆"累计培训家政服务人员 108 期 10023 人,成功在北京、天津等地实现 5231 人就业。月工资为 2500~5000 元,人均年收入 3.5 万元左右。就业妇女每年可以为全县增加劳务收入达 1 亿元。实践证明,"天镇保姆"劳务培训输出的投入产出比为 1:60,是成本低、见效快、精准扶贫、精准脱贫的一条有效途径。

天镇县凭借"天镇保姆",荣获"2015 中国十大社会治理创新奖"。在中央单位定点扶贫工作会议上,作为精准扶贫的典型案例,受到时任国务院副总理汪洋的高度赞扬。2013 年,中央电视台《朝闻天下》栏目三集连播"天镇保姆进京记";2016 年 1 月 12 日,《新闻联播》以"治国理政新实践 脱贫军令状——内抓培训,外推品牌,天镇扶贫闯新路"为题报道天镇保姆做法;2016 年 2 月 3 日,央视《新闻1+1》栏目把天镇保姆作为典型事例,进行深入剖析;2017 年 9 月 19 日,央视喜迎十九大特别节目《还看今朝》山西篇,天镇保姆再上央视。《瞭望》杂志、《北京卫视》、《山西卫视》等许多媒体都对"天镇保姆"劳务品牌进行报道。

"天镇保姆"作为家政服务业发展的典型成功案例,一是颠覆了以往的就业观念,劳务经济的打造,特别是有组织的家政服务劳务输出打破了仅靠种地获得收入的思维定式,挣了钱的妇女们惊叹道:"原来走出穷山沟,干家务活也能挣到钱!"二是带动效应不可估量,"输送一名妇女,带动一个家庭,调动所有妇女,改变整个农村"。实践证明,每一名"走出去"的妇女,她的思想观念、创业意识、综合素质等都会显著提升,开启了农村妇女思想观念的革命,必将影响和改变家庭乃至整个农村的全面发展。三是推动发展意义深远,妇女劳动力的转移就业,有效地增加了农民的收入,改善了生活,尤其对贫困山村来说,找到了脱贫致富的一条重要捷径。农村妇女告别世代繁衍生息的封闭山村,融入现代社会生活的大潮之中,所得到的不仅是收入和技术,更重要的是,在思想意识上受到前所未有的洗礼。

| 案例 8 |

浙江省宁波市建立政校行企合作机制，探索 家政服务专业人才培养新模式

基本情况

2013 年，宁波卫生职业技术学院积极响应政府要求和社会需求，在宁波市贸易局（现宁波市商务委员会）等部门的大力支持下，依托学校专业优势，浙江省率先开设高职（大专）层次的家政服务专业（2016 年更名为家政服务与管理专业）。但是在创办该专业之初，学校就深刻感受"行业有需求、政府有要求，学校有能力、社会不认可"的办学困境，第一届 100 名招生计划，实际报到只有 38 人，没有一个是第一志愿填报的学生，而家政行业快速转型升级，传统的家政服务已从搬家、保洁、水电维修向母婴照护、病患陪护、养老照护延伸拓展，呈现专业化、标准化、职业化发展趋势，行业对于人才需求激增，与之对应的职业教育供给体系没有形成；企业育人功能没有培育；学生职业认可度明显不足，由此造成家政人才需求和职业教育供给脱节、行业发展需求和教学内容供给脱节、职业教育需求和企业带教供给脱节、培养质量需求和政府行业供给脱节等问题比较严重。学校在人才培养合作机制、对接行业培养人才、人才培养的教学方式和保障机制等方面积极探索，形成了具有区域特色家政服务专业人才培养模式。目前学校已经招收五届学生，毕业学生三届，在校学生超过 200 名，毕业学生近 200 人，家政服务与管理专业在学生规模、学生报到等方面情况良好，已经在全国范围内处于领先地位。

主要做法

1. 政校协同，建立家政人才培养的教育供给平台

（1）搭建政校协同育人载体。2013 年 1 月，学校和宁波市商务委员会联合成立宁波家政学院，共同开展家政人才培养培训、家政服务标准制定和技术研发等工作，学院采取理事会形式，理事会成员包括政府相关部门、行业协会和学校负责人，形成了每年工作商讨机制并设置专项工作经费，学院依托行业、政府部门共建家政服务专业，根据行业需求和学校教学能力共同确定招生指标；同年 7 月，学校牵头整合行业协会、相关企业和教育机构等多方资源，成立宁波家政与养老人才培养培训联盟，对接行业开展人才培养。

（2）政府支持校企合作育人。在宁波市商务委员会支持下，成立以协会和企业负责人为架构的专业建设指导委员会，聘请有关专家为校外专业带头人，指导和参与学校专业建设。2018 年 3 月，宁波市商务委员会协同学校共建宁波家政创业园，支持学校和企业成立安丽文创业学院，共同培养家政领域的创业人才。

2. 健康特色，构建家政服务专业人才培养方案

（1）确定"平台＋模块"的课程设置。依托学校健康服务办学优势，以"健康＋"为特色设计人才培养方案，设置老年照护与管理、母婴照护与管理和病患照护与管理三个岗位，对接行业发展新领域，通过人才培养引领行业最新趋势，全程贯穿健康服务类课程，教学内容和《病患陪护员》《母婴照护员》《幼儿照护员》《家务助理员》等行业培训标准融合，为行业提供胜任家政新领域新岗位的专业人才。

（2）"健康、仁爱"全程贯穿人才培养。全面推行体验式教学，成立了专业社团——馨语心家学生社团，依托宁波 81890 求助服务中心成立宁波家政学院志愿服务队，开设《社会工作实践》等课程，组织学生到街道社区、养老机构等利用专业知识开展实践，将专业知识融入志愿服务，培养学生职业素养。

3. 引企入教，建立行业导师制的人才培养方式

（1）建立行业导师选拔和培养制度。2015 年 1 月，学校联合宁波市商

务委员会、宁波市家庭服务业协会联合制定《宁波卫生职业技术学院家政服务专业行业导师制实施方案》，在行业中选拔优秀业务骨干担任学生行业导师，连续四届举办学生与行业导师双选会，共为 79 名学生找到行业导师。2016 年 9 月，在有关专家的支持下，宁波市出台了《家政服务专业人才培养工作室的工作方案》，通过师徒结对传承工匠精神，目前招收两届 9 名学员。

（2）形成行业导师教学育人工作体系。一是确定行业导师育人职责。和企业签订行业导师教学实践基地合作协议，明确合作分工职责。二是确定行业导师育人内容。制定实践教学轮转计划，根据人才培养方案、行业企业要求和学生特点设计培养内容。三是开展行业导师育人能力培养。制定《行业导师指导手册》，召开实践教学会议，组织行业导师教学交流，提高企业带教水平，规范企业管理。四是开展行业导师培养质量监控。制定《行业导师考核指标》和《优秀行业导师评选办法》，已表彰优秀行业导师 11 名。

4. 互为供需，建立教育和产业协同发展的联动机制

（1）构建行业保障人才培养的质量保证体系。一是政府订单培养。市商务委员会采取政府订单，设置专项资金 100 万元对学生报考、培养和就业创业进行全程资助。二是行业出台范本。宁波市家庭服务业协会发布《家政服务专业学生教学实习保障行业范本》，对带教规范提出要求，支持学校人才培养。三是企业全程助学。行业导师从入学到毕业全程参加人才培养，有宁波市两家龙头家政企业在学校分别设置"大众家政"和"安健家政"奖学金近 10 万元，奖励顶岗实习优秀学生。

（2）构建教学支持行业发展的保障体系。一是参与制定培训标准和行业范本，融入教学内容。二是联合宁波海曙大众社区服务有限公司每年举办"大众杯"等家政技能比赛，学生员工同台竞技共同提高，相互促进技术提高。三是结合互联网趋势和行业新技术，开展云家政、家政企业管理人员等培训，通过教师定期下基地推动行业发展。

经验效果

通过实践，学校形成了具有地方特色的家政专业建设发展生态：建立政校行企协同育人的合作机制，面向"健康＋家政"行业领域，开展双导

师育人的教学，形成供需方互惠共赢保障体系。宁波市商务委员会和学校出台政策和投入资金支持人才培养，开发行业标准并将其作为教学内容，依托专业解决行业人才需求和规范需求问题。市家庭服务业协会推荐行业导师和实践教学基地，出台范本保障教学质量，促进实习实训规范化，行业导师为学生设计个性化职业规划，提供带薪实习岗位，提高职业吸引力。学校引领行业发展趋势开发课程、提供人才支持，承担行业发展项目和培训，为企业提供发展建议，推动行业规范化和职业化发展，以优质教育资源吸引优质家政企业入驻本市。

1. 政府、行业企业教育供给能力逐步增强

根据《家政服务专业人才培养基金使用办法》规定，目前可享受报考奖励的有 49 人，转专业奖励的有 2 人，就业奖励的有 47 人。实践教学基地能提供带薪实习岗位和行业导师，行业导师主讲的"家政服务大家谈"已开 20 讲。在行业导师指导下，组织调研 15 次，4 名学生参加 G20 服务获表彰，学生在各类技能竞赛中获奖 9 项，6 名学生获行业企业表彰，学生对行业导师满意率达 94%。学生在行业导师所在的企业就业，占已毕业学生总数的 51.5%。

2. 学校人才培养供给能力不断提高

招生情况逐步好转（见表 1）。学生在市级以上家政服务技能和创新创业比赛获奖 25 项。近三届学生初次就业率超过 98%，直接为行业输送的百余名学生中已有 10 多名学生走上家政企业中层管理岗位，1 项学生创业项目孵化成功。

表 1　校家政服务专业学生招生录取情况（2013～2017 年）

年份	招生指标	录取	报到	有志愿	第一志愿
2013	100	45	38	4	0
2014	100	89	78	10	8
2015	145	127	109	16	10
2016	100	93	86	18	10
2017	70	58	52	36	

注：2014 年，另外有从其他专业转入家政服务专业 2 人；2016 年该专业更名为"家政服务与管理"；2017 年浙江省高考改革，省内招生均有志愿报考。

3. 学校引领行业发展方向

《关于提升宁波市家政服务行业发展水平的对策建议》获宁波市商务委会主要领导的批示。受宁波市商务委会和宁波市家庭服务业协会委托，学校完成了家政服务工种培训考核体系建设和行业监管立法建议稿，牵头制定的《家务助理员》、《幼儿照护员》、《病患陪护员》和《母婴照护员》的职业标准上升为地方标准，并由浙江大学出版社出版培训教材，培训鉴定近3000人。完成《宁波市家政服务业发展报告（2015－2017）》，为行业立法提供政策建议稿。完成家政服务合同"宁波范本"。开办市云家政电子商务等培训班。为超过50家的企业提供发展咨询建议。

4. 学校办学社会影响力日益扩大

学校办学成果入选市高校专业建设创新案例，被中国高职高专教育网、中国教育报、浙江教育报等媒体报道140次，先后在各类研讨会上推介本成果近10次。专业负责人先后被聘为余姚市家庭服务行业协会荣誉顾问、宁波海曙区81890服务业协会副会长。宁波家政学院被宁波市家庭服务业协会评为特别贡献奖，学校先后接待超过200（家）高校、协会和企业来校交流学习。在本成果指导下，贵阳护理职业技术学院2017年新设该专业并招生。2015年6月，浙江省家政服务人才培养培训联盟简报专刊报道本成果并报省委省政府办公厅，2017年家政服务专业被评为省高校"十三五"特色专业建设项目，2018年被认定为校新兴特色专业。

| 案例 9 |

宁夏回族自治区银川市金凤区深化"放管服"助推家庭服务业快速发展

基本情况

银川市金凤区是宁夏回族自治区及银川市主要的政治、经济、文化中心。近年来，金凤区以出台扶持政策为推手，以培育企业为主体，以促进就业为导向，构建规范、安全、便利的家庭服务网络体系，加快"放管服"在家庭服务业领域的改革，全力推进家庭服务业转型发展、绿色发展、创新发展、率先发展，家庭服务行业规模逐步扩大，服务领域有所拓宽，服务质量不断提升，新增就业贡献持续增长。

目前，金凤区家政服务业单位共有 55 家，其中企业 28 家（劳务中介 2 家、物业公司 8 家）、个体工商户 27 家。从业人员约 2500 人，其中女性从业人员占 80%，年龄一般为 31～50 岁，文化程度高（初）中及以下的占 49%，涉及的服务项目有室内外保洁、疏通管道、清洗抽油烟机，搬家、看护婴幼儿、照料老人等。家政服务的用工形式主要分为住家保姆和钟点工等，住家保姆每周休息一天或不休息，平均月工资 3000 元左右，钟点工平均每小时 50 元。行业家庭服务个体工商户年营业额为 5 万～50 万元，家庭服务企业年营业额为 50 万～300 万元，其中金凤辖区银川市城市管家商业股份有限管理公司作为新三板上市企业，近几年该企业每年营业额在 1000 万元以上。

主要做法

"放管服"改革激发了市场活力，对稳增长保就业发挥了关键支撑作用。金凤区通过降门槛、减税费、除烦苛、拓空间，促进行业管理上台阶。

1. 抓减证便民，着力推进办事简易化

减少审批材料、审批环节，压缩审批时限，推广电子证照、电子印章应用，完善电子证照系统。建立健全企业登记中介及代理人员"黑名单"制度，开展"减证便民"行动，推行"指尖上的政务服务"，及时回应群众诉求。分类别建立交流群，提供办事咨询、办件通知、建议意见和信息咨询等业务，减少群众大厅咨询次数。推出"简易办事柜台"，缩短办事时间。

2. 抓平台建设，着力推进行业规范化

一是成立由35家会员单位组成的家庭服务业协会，帮助企业积极开拓为群众生活服务的项目，维护会员队伍及其家庭服务业从业人员的合法权益，组织开展不同层次和多种形式的家庭服务业教育培训。二是建成金凤区家庭服务业信息网络平台，打造"互联网＋家庭服务"载体，发展服务终端30余家，基本形成社区智能化、专业化、平台化的服务框架。三是建设金凤区家庭服务社区工作站314个，提供职业培训，信息采集、发布，接待，服务匹配，快速上门等一系列服务，达到"便民服务，便民消费"的目标。

3. 抓配套建设，着力推进家政服务体系化

出台扶持家庭服务业发展的工作举措，有效维护家政服务从业人员的劳动保障权益。一是制定《金凤区家庭服务业体系建设方案》及《家庭服务行业标准》（企业版和居民版），进一步规范家庭服务业市场，细化家庭服务流程、完善投诉和监督机制，切实解决家庭服务业供需矛盾、管理运作不规范、安全隐患多，缺乏相关的法规保障等问题。二是出台《关于加快发展家庭服务业促进创业就业的实施意见》，明确了家庭服务业促进就业创业的目标任务、发展重点、扶持政策、管理要求及保障措施。本级财政每年安排资金近百万元，对年度先进单位和个人予以表彰奖励，进一步

激发家庭服务业发展活力。三是利用现代媒体资源，开展"家庭服务业宣传月"系列活动。通过宣传家庭服务行业安全知识、入户推广家庭服务软件、引导市民以正规渠道选择服务、举办现场招聘搭建求职对接平台等多种形式，大力宣传家庭服务业的新理念、新知识，引导积极就业观念，树立正确的择业观，努力营造"家庭服务光荣"的良好社会氛围，逐步形成全社会尊重家庭服务从业人员的新风尚，努力从根本上为家庭服务业产业化发展扫除观念上的障碍，激发服务业用工需求，扩大服务业人员供给的双重效果。

4. 抓品牌示范，着力推进家庭服务业品质化

开展家庭服务企业和家庭服务知名品牌创建活动，创建了辖区领军示范企业。一是"城市管家"品牌优质引领。城市管家是西北地区首批实行管理制度化、服务标准化、员工公司化的"综合性平台＋客户式服务"家政企业，先后获得国务院家服办和人社部授予的"全国百强家政服务企业"、国家商务部指定的首批"家政服务体系建设试点企业"、银川市人民政府授予的"商贸服务行业小巨人企业"等荣誉称号。二是"东耀月嫂护理"品牌逐渐打响。"东耀月嫂"有常年稳定的服务人员3000人，动态从业人员5000余人，已成为宁夏地区月嫂服务的核心力量。近三年来，宁夏地区将"万名东耀月嫂培训计划"作为推动宁夏精准脱贫工程中的重要实施项目，累计培训建档立卡贫困女性劳动力1000余人，并通过多种形式引导她们从事家庭服务行业。三是"宁居通智能化社区服务中心"深入人心。该中心是自治区民政厅、老龄办和政府为了加快推进社区服务和居家养老服务体系建设的一项惠民工程。居民家中各种生活服务都可通过平台获得快速、便捷的上门服务。目前已经为居民用户开通了包括家庭保洁、管道疏通、超市免费送货、生日及吃药提醒、健康护理、走失老人卫星定位等45个服务项目。

5. 抓技能培训，着力推进服务质量精细化

制定家政服务专项技能培训政策，促进家政服务从业人员技能提升。一是采取"服务专项＋就业＋基地"的工作模式，投资200余万元建成集理论教学、模拟实操、住宿就餐为一体的一站式银川市金凤区家庭服务业培训基地，聘请有资历的专家前来授课，家庭服务业从业人员管理水平和

服务质量得到不断提升，有力地促进了家庭服务行业持续、健康、有序发展。二是全面开展职业技能培训需求调查工作，在做好培训意向摸底的基础上制定职业技能培训计划。在此基础上，金凤区加强家庭服务业培训基地建设，聘请有资历的专家前来授课，家庭服务业从业人员仅2018年，已培训"订单式"学员395人，培训合格后就业373人，就业率达到94.4%。三是将用工市场需求大、就业稳定、收入较高的家政服务员、育婴师等职业知识及技能纳入培训内容。在此基础上，再结合技能实操加大精准脱贫技能培训，提升建档立卡户就业能力，促进建档立卡户稳定就业，脱贫致富。

经验效果

随着家庭服务业的发展，金凤区在服务市民、解决城乡失业人员和农村剩余劳动力就业方面均取得了一定成效。

一是惠民生，增强了群众的获得感。金凤区家政服务业服务内容除保洁、维修、搬家、护理等百余项基础服务，还将家庭教育、医疗保健和居家养老等新兴服务纳入家政服务范畴，月子护理、搬家、保洁、婚介等服务的专业性也越来越强，逐步满足了群众获取"优质服务"的需求，得到了群众的认可和肯定。

二是促和谐，增强了群众的幸福感。家政服务业作为劳动密集型行业，是吸纳失业人员、农村富余劳动力等群体就业的重要领域。金凤区把促进家政服务业发展与带动就业有机结合起来，使家政服务业吸纳就业的潜力得到充分发挥，取得了明显成效。

三是保增长，增强了群众的满足感。金凤区通过组织家政企业成立了家政服务行业协会，加强了政府部门、协会、家政企业之间的联系，本级财政通过"以奖代补"的形式，激发了企业强化服务本领的积极性。开展行业自律、制定行业服务规范、塑造行业品牌等，有效提高了家政企业的信誉，扩大了社会影响，开创了政府、企业、群众"三赢"的局面。

| 案例 10 |

新疆巴州库尔勒市快乐宝贝月嫂中心
建立家庭式一条龙、一站式服务模式，
使家庭服务产业项目规范壮大

基本情况

库尔勒市快乐宝贝月嫂服务中心（简称中心）成立于 2007 年 5 月，是库尔勒市首家注册批准为孕产妇家庭服务的家政服务机构，填补了库尔勒市无月嫂家政的空白。2012 年，经巴音郭楞蒙古自治州人力资源和社会保障局批准、州民政局验资登记，作为民办非企业，库尔勒市又成立了巴州快乐宝贝母婴护理职业技能培训中心（简称培训中心）。同年，该培训中心经中国家庭服务业协会推荐，作为南疆唯一代表参加了人力资源和社会保障部组织（简称人社部）的月嫂家政师资培训考核，通过并获得中国就业培训技术指导中心的认证和授牌，成立集月嫂保姆、护工家政服务员等培训、服务、咨询、监督、投诉、标准化服务于一身的库尔勒市月嫂职业培训项目开发办公室，是当时全州唯一获得人社部就业培训技术指导中心月嫂职业培训定点单位，为家政服务人员持证上岗打下坚实基础。

目前，中心有专兼职教师 6 名、财务人员 2 人、业务人员 4 人、催乳师 4 人、月嫂 120 人、兼职月嫂 121 人、季节性月嫂 115 人，保姆、护工、养老护理员、育儿嫂、钟点工等 300 余人，固定资产投入 700 万元，教培教室 340 平方米，年安排就业 800 人次。此外，该中心以库尔勒市为中心向周边辐射，建立 4 个家政服务中心、1 个培训中心和 5 个连锁家政店，其中新建的一处大型家政公司旗舰店即将开业，该项目已投入资金 550 万元，该项目完成后将带动家政企业更快更好地发展。该中心将通过国家扶持政策和自身运营增效，开发各县的连锁服务机构，让家政服务人员经过专业的培训后持证上岗，计划完成培训和就业 800～1000 人次。

主要做法

1. 严格落实家政人员培训要求

家政服务是"大服务、大产业、大民生"，是一项大事业，从中央到地方各级政府都先后出台了扶持政策文件，要求大力开展家政服务与管理人才的培养培训。为配合 2016 年 2 月 1 日，国家标准委员会出台的母婴服务人员持证上岗的国家标准，中心在库尔勒市率先开展了家政服务员和育婴员职业技能资格培训，并安排持证人员上岗就业，为后期订单式培训打下基础。

2. 开展学校订单式就业培训

巴州快乐宝贝母婴护理职业技能培训中心与库尔勒市快乐宝贝月嫂服务中心达成订单式培训协议，培训一人，就业一人，努力地促进城镇失业人员再就业和农村富余劳动力转移就业。订单式培训根据市场需求和库尔勒市快乐宝贝月嫂服务中心在特定时段所需要的从业人员情况，制订学习计划，安排学习课时，做到学以致用。对参加培训的困难学员给予一定的生活补助或减免学费，对贫困学员进行"造血式"帮扶。

3. 推动两轮驱动的课程体系

由于家政行业准入门槛比较低，从业者的年龄偏大，一般在 35 岁以上 55 岁以内，文化程度相对较低、缺乏专业技能。巴州快乐宝贝母婴护理职业技能培训中心本着以就业为目的，科学设置课程，注重技能培养，抓好理论和实操两方面的培训。每期培训不少于 160 个课时，其中 60% 是操作性较强的实践操作课，40% 是涉及法律法规、职业道德等方面的理论课。培训课程超出国家规定的标准时长，更加扎实地让从业者掌握实际操作和专业知识点，并定期开展职业技能资格初级、中级的考级培训，行业协会及培训机构行业内的培训考核，提高从业者的就业能力，提高家政从业人员的专业水平，提升从业人员的道德品质修养，高质量发展家政服务。2017 年，在巴州快乐宝贝母婴护理职业技能培训中心通过初级家政服务员职业资格考试的人员有 277 名，取得行业合格证书的有 500 余人。

4. 严格家政人员的管理

采取末尾淘汰制和投诉淘汰制的管理机制。家政人员的专业水平决定了家政企业的发展，需要定期对家政人员进行专业的集训和个性化培训以适应不同客户的需求，家政企业需要了解每个家政人员的培训情况、考核结果。这样才能为客户安排相匹配的家政人员。为了更好地点燃员工工作激情，提升组织绩效能力，库尔勒市快乐宝贝月嫂服务中心建立良好的员工进退机制，为优秀员工提供更好的发展平台和空间。家政人员服务客户的数量、客户好评率和客户投诉率都直接影响其家政服务中心的排名和今后的客源安排。末位淘汰制鞭策着家政人员要认真对待家政工作，有利于提高该中心家政服务的质量。

经验效果

1. 打造家庭服务一条龙、一站式服务

家庭是社会的细胞，家庭发展是社会发展的支撑点。家政服务是适应家庭生活现代化需要而兴起的，一方面把许多人从家务劳动中解脱出来，提高家庭生活质量；另一方面吸纳了大量的剩余劳动力及无就业人员，在缓解社会就业压力和推动经济增长上有重要意义。根据各类家庭的结构特点，家政龙头企业更具竞争性。如库尔勒市快乐宝贝月嫂家政服务中心在库尔勒市就是一家综合性、专业性较强的家政服务中心。一个家庭在不同时段里，随着家庭结构的变化，所需要的家政服务不同。如有新生儿家庭需要月嫂、育婴员等，上班族家中则多需要保洁员，子女工作任务重家有老人无人照料时则需要养老护理员、做饭保姆等。龙头家政企业针对各类服务的项目齐全且专业、规范，可为客户提供一条龙、一站式家庭服务，让用户选择范围广，更具有竞争力。

2. 龙头企业让家政行业更规范

在"根治"传统型家政服务的弊病上下功夫，整合行业资源，打造大数据概念，以此击破传统家政服务业一直难以解决的"小、散、乱"难题，打造更加职业化、专业化的服务。壮大家政行业龙头企业的引领作用，库尔勒市快乐宝贝月嫂家政服务中心用统一规范的管理制度、便捷畅通的渠道、齐全的家政售后服务平台、严格的家政服务人员考核机制，在提供高品质的母婴护理、养老护理、保姆保洁等家政服务上引领行业规范经营。

3. 职业培训成为家政业的加油站

培训中心经过 6 年的艰苦努力，以诚实守信、服务周到、管理严格、客户口碑为服务宗旨培养造就了大批业务精湛、技术娴熟、热情周到、体贴入微的高素质月嫂和家政服务员，赢得了社会各界及客户的广泛赞扬，成为本地区家政服务行业名副其实的领航者。多年来培训中心不断吸收和接收北京、上海、青岛等大城市先进的发展理念、科学的管理思想，在不断学习借鉴中带动着整个行业朝健康向上的方向发展。培训中心的宗旨是，用专业的技能和辛勤的工作，把快乐生活的理念传递给每一位父母；其目标是创一流服务品牌、创家政行业先锋。

第三章　推动家政扶贫脱贫

案例 11
北京市丰台区创建县域就业扶贫新局面

为深入贯彻落实习近平总书记扶贫开发战略思想和东西部扶贫协作战略部署，依据《家政服务提质扩容行动方案（2017年）》要求，丰台区积极动员全区各方力量，按照聚焦精准、强化协作、突出脱贫、注重增收的工作思路，建立和完善劳务输出、输入协作机制，搭建全方位、多功能的劳务输出暨家政劳务对接协作平台，帮助林西县率先在内蒙古脱贫，促进开发区域就业扶贫新模式，探索以家庭服务业促进县域经济发展的新路子。

基本情况

内蒙古赤峰市林西县总面积达3933平方公里，辖7镇2乡2街道，总人口为24万，是内蒙古31个国家级贫困旗县区之一，到2017年初，仍有

11475 名建档立卡贫困人口，打赢精准脱贫攻坚战任务艰巨。2017 年 4 月，按照东西部扶贫协作和对口支援的工作要求，北京市丰台区与赤峰市林西县建立扶贫协作结对关系，要求充分发挥区域资源禀赋，助力林西县脱贫奔小康。

为了帮助林西县脱贫，北京市丰台区人力社保局等部门，建立了劳务协作和扶贫工作六大机制，征集了涵盖养老护理、月嫂、家政服务等生活性服务业岗位 2.2 万个，建立了职业技能培训基地，引导优质企业到林西县注册办企。组织专场招聘活动，开展公益性岗位托底安置困难就业人员专项行动，有效助推了林西县就业和扶贫工作的开展，助力林西县在内蒙古自治区率先脱贫。

主要做法

1. 夯实基础，完善就业扶贫机制

成立了以区人社局主要领导为组长、主管领导为副组长、职能科室负责同志为成员的劳务协作和就业扶贫工作领导小组，签订了《劳务协作扶贫行动协议》，印发了《对口支援就业帮扶方案》，建立了岗位信息发布、职业技能培训、产业项目对接、务工人员服务、干部职工交流、工作经费保障等六大项工作机制，为就业帮扶奠定了坚实基础。

2. 突出培训，提高市场就业能力

进一步整合北京市丰台区职业技能培训资源，每年安排财政资金，建立受援地区培训补贴和师资支教补贴制度，支持具有一定规模和影响力的优质培训机构上门办学，根据就业需求开展培训，提高建档立卡人员的技能水平和就业能力。鼓励和引导北京市丰台区居家养老企业、优质培训机构到对口帮扶县注册经营、建立劳务输出基地，培育孵化创业企业，拓宽就业渠道，提高职业技能，增加就业收入。

3. 送岗上门，拓宽外出就业渠道

在了解受援地区劳动力就业需求的基础上，北京市丰台区人力社保局每年送岗上门，精心挑选能够解决食宿、待遇相对较高的工作岗位，提前交由受援地区就业部门在当地进行信息发布、组织报名，根据报名情况组织企业深入对口受援地区开展面试、招聘工作。截至 2018 年，共为林西县

带来 28 家企业、4000 余个岗位，达成初步就业意向 1200 余人，不断提高招聘工作的实效性。

4. 智志双扶，提升就业工作水平

北京市丰台区与林西县共同投资 1447.3 万元，建成 3930 平方米的林西县贫困人口就业创业服务中心，北京无忧草家庭服务产业集团、北京贝奥兰电子商务有限公司入驻，形成了集信息推荐、技能培训、创业培训、远程面试、远程培训、企业孵化于一体的综合性就业创业服务平台，直接提升了当地家庭服务业、大数据产业发展水平，培育了县域经济发展的新动能。研究开发了"人人就业"公共就业服务平台，将平台端口向受援地区延伸，使建档立卡贫困劳动力通过手机终端实现与丰台同步的岗位信息检索、求职简历生成、远程终端面试，为受援地区公共就业服务水平提升奠定了坚实基础。

经验效果

一是业务融合是基础。为了帮助对口受援地区人力社保部门拓宽视野、转变理念、提升能力，北京市丰台区建立了人力社保部门领导干部培训机制，组织受援地区领导干部赴北京开展培训，统一扶贫思想、交流工作经验，明确帮扶任务和帮扶路径。邀请受援地区就业系统领导干部到丰台区人力社保局参与政策起草、活动组织、业务经办，组织业务骨干参与对口帮扶县就业工作的筹划、指导、服务，实现同频共振，进一步提升受援地区干部队伍能力和业务经办水平。

二是就近就业是关键。从就业扶贫实践来看，建档立卡贫困劳动力受传统就业观念影响，外出就业意愿不强。尽管组织了北京企业到受援地区开展招聘，但促进就业效果不佳。丰台区结合这一实际，组织优质企业到受援地区注册办企，在当地培育、开发岗位，一方面为县域经济发展提供了新动能，另一方面培育了新的就业岗位，拓宽了就业渠道。北京无忧草集团以林西县家庭服务业为突破口，合力推进供给侧结构改革，采取"政府推动、无忧运营、政企共建、落地深耕"模式，对贫困劳动力进行催乳师、育婴员、养老护理培训，截至 2018 年共培训 500 余人，436 人通过职业技能评定并上岗工作。2018 年 9 月，北京贝奥兰电子商务有限公司"健康大数据及电子商务产业示范基地"正式落户林西,公司预设席位 500个,截至 2018 年已招聘 300 余人,该项目在填补林西县数字产业空白、带动更多就业的同时促进了县域经济发展,为实现乡村振兴战略进行了提前布局和谋划。

三是公益性岗位托底是核心。就业扶贫工作帮扶对象大多因年龄大、技能低、病残和家庭需要无法外出,企业也无法安置,如果一味要求就业安置,就脱离了工作实际。为了保证这些扶贫的"重点人"如期和全国人民一起奔小康,北京市丰台区主动与受援地区共同研究,结合护林、护草和村域保洁等社会发展需求,开发公益性就业岗位,从区财政帮扶资金中支付每人每月 350 元岗位补贴,帮助就业困难人员实现人生价值和劳动报酬,达到就业脱贫的目的。

|案例 12|

上海市商务委员会充分发挥行业优势，搭建家政服务业市场精准对接平台，助推就业扶贫

基本情况

家政就业扶贫，既是以人民根本利益为出发点的政治任务，又是利国利民的民生工程，也是贫困群众特别是贫困妇女实现就业脱贫的途径之一。家政就业扶贫大有可为，从需求端看，上海等大城市家政服务需求旺盛。从供给侧看，贫困地区具备了劳动力组织化转移脱贫的条件和基础，贫困地区拥有众多适龄妇女，她们经适当培训后可从事家政服务业。

为贯彻落实习近平总书记关于全力推进脱贫攻坚的重要指示精神，根据上海对口支援云南、贵州遵义扶贫工作安排，按照市场主导、政府推动原则，试点探索"黔女入沪""云嫂入沪"，探索商务领域劳务协作。其中，"云嫂入沪"工作，由沪滇两地商务部门合作立项推进，有序引进"云嫂"到上海从事家政等生活性服务业。同时，根据商务部等四部门《关于开展"百城万村"家政扶贫试点的通知》（商服务贸函〔2017〕774号），制定了《上海"百城万村"家政扶贫工作试点方案》，以家政就业为抓手，以精准扶贫为目标，推进家政服务业供给侧结构性改革，助推对口地区打赢脱贫攻坚战。

主要做法

1. 精准研判市场需求

习近平总书记指出，"扶贫开发贵在精准，重在精准，成败之举在于

精准"，"全过程都要精准"。面对高度市场化的家政服务业，家政扶贫工作关键在于准确研判市场需求，才能有精准施策。上海拥有 2400 多万常住人口，市场需求旺盛。随着家庭小型化、人口老龄化、生活现代化和服务社会化，上海家政市场需求"三化"特点明显。一是需求多元化。家政市场需求种类多、包罗万象，已经不再局限于过去传统的洗衣、做饭、清洁卫生等日常家务料理，涵盖了照看孩子、陪护老人、病床陪护、家庭护理、月子照顾、母婴护理等，以及高级管家、早教、催乳师、资金理财等私人定制式需求。二是服务快捷化。家政服务消费的频次日益加大，家政服务"快餐化"发展特征日趋明显。用户喜欢像打车、叫外卖一样"随叫随到"的家政服务，其中极速保洁服务备受市场欢迎。三是消费年轻化。都市年轻人群因追求更高的生活品质，日益成为家政服务消费的主流。据统计，用户中 30 岁以下人群占家政服务消费比重的 49%。上海家政市场多元化、快捷化和年轻化的需求变化，倒逼上海家政服务市场呈细分化、专业化、信息化发展，这也对家政就业扶贫工作提供了精准供需对接的客观要求和有利条件。针对上述特点，我们推荐家政服务岗位适配性强，管理水平较好的富宇家政、悦管家、上海好慷、家事佳等品牌规模服务机构具体实施开展家政扶贫工作。

2. 精心探索工作机制

2017 年，上海市商务委员会在上海对口支援地区云南和贵州遵义，对家政就业扶贫工作进行探索试点。一是实地调研组织对接。按照政府推动、市场决定的原则，组织家政企业先后到云南曲靖、昭通、西双版纳、楚雄和贵州遵义，另外还到安徽省部分市县进行实地调研，着力发挥商务领域优势，寻找家政就业扶贫切入点，推进两地校企或企企合作，试点"黔女入沪"直通车，探索"云嫂入沪"快车道，组织化引进"淮海大嫂""四川阿姨"等。二是探索完善扶贫模式。上海市商务委员会边推进，边总结，边完善，初步形成"精准对接、按需培训、择优引进、就业扶贫"的合作、就业、扶贫一体化的家政扶贫模式，简称"351"模式，即坚持三个结合：市场主导与政府引导结合、当地基础培训与上海提升培训结合、就近就业与上海就业结合；推进五项合作：基地建设、供需、培训、就业和管理五个方面合作；实现一个目标：一人就业，全家脱贫。通过"351"模式，力求实现按需招生、按人定岗、按岗培训的精准性，贫困地区妇女上岗就业脱贫的快捷性。三是树立典型宣传推动。培养树立 12 名家政就业带头人，以点带面，让她们回乡宣传动员，形成羊群效应。如"黔女"舒继兰，上海富宇家政根据其基本条件，对其进行量身定向培养，使其成为有较高收入的医疗照护类养老护理员。经新闻媒体宣传报道，上海富宇家政成了家政扶贫工作的星星之火，发挥了示范带动作用。

3. 精诚合作扶贫攻坚

结合前期工作实践，按照商务部"百城万村"家政扶贫工作部署，做好以下工作。一是科学谋划。针对上海市场需求和家政行业实际，厘清政府指导、以企业为主体、市场化推进的工作思路，制订了《上海"百城万村"家政扶贫工作试点方案》，计划通过 3 年持续推进，实现"十、百、万"建设目标，即培育 10 家规模品牌示范企业，培养 100 名家政就业带头人，吸纳 10000 名贫困县富余劳动力在沪从事家政服务就业脱贫。二是搭建平台。2018 年 11 月 24 日，上海组织召开"百城万村"对接会，邀请安徽、四川、贵州、甘肃、陕西、湖南 6 省商务厅和 19 个贫困县，共商扶贫大计。商务部领导莅临现场指导，并代表商务部进行动员。上海市商务委员会与 6 省商务厅签署政府合作战略协议，列入试点的上海家政企业与临泉、岚皋等 11 个县签订政企合作协议。三是构建渠道。以"百城万村"5 家试点企业为发起人，联合上海 100 多家知名品牌家政企业，并吸收餐饮、生鲜配送、快递等企业加入，成立以"'沪'帮互助、精准扶贫、家政先行"为主旨的上海家政扶贫联盟，力求供需资源共享，做到就业扶贫互助。四是多措并举。为帮助贫困地区人员克服走出"大山"难、上岗就业适应难、融入城市生活难的问题，各家政企业想方设法，真情关怀。上海好慷家政公司在安徽潜山县招聘培训了 69 名贫困人员，根据就业意向往全国 30 多个直营店输送就业，并与顺丰集团合作，形成男女用工互补、夫妻结伴务工。

经验效果

1. 建设成效

目前，上海家政扶贫工作方兴未艾，成效初显。一是企业热情日趋高涨。一批企业主动走进贫困县对接合作，如上海富宇家政在遵义务川创办的家政培训班，遍布 8 个乡镇；上海家事佳家政公司与遵义道真县职校联合办学培训建档立卡贫困户；上海吉爱家政公司在安徽建立"淮海大嫂精准扶贫培训基地"。二是家政就业成为贫困地区劳动力转移重要渠道。上海目前 50 万名家政人员，98% 为外省市人员。上海市商务委员会对 2017年"百城万村"试点工作抽样调查，统计样本为 38 家规模企业，统计范围为 38 个试点贫困县，在沪家政服务人员 4784 名，涵盖试点 7 省 37 个县。从统计数据看，家政扶贫工作有了良好基础；从家政服务人员收入看，家政就业扶贫成效明显。如悦管家、上海好慷出现了"姐妹花""夫妻档""妯娌档""老乡团"等结对结伴入沪现象。上海家政扶贫联盟发挥资源共享优势，欢迎从事家政的亲戚或老乡结伴入沪，支持从事家政或其他生活性服务行业。

2. 建设经验

一是在工作方向上，着力于家政扶贫与产业发展相结合。二是在工作重心上，着力于家政扶贫与扩大品牌企业相结合。上控优势"资源"，提升企业品牌影响力。三是在工作方法上，着力于精准扶贫与面上扶贫相结合。精准扶贫就是立足于建档立卡户，面上扶贫就是立足贫困县的适龄人员，以精准扶贫为重点和牵引，打造贫困县家政服务品牌。上海计划打造"黔女""川妹子""安徽阿姨"等一批上海家政名片。四是在工作路径上，着眼于政府推动与企业主体运作相结合。引导企业将扶贫工作作为塑造良好的社会形象、打造优质的企业品牌、扩大市场占有率的一个重要因素。五是在宣传引导上，针对建档立卡贫困户不愿走出大山的现实，组织企业开展"家政专业短训班"，举办以"打开心扉、畅谈理想、吸引签约"为主题的家政就业对接活动，安排企业"路演"推介，传播"来上海就业脱贫"的希望种子。六是在监管方式上，着眼于源头建档与追溯管理相结合。根据商务部试点要求，建立家政服务从业人员信用档案。同时，结合上海实际，将所有入沪家政从业人员统一纳入本市家政持证上门服务培训，做到持证上岗，确保服务信息可查询、可追溯、可评价，体现上海特色，提升家政扶贫实效。

3. 建设体会

一是必须加强供需双方合作。合作是做好家政扶贫工作的前提，必须厘清家政服务人员输入地、输出地政府和企业职责。输入地与输出地政府之间要精诚合作，政企之间要紧密合作，校企、企企之间互惠合作。二是必须加强家政服务技能培训。培训是上岗就业脱贫的关键，要始终把上岗就业脱贫作为工作的出发点和落脚点。要按需培训、按人设岗、按岗培训、因人施教，注重实际，以企业为主体、市场化推进。三是必须正确把握好政策导向。家政就业扶贫工作具有公益性和市场化双重属性，事关群众生命财产安全，激励政策应当兼顾供需两侧，不能偏颇。

| 案例 13 |

黑龙江省桦南县推动家政服务高质量发展，
助力增就业、惠民生、促脱贫

基本情况

桦南县位于黑龙江省东部，县域面积为 4415.6 平方公里（耕地面积 342.5 万亩），辖 6 镇、4 乡、192 个行政村。桦南县属于半山区农业县，素有"五山半水四分田，半分道路和庄园"之称，是国家商品粮基地县、粮食生产先进县、优质水稻基地县、绿色能源示范县、生态建设示范县、首批智慧城市试点县、劳动力转移示范县、中国最具投资潜力百强县、中国南瓜之乡和中国白瓜子之乡，也是黑龙江省 20 个国家级贫困县和 12 个革命老区一类县之一。

桦南县有 46.7 万人口，是佳木斯市人口最多的县。其中，城镇人口 15.3 万，城镇劳动力 8 万人；农村人口 31.4 万，农村劳动力 16.7 万人，富余劳动力超过 8 万人（占农村劳动力的 48%）。从桦南县的人口和劳动力的情况来看——城镇劳动力就业压力不明显，主要集中在未就业大学毕业生、退伍士兵等群体，人社、就业等部门通过开发岗位、职业介绍、转移输出等办法，较好地解决了城镇就业问题。但是，由于桦南县在佳木斯市所属县中人多地少的矛盾比较突出（农村富余劳动力超过其他 5 个县的总和），加之现代农业技术的广泛应用和农业机械化程度的跨越式发展，桦南县农村富余劳动力呈现逐年递增的态势，为人社、就业等部门大力开展村富余劳动力转移就业、促进脱贫攻坚提供了广阔空间。在工作实践中，桦南县委、县政府深刻认识到——把农村富余劳动力从土地中解放出来，既可以实现耕地租赁保底、务工增收脱贫，又能达到土地规模经营、发展精品农业的多赢效果，是最直接、最有效的脱贫路径之一，积极引导和鼓励群众转移就业，每年都有数万名农民工外出务工。但是，盲目务工易引发在合同签订、劳动时间、劳动强度、工作环境、工资保障等方面的风险，农民工缺乏职业技能培训导致他们只能从事简单的体力劳动，收入水平和务工稳定性明显受限，这也为桦南县抓好农村富余劳动力有序转移就业提出了课题。

主要做法

针对存在的困难和问题，桦南县致力于转移就业扶贫，围绕家政服务业提质扩容，提出了转移就业"989"工程的战略部署，即全力打造"九大精准就业转移合作示范基地、八大品牌培训项目和九大就业转移输出服务站"，效果非常明显。

"九大示范基地"为群众精准就业创设承载平台。围绕打造"九大示范基地"，桦南县依托有实力、有信誉、有长期合作关系的北京无忧草集团、北京东方倍优天地母婴公司、哈尔滨爱馨陪护公司、哈尔滨暖心公司、沈阳金牌公司、沈阳娘子军公司等企业，以县政府名义授权合作，提高信誉度、知名度和贫困群众就业成功率。

结合开展"春风行动"和举办反季节的"秋季用工暨转移就业脱贫用工招聘会"，桦南县联合以"示范基地"为重点的合作伙伴积极开发农民的"冬闲"资源，促使一大批贫困群众实现了"一冬不赋闲，多赚几万元"的目标。

"八大培训品牌"为群众高薪就业提供技术支持。当前和今后一个时期，随着我国"二孩"政策的实施，科学养育子女的要求越来越高，高素质的新型月嫂、育婴员会有越来越好的市场；随着老龄化社会的到来，养老护理也会成为热门行业。

为了促进群众通过技能培训到高端市场实现高质量、高薪金就业，桦南县创新打造家政服务业就业技能品牌培训，从7类需求、11项专业中精选出育婴员（月嫂）和养老护理（护工）作为品牌培训的2个主攻专业，加之厨师、面点师、保健按摩员、美容师、健身指导员、汽修员6个精品专业，精心打造了"八大培训品牌"，通过开展"免学费、免三餐费、免住宿费、免教材费、免费提供笔记本等学习用具和免费提供就业服务"全免费培训，建造了一个效益可观的"无烟"工厂，实现农村贫困人口从"卖苦力打工吃饭"到"凭技能高薪就业"的转变。

为了提升品牌培训环境条件，2017年县本级投入260万元，利用县职教中心闲置的3层建筑，维修改建了2000多平方米"转移就业技能培训基地"，实行"免学费、免三餐费、免住宿费、免教材费、免费提供笔记本等学习用具费和免费提供就业服务"的家政服务业全免费培训。2017年，培训基地成功通过省级高技能培训基地验收，为培养高素质高技能人才提供了广阔空间。

"九大服务站"为贫困群众稳定就业全程保驾护航。2017年3月，佳木斯市委常委、桦南县委书记鲁长友到哈医大、哈医大附属肿瘤医院调研，同桦南护工进行了交流，有贫困护工代表提出：出来打工，住宿落脚是最大的问题。

对此，桦南县以转移就业人员集中区域为核心点，与"示范基地"企业联合创建了"九大服务站"。服务站为桦南群众特别是贫困群众务工提供最起码的基本住宿条件，部分企业帮建的服务站还免费提供餐饮服务。正是受到桦南务工群众良好的工作激情感染，合作伙伴免费提供帮助，县财政预计投入450万元建设资金只支出8万元。服务站的建设，解决了群众转移就业成本过高等关键问题，对贫困群众转移就业发挥了积极功效。

经验效果

一分付出，一分回报。2017年，桦南就业部门转移就业农村富余劳动力46461人，其中贫困群众1032人。时下，"桦南月嫂""桦南护工"已成为哈尔滨、北京等高端市场颇具名气的品牌，月均工资7000元以上，部分金牌月嫂月单（26天）高达19800元。各地家服企业主动提出合作意愿，实现了由"遍地撒网寻找安置出路"到"比对多家优中选优"的飞跃。桦南也被人社部定为家庭服务业直报点，并代表黑龙江参加了由人社部主办的"家庭服务产业扶贫签约活动"。黑龙江电视台《新闻联播》《新闻夜航》《话龙点经》等栏目对桦南转移就业工作进行了全方位报道。

《黑龙江日报》以"就业脱贫看桦南"为题，头版头条专题宣传了桦南转移就业扶贫工作。2017 年末，《人民日报》也对桦南转移就业扶贫，特别是家政服务技能培训进行了报道。2018 年，桦南县代表黑龙江省接受了省际互检脱贫攻坚西藏考核组的检查，"989"工程受到充分肯定，已有 20 多个兄弟地市、县（市）区来桦南考察交流。

唐振华是桦南县孟家岗镇西平村的建档立卡贫困群众，致贫原因在于夫妻二人曾因治病欠下了大笔外债，并且要供孩子上大学。2014 年，在包扶干部的推荐下，他参加了就业部门主办的"全免费"养老护理员培训班。当年年底，在就业部门的推荐下，唐振华把家中的八亩耕地流转出去，到哈医大二院上岗，月薪 4000 元。2015 年 7～8 月，唐振华已经成为一名熟练的护工，并且在哈医大附属肿瘤医院谋得了更好的收入，一干就是三年。在就业部门建立的"肿瘤医院桦南护工同学群"中，他告诉就业部门负责人——每个月加两次班，收入在 10000 元左右。在就业部门组织的"新老学员交流会上"，唐振华告诉大家，自己已经光荣脱贫，下一步就要向着致富迈进了。

肖兆香是桦南县桦南镇民富村建档立卡贫困群众。2015 年，44 岁的她遭遇了"灭顶之灾"——丈夫在治疗两个多月、留下 20 多万元外债的情况下不幸去世了。2016 年底，桦南县就业部门开展育婴员"全免费"技能培训的消息让她看到了希望。经过 15 天全封闭式理论、实操学习，肖兆香以优异的成绩结业。2017 年初，在就业部门的帮助下，县转移就业示范基地——北京东方倍优天地公司录用她为一名月薪 6800 元的育婴员，第一个"单子"就签约半年。2017 年 7 月，肖兆香接到了第二个"单子"，月薪提高到 7800 元。她算了一笔账——扣除生活成本，每年纯收入可达 7 万元，加之桦南县扶贫政策的支持，三年内就可以脱贫。事实证明，技能培训实训、精准职业介绍，可以让贫困群众掌握一技之长，实现稳定就业、高薪就业，达到"培训一人、就业一人、脱贫一家"的功效。

2014 年初，45 岁的王跃春下岗了。通过县就业局的宣传，她抱着试试看的想法到中心窗口办理了求职登记。窗口人员考虑到王跃春年纪不大，在热情接待之余建议她参加月嫂培训。经过 15 天全封闭、全免费的培训，王跃春成为优秀的毕业学员。恰逢北京无忧草集团与桦南县建立了合作伙伴关系，县就业局就推荐她上岗就业。如今，她已经成为集团金牌月嫂，月单（26天）达到22800元，不仅满足了家庭所需，还孝敬了父母，赢得了四邻的敬重。如今的王跃春钱包鼓鼓的，心情是愉快的，春节探家都是打"飞的"。吃水不忘挖井人，王跃春从技能培训起步成为人生赢家，同时也担当了就业部门的宣传员，感染着桦南乡里乡亲，无私回报着就业技能培训基地。

实践证明，转移就业、技能培训、保障服务为桦南群众高薪就业、增收脱贫提供了有效保障，桦南县必将拿出"敢教日月换新天"的气概，鼓起"不破楼兰终不还"的劲头，以开拓创新的意志，全面抓好家政服务业提质扩容工作，奋力在乡村振兴、脱贫攻坚的伟大征途上夺取更大成绩。

| 案例 14 |

江西省赣州市以家政服务精品化发展
促精准脱贫攻坚

近年来，赣州市大力发展家政服务业，采取"三二一"发展模式，吸引大量贫困女性劳动力从事家政服务行业，走出了一条家政服务促脱贫攻坚的路子。

基本情况

赣州市是国家集中连片特困地区之一，有 9 个国家级贫困县（区）、169 个深度贫困村。目前，赣州市户籍总人口 970 多万，其中未脱贫贫困人口 38.8 万、未脱贫困劳动力约 15 万人、未脱贫困女性劳动力约 7 万人。近年来，该市认真贯彻落实国务院、省关于发展家庭服务业的指导意见和家政服务提质扩容行动方案（2017 年）的精神，围绕中央、省委、市委精准扶贫和就业扶贫相关部署，充分发挥家政服务行业准入门槛低、培训见效快、薪资待遇好的特点，大力推进贫困女性劳动力参与家政服务培训，从事家政服务业，走出了一条家政服务促进脱贫攻坚的致富之路。

主要做法

近年来，赣州市按照"三二一"发展模式，即实施三个精准到位，打造二个家政品牌、扶持一家龙头企业，推动全市家政服务业蓬勃发展，家政服务就业扶贫取得一定成效。

1. 实施三个精准到位

一是精准识别到位。连续两年组织人员赴 18 个县（市、区）开展农民工返乡创业调研，通过听取工作情况汇报、查阅资料台账、实地走访贫困户等方式，对该市建档立卡贫困劳动力的基本情况，特别是建档立卡贫困女性劳动力的基本情况进行详细了解，重点针对建档立卡贫困女性劳动力拟从事家政服务业人数、接受技能培训意愿、希望输出到省内地市从事家政服务业人数、愿意跨省输出人数等关键信息进行调研。二是精准培训到位。统筹商务、妇联、总工会家政培训专项资金，采取购买培训成果的形式免费培训有意愿从事家政服务的贫困劳动力；结合贫困户实际情况，开展"送培训进乡镇"活动，将课堂搬到乡镇、搬到贫困户家门口，解决贫困户的后顾之忧；在课程设置方面，结合市场需求和贫困户个人意愿，重点开设家政烹饪、孕产妇护理、婴幼儿护理、老人护理等课程。仅 2016 年至 2018 年 5 月，赣州市开展各类家政服务培训 29682 人次，超额完成省民生工程分配的培训任务。三是政策保障到位。认真落实家政服务业发展政策，对符合条件的家政服务业的人员，按规定给予社会保险补贴。目前赣州市中心城区有 4 户家政服务企业，1646 名家政服务从业人员享受了社会保险补贴。

2. 打造两大家政品牌

一是积极引进省外家政服务机构与两大品牌合作，努力形成信息传递、职业介绍、技能培训、政策指导、法律援助一条龙服务体系，从政策和服务上确保"章贡月嫂""兴国表嫂"等家政服务品牌建设。二是结合该市家政服务产业情况，会同妇联等多家单位，利用广电新闻媒体及宣传栏、咨询会等形式宣传"章贡月嫂""兴国表嫂"等家政服务品牌，营造良好的舆论氛围。三是每年组织开展家政服务职业技能竞赛，同时积极参加全省、全国的家政服务技能竞赛。2017 年，赣州市举办家政服务行业技能竞赛，两大品牌 90 名优秀家政服务员参加了三大类别的角逐。推荐 9 人参加 2017 年江西省"振兴杯"家政服务行业技能竞赛决赛，2 人获三等奖、7 人获优秀奖。选派人员参加全国"第二届全国母婴护理师大赛"，1人获一等奖、1 人获二等奖、11 人获三等奖，并获"优秀团队奖"等优异成绩。"章贡月嫂""兴国表嫂"在赣州本地已具备一定的品牌效应，成为大家从事或选择家政服务的重要渠道。

3. 扶持一家龙头企业

赣州市把扶持家政服务企业作为家政服务业发展的关键，结合本地区实际，重点扶持江西省卓恒家政有限公司这一全国千户企业，通过政府部门牵线搭桥、落实各项优惠政策等手段，在本市的家政服务业中形成"龙头企业引领家政就业扶贫"新局面。一是通过政府购买服务的形式，帮助本地13个县（市、区）与江西卓恒家政有限公司签订家政培训协议，共建家政服务培训基地。近三年来，江西卓恒家政有限公司在赣州市13个县（市、区）开设了210期家政培训，共培训贫困女性劳动力5890人，通过"培训+就业推荐"模式，最终实现就业2256人，就业人员人均月纯收入达2600元以上。服务双方满意率高达86%以上。二是通过政府牵头的形式，促成企业与企业、企业与地区共建劳务对接合作基地。该市人社局帮助江西卓恒家政有限公司与本市贫困县、省内贫困地区签订家政劳务对接协议。2017年底，该公司已与于都县人社局签订有关协议，并开展相关对接活动。目前，该公司已在于都县培训家政服务员420人，吸纳和推荐就业89人，其中贫困女性劳动力有27人；已与吉安市遂川县、万安县的有关企业签订有关协议，为对方提供赣州市家政服务岗位需求清单，定向筛选和开发岗位，引导和帮助江西省其他贫困县农村建档立卡贫困劳动力转移到赣州市中心城区家政服务领域就业。

经验效果

近年来，赣州市大力发展家政服务业，促进农村劳动力就业扶贫的做法，取得了一定的成效。近三年来，该市通过家政服务最终实现12000余人的就业，其中建档立卡贫困女性劳动力有4200余人，占全市贫困女性劳动力中的6.1%；就业人员人均月纯收入2600余元。仅此一项，全市就有近4000户贫困家政脱贫摘帽。

1. 变"外出打工"为"就近就业"，拓宽了就业渠道，保障了社会稳定

针对贫困女性劳动力需要照顾老人、孩子的心理，赣州市结合当前放开"二孩"政策导致家政服务员不足的趋势，精准识别从业意愿、从业前景、从业岗位需求，深入挖掘本地的家政服务就业岗位，大力开展家政培

训,提升贫困劳动力从事家政服务业的能力,引导贫困劳动力从抛家弃子外出打工,到就近实现就业,不仅为贫困户就业脱贫提供了机会,更是解决"留守儿童""留守老人"的一项好措施。

2. 变"口口相传"为"一站式服务",提升了服务效率

赣州市认真打造家政服务品牌,充分发挥龙头企业的引领带动作用,整合了当地的家政服务业市场,改变了以往家政服务行业分散化的趋势,使家政服务从原始的口口相传、熟人推荐的就业模式,变为"上户动员+家门口培训+推荐就业"一站式就业脱贫服务,既规范了市场、保障了行业双方的权益,又大大提升了脱贫的服务效率。

3. 变"被动脱贫"为"主动脱贫",增强了脱贫内生动力

赣州市针对当前少数群众"等靠要"思想严重,终日想着靠低保、救济粮、救济款来维持生存,脱贫内生动力不足的问题,大力发展准入门槛低、培训见效快、薪资待遇好的家政服务行业,通过实实在在的帮扶,引导贫困户实现就业脱贫,改变家政服务业就是伺候人的落后观念,让更多贫困户主动从事劳动,摒弃"等靠要"观念,不甘贫困,奋力脱贫,不等不靠,敢闯敢冒,增强贫困户脱贫的内生动力,变"帮我脱贫"为"我主动要脱贫"。

案例 15

广西妇联大力促进巾帼家政服务，
助力脱贫攻坚

基本情况

自广西脱贫攻坚战全面打响以来，广西妇联紧紧围绕自治区党委、政府工作大局，把做好妇女脱贫工作作为责无旁贷的重大政治任务，把巾帼家政产业作为帮助贫困妇女脱贫致富的重要渠道，开展促进全区家政行业发展的相关工作。

目前，随着我国家庭小型化、人口老龄化的发展，全国城镇 1.9 亿户家庭中，需要家政服务的家庭大概达到 15%。在日益增长的社会发展需求下，家政服务行业得到了迅猛发展，尤其是服务老人和幼儿的刚性需求格外突出。而在家政服务员中，农村富余劳动力（主要是农村妇女）占到了绝大多数，为此广西妇联结合工作实际，成立了广西金绣球巾帼家政服务联盟，通过联盟组织活动和制定工作制度，规范行业行为和市场秩序，把家政行业管起来，实现家政企业抱团发展。现在，广西金绣球巾帼家政服务联盟扎实开展了家政培训"大篷车"进村（社区）活动，以流动便捷的方式把免费的家政培训和家政服务送到农村妇女家门口、送到群众身边，带领广大贫困妇女搭乘"大篷车"走上致富路，奔向小康生活。认真落实全国妇联、人社部、商务部等 17 个部门联合出台的《家政服务提质扩容行动方案》，开展巾帼家政服务提质扩容行动，启动并深化"巾帼家政服务到家"工作，切实参与到"家庭文明建设行动"中，深入开展"和谐到家幸福妈妈"活动，做强做优广西"金绣球"巾帼家政品牌，建立完善的行业标准和规范，不断优化巾帼家政发展环境，推动广西家政服务行业的健康持续发展，助力全区脱贫攻坚。

主要做法

1. 发挥"联"字优势，做好巾帼家政工作顶层设计

广西妇联充分发挥"联"字优势，主动谋划，做好顶层设计、顶层服务，通过加强沟通合作，联合扶贫、民政、人社等部门下发《广西"产业到家·牵手妈妈"巾帼脱贫行动方案的通知》《关于进一步深化家政培训"大篷车"进村（社区）活动的通知》，从源头上打开家政工作局面，为贫困姐妹设计家政脱贫路径，为基层妇联绘好脱贫蓝本，确保家政扶贫工作重点突出、持续发展，多部门共同推进。

2. 做好品牌工作，深化家政培训"大篷车"进村（社区）活动

在脱贫攻坚战场中，组织家政培训"大篷车"进村（社区），发动带领广大妇女从事家政行业实现脱贫，对阻止贫困现象的代际传递起到了重要作用。"十三五"期间，广西妇联以5000个贫困村为主战场，实行"挂图作战"，"大篷车"开进一个村、圈划一个村，培训一个人、登记一个人，有步骤、有重点地实现贫困村妇女"应训尽训"，实现家政服务"上岗一人、脱贫一家"。2018年初，广西妇联召开家政培训"大篷车"进村（社区）活动推进会，总结交流"大篷车"活动经验，对下一步活动的开展进行了部署安排。各地迅速响应，以"妇女之家"为阵地，与驻村工作队联手，直接将"大篷车"开进"三月三"歌坡节会场、"春风行动"招聘会，开进村屯、社区，将现场教学和发放宣传资料等多种形式相结合，帮助贫困妇女消除思想顾虑，动员和鼓励她们参加培训。

3. 促进抱团发展，构建"金绣球"巾帼家政新常态

为促进广西巾帼家政服务行业由小变大、从弱转强，广西妇联主导成立了以女性为主的家政企业组成的公益性社会组织——"广西金绣球巾帼家政服务联盟"，形成各家政公司从独闯市场到走向联合的新格局，首批会员有40家。广西妇联指导帮助联盟打造了"专业、责任、诚信、友善"联盟精神，实行"三不六统一"的管理模式（即不培训的不推荐、不体检的不上岗、不签约的不入户；统一身份认证、统一品牌标识、统一培训标

准、统一技能鉴定、统一信息平台、统一对外宣传）；与公安部门联合开展家政实名登记，逐步健全广西家政行业登记备案和信息管理；与人社部门开展品牌创建活动，培育了19个全国和自治区巾帼家政示范基地，15个全国千户百强家庭服务企业、6个广西优秀劳务品牌，并给予每个品牌100万元的培训专项资金，"金绣球"巾帼家政日益成为广西家政行业的金字招牌。目前，广西的家政服务员成了人人想抢的"金绣球"，深圳、广州还来到广西召开专场招聘会，香港、澳门及东南亚国家也纷纷向广西抛来了订单，积极招募广西的家政服务员。家政服务人员的收入也提高了，目前，在广西就业的育婴师年收入5万~9万元，家政服务员年收入5万~7万元。"金绣球"巾帼家政受到了国内外同行的关注，近年来，就有20多个国内外的考察团到广西考察巾帼家政企业，新加坡、马来西亚的妇女组织和商会还专门出资邀请"金绣球"巾帼家政企业前往考察和开展合作，为妇女提供了更广阔的就业空间。

4. 以服务促管理，推进巾帼家政服务提质扩容行动

广西妇联以服务促管理，引导金绣球巾帼家政服务联盟做大做强，加强对行业发展的政策扶持，大力提升职业化水平，完善家政服务标准和服务规范。广西妇联积极组织会员单位参加重要的活动，参加"巾帼心向党 喜迎十九大"广西纪念"三八"国际妇女节107周年大会、广西女性人才大讲堂，并在联盟会员代表大会期间组织学习自治区妇联十三届二次执委会精神，共商巾帼家政发展大计。还组织联盟会员培训和交流考察，不断提升素质，赴内蒙古参加中国首届家政服务业"提质扩容"国际峰会；2016~2018年连续三年举办广西"金绣球"巾帼家政骨干培训班，促进家政服务提质扩容，引领行业规范发展；举办家政培训"大篷车"进社区示范活动，全体会员单位现场观摩，学习如何策划活动、丰富内容、创新形式。广西妇联以赛代训，不断提升影响力，联盟内部经常开展"技能大比拼"活动，培养选拔新秀参加全国、全区各种技能大赛，媒体连续报道，反响热烈。2016年，由全国妇联、人社部主办的首届全国巾帼家政服务职业大赛在山东济南举行，全国30个省区市和新疆生产建设兵团共31支代表队参赛，广西金绣球巾帼家政队在比赛中脱颖而出，以团体总分第五名荣获团体优秀奖，队员中莫永芸荣获"家务料理"项目三等奖，周羿均荣

获"母婴护理"项目三等奖，雷英华荣获"居家老人照顾"项目优秀奖。在第七届全国民政行业职业技能大赛广西选拔赛中，金绣球联盟获得优秀组织奖。

主要成效

在广西妇联的积极努力下，会同有关部门协同发力，广西家政服务行业通过成立联盟、抱团发展，有效地解决了行业规范化、职业化、规模化程度低的发展难题，打造出了属于广西家政业的服务品牌——"金绣球"，在练好自身内功的同时，不断创新供给，加强对外的交流与合作，拓宽发展空间与市场，推动广西家政服务行业的向前发展。家政培训"大篷车"进村（社区）活动助力全区妇女精准脱贫，掀起了一波又一波培训高潮。据统计，截至 2018 年 12 月，全区家政培训"大篷车"进村（社区）1690个，培训 16.3 万人次，带动 2.57 万名建档立卡贫困妇女脱贫致富；许多姐妹，通过从事家政行业，实现了脱贫梦。在家政扶贫的过程中，涌现不少经典的励志案例。南宁市上林县石施梅 2006 年在学校食堂打工，月入200 元，随后，她转行做保姆，月入有了 400 元，之后，她通过不断努力进修，陆续拿到了初级、中级、高级育婴师资格，每月收入从 1000 多元涨到了现在的 1 万多元，成为高收入群体，实现了脱贫致富。现在，她带着自己的亲戚朋友数十人一起创业做家政，每人每月收入少的有 4000 多元，多的有 1.2 万元。"大篷车"走出扶贫新路子，得到了刘延东副总理的重要批示，2016 年，中央电视台《朝闻天下》"改革追踪看落实"栏目对此进行了专题报道。广西巾帼家政工作得到全国妇联批示点赞，成为全国典型经验之一。

第四章 完善扶持发展政策

案例 16

内蒙古自治区包头市落实提质扩容行动新举措，促进家庭服务业稳定健康发展

近年来，包头市牢牢把握创新引领的发展思路，认真贯彻国家、自治区和市委发展家庭服务业促进就业工作的新要求，围绕增加服务供给、提高服务质量中心任务，将发展家庭服务业作为创新创业的着力点和突破点，作为创造更多高质量就业岗位的新动能，作为服务民生稳定就业的重要举措，通过优化政策环境，完善工作体系机制，加强规范化、职业化和信息化建设，家庭服务业促进就业工作取得明显成效。

基本情况

2012 年，《包头市加快发展家庭服务业促进就业工作的实施意见》的印发，标志着由人社就业部门主抓的发展家庭服务业促进就业工作正式启动。

截止到 2018 年末，全市已认定家庭服务机构 417 家，社区家庭服务中心（站）达到 246 个，全行业从业人员总数达到 3.93 万人。2018 年，开展家庭服务业技能培训 1.44 万人次，五年来累计培训人数达到 4.1 万人。有 24 户家服机构列入全国家庭服务业"百强千户"和自治区"十强百户"企业名单，14 家培训机构被确认为自治区家庭服务培训示范性基地，包头市被人社部确定为自治区唯一一个参与家庭服务业统计调查的城市。

主要做法

1. 构建政策扶持体系，促进家庭服务业全面发展

适应发展家庭服务业促进就业工作进入新时代的要求，制定了新一轮政策促进措施，扶持家服业态发展。对家庭服务机构创业担保贷款全额贴息，对年度考评合格以上的社区家庭服务中心（站）、报单业务突出以及获得各类品牌称号的家服机构、家庭服务创业园和专业市场给予奖励和建设补贴；家庭服务机构为居民服务业务给予每单 50 元的入户服务补贴，同时，发放促进就业券，给予全市特定群体家庭每户 200 元的家庭服务补贴。这些扶持政策措施的落实，有力地推动了包头市家庭服务业的全面发展，截至 2018 年底，已累计拨付家庭服务业各类扶持资金 1.1 亿元，成效明显。

2. 强化管理服务职能，提升全行业规范化水平

一是规范管理指导。建立了对家庭服务机构、社区家庭服务站和年度业务的考评年检制度，按照"五统一"等要求规范机构运作，强化政策宣传和服务业态挖掘力度，将居民家庭急需的优秀家庭服务机构和新业态优先纳入政策扶持范围。二是持续打造培育龙头企业。从品牌建设入手，推荐优秀机构参加各级各类品牌评比，支持企业做大做强；引导企业转变经营模式，适应市场需求，树立品牌，在服务供给数量、内容和质量等方面提档升级。通过品牌龙头企业统领行业发展，凝聚行业精神，促进行业自律，展示行业新形象新面貌。三是规范和完善监督核查机制。各旗县区就业服务部门负责属地家庭服务机构日常经营的指导服务和监督管理工作，市家庭服务网络信息中心利用信息技术手段，通过建立客服回访、资料审核、电话核查、订单抽查等制度，监督业务运行，确保惠民政策

落到实处。四是建立了家服机构业务考核惩戒制度。对于虚假报单行为的家服机构，在诚信体系中留下不良记录，"一票否决"取消各类评比考核评定等资格。

3. 加强职业技能培训，提升全行业职业化水平

一是大规模开展职业技能培训。实施家庭服务从业人员特别培训计划，将家政服务员、保健按摩师、物业管理员等九大职业（工种）列入培训项目，规范培训范围；实施保姆、母婴护理、病人陪护、家居保洁等四大专项能力培训，适当调整技能培训补贴政策，满足市场需求，重点推进。二是开发"互联网＋就业创业培训"的信息管理服务平台，实现网上开班、审批备案，通过签到、身份查验、指纹刷脸、视频监控、电话复核以及培训绩效评价等，实现了培训监督管理全过程覆盖，确保了培训质量。三是强化职业能力建设。每年举办家服机构经理人和培训机构师资培训班，提高行业经营管理能力和授课水平，以"以奖代补"形式给予定点培训机构建设补贴，构建了一批管理规范、功能齐全、培训质量较高、就业效果明显的示范性家庭服务职业培训基地。

4. 打造信息服务平台，提升全行业信息化水平

一是设立了96200包头市家庭服务网络信息中心。按照"互联网＋"的总要求，通过发挥信息、服务和管理"三位一体"的职能作用，进一步完善了包头特色的家庭服务工作体系，成为家庭服务业促进人社就业工作、服务为民和行业管理的重要展示窗口和工作平台。二是持续提升信息中心服务能力。在健全和完善集政策发布、业务公开、报单结算、考核评价等功能于一体的基础上，实现了96200热线电话、网站、微信、App等"四位一体"功能的融会贯通，进一步提高了综合服务能力和运营效率，方便了供需。三是助力了全行业的管理服务工作。统计月报和分析制度的完善，保障了人们对全行业发展状况的了解和掌握；完善家服机构、从业人员的业务考评打分制度和上户服务人员实名制登记制度，保障了全行业诚信管理体系的建立；在中心官网上开发培训结业证书查询系统，在"包头家庭服务"App开发技能培训线上考试系统，方便了培训机构和学员，提高了工作效率。同时，信息中心为机构认定、品牌考评和人社部统计调查等工作提供了依据和支持。

经验效果

1. 健全组织机制，是做好工作的关键

包头市委、市政府高度重视发展家庭服务业促进就业工作，制定出台了实施意见，建立了发展家庭服务业促进就业联席会议制度，设立了每年2000万元的专项发展资金，保障行业发展。人社就业部门根据工作实际，出台了《包头市家庭服务业发展促进就业四年规划（2017－2020年)》，制定了《包头市家庭服务业提质扩容增效计划实施方案（2018－2021年)》，具体指导行业发展；成立了市家庭服务业协会、市家庭服务业发展研究中心和培训教学研究中心，完善了行业发展促进机制。在9个旗县区的公共就业服务平台设立了家庭服务综合服务中心，为居民家庭服务需求、家服企业和求职者搭建了三方服务平台，进一步方便供需。一系列工作机构的建立和机制的完善，极大地促进了全行业的发展。

2. 明晰发展思路，是做好工作的保障

自2012年工作启动以来，包头市就业服务部门经过调查研究，积极吸取先进地区的经验和做法，逐步构建和完善了适合包头特点的促进家庭服务业发展思路和体系设计。一是建立了包头市发展家庭服务促进就业工作体系。按照人社部关于全国中心城市家庭服务体系建设的要求，着力构建了包括工作领导组织机制，政策扶持支撑体系、信息服务支撑体系、职业培训支撑体系、管理服务支撑体系和服务惠民支撑体系等"一机制、五支撑"的工作体系，实际工作中把握服务为民这一核心，重点推进行业规范化、职业化和信息化建设，并把机制完善、政策支持贯穿始终。二是统筹推进家庭服务产业要素协调均衡发展。在供给要素方面，积极培育行业发展和服务主体，加强规范管理，有效地提高了供给；在需求要素方面，通过实施特惠和普惠措施，引导了消费，调动了需求，繁荣了市场；在沟通供需方面，建立了政府部门主抓的公益性信息服务平台——96200市家庭服务网络信息中心。工作体系的建立和行业要素的全覆盖，调动了各方面积极性，极大地促进全行业有序快速发展。

3. 搭建信息平台，是做好工作的抓手

经过几年来的建设，96200信息中心服务能力不断提高，基本形成了以信息中心为统领，信息技术为支撑，供需信息上下传达匹配，服务资源共享的信息服务模式，成为联系居民家庭和家庭服务企业的桥梁，成为行业管理服务的纽带，影响力日益扩大。2018 年末，96200 信息中心加盟商户达到 624 家，实名登记备案的服务人员近万人，全年订单总数 11.36 万单，电话总量 24.23 万通，App 等线上订单近 1 万单，订单数量 2000 ~ 3000 单的机构有 6 家，1000 ~ 2000 单的达到 32 家，都创下了 96200 信息中心成立以来的最高纪录。96200 信息中心不仅实现了城市家政服务市场供需的无缝对接，也进一步提升了家务劳动的社会化和家庭服务需求的信息化水平。

4. 落实服务为民，是做好工作的根本

做好服务为民工作，满足广大人民群众对美好生活的需要，是做好家庭服务业工作的根本宗旨和最终目标。几年来，包头市陆续出台了多项家庭服务惠民措施，2014 ~ 2016 年，累计为 80 周岁及以上老年人等 7 类特定家庭发放了每份面值 200 元的家庭服务券 9.5 万份；2017 ~ 2018 年，累计为就业困难群体家庭等 10 类群体发放了促进就业券 4.3 万份。给予全市居民家庭每单业务 50 元的费用减免，2016 ~ 2018 年，平均每年减免费用在 500 万元以上。包头市还将享受补贴和费用减免的家庭服务业态由 27 项扩大到 47 项。这些惠民措施的推出，体现了服务为民的宗旨，服务了百姓大众和特殊群体，提升了全行业服务能力和水平，受到了百姓群众的欢迎，取得了较好效果。

今后，包头市将以习近平总书记"要把家政业做实做好，办成爱心工程"的指示和党的十九大精神为指针，进一步贯彻国家、自治区发展家庭服务业促进就业工作的新要求，通过全力推进家庭服务业提质扩容增效工作，大力培育市场主体，大规模开展职业培训，强化信息平台能力建设，强化诚信体系建设，进一步落实服务为民措施，更好地促进全行业稳定健康发展，带动就业。

江苏省徐州市充分发挥政府职能，促进家政服务业更好发展

基本情况

徐州市人力资源和社会保障局紧紧围绕市委、市政府建设"审批事项最少、办事效率最高、运营成本最低、政府服务最优、创新创业活力最强的全国一流营商环境，建设淮海经济区中心城市"的中心任务，以全力推动家庭服务业健康发展为目标，充分发挥政府职能作用，服务新时代家庭服务业发展需要，多措并举，大胆创新，积极实施人才培养、平台建设、标准化建设和品牌培育"四大战略"，着力打造对外交流、论坛峰会、技能竞赛和网络信息"四大平台"，在制定实施发展规划和优惠政策、大力开展标准化建设、着力培育优秀品牌、不断加强人才培养、积极搭建活动平台、着力打造母婴产业高地和促进带动就业创业等方面做了大量积极有益的尝试和探索，在提高行业发展层次，提升从业人员管理水平、技能水平和服务意识等方面发挥了良好的作用，初步形成了具有"人才培养、平台搭建、标准化建设和品牌培育""四大特色"的行业发展之路，实现了行业发展新的突破。

主要做法

1. 积极构筑政策高地，为行业发展当好旗手

一是出台实施意见，加大政策扶持力度。制定出台优惠扶持政策，是政府推动行业发展促进就业的重要手段之一。徐州市及时制定实施了《市

政府办公室关于加快发展家庭服务业实施意见》。文件共分 7 个部分 24 条，提出了 5 项税费减免和 9 项补贴政策，明确了全市家庭服务业的发展方向、主要目标和鼓励措施。二是制定出台发展规划，引领行业更好发展。在全省率先制定出台了《徐州市"十三五"家庭服务业发展规划》，提出了在"十三五"期间发展家庭服务业的总体目标、发展战略、发展重点、保障措施。三是实施品牌培育战略，推动行业品牌建设。联合工商部门在全市实施了家庭服务业"品牌培育战略"。鼓励企业争创知名、著名和驰名商标，提高企业知名度，并按照相关政策对企业进行相应奖励。四是研讨制定家政行业参加工伤保险的办法，保障家庭服务机构及其从业人员的权益。徐州市把制定实施《徐州市家庭服务业参加工伤保险暂行办法》作为一项重点工作，积极探索，大力推进，有力地推动了家庭服务业的发展。五是主动试点，积极探索实施长期照护保险制度，促进了"医养融合"新型养老服务模式的发展。为应对人口老龄化，促进家庭服务行业发展，徐州市积极探索、先行先试，出台了《市政府办公室关于建立徐州市市区基本照护保险制度的实施意见（试行）》（徐政办发〔2017〕18 号）。2017年 7 月 1 日正式启动徐州市市区基本照护保险。截至 2018 年 12 月底，共受理鉴定申请 9097 人次，已鉴定并出具结论的有 8444 人次，其中失能鉴定的有 8430 人次，符合重度失能的有 7262 人次，鉴定通过率为 86.14%；失智鉴定有 14 人次，符合重度失智的有 9 人次，鉴定通过率有 64.30%。2018 年全年照护保险结算金额达 2770 多万元。

2. 广泛搭建行业平台，为行业发展当好推手

一是积极组织外出学习，广泛搭建交流平台。徐州市多次组织中青家政有限责任公司等家庭服务企业代表，到北京中国家庭服务业协会、倍优天地、华夏中青、嘉乐汇、扬州华南公司，山东阳光大姐等行业管理组织和名优企业，参观学习家庭服务业企业品牌建设和经营管理经验。二是积极组织论坛峰会，广泛搭建学术平台。积极邀请北京女子学院等专家学者来徐州讲学，充分发挥企业在学术交流中的作用和优势，鼓励企业开展多种形式的论坛和峰会。如徐州御众堂、三源集团、宝宝粮仓、雷氏集团等优秀企业，分别在北京人民大会堂、上海、徐州等地成功举办了中国首届母婴大健康行业峰会、全国产康高峰论坛、全国小儿推拿高峰论坛、淮海

经济区首届推拿专业高峰论坛暨首届中医推拿文化节等大型交流活动，极大地提升了行业发展层次。三是组织技能大赛，广泛搭建竞技平台。搞好服务，扩大就业，广泛重视和提升技能水平是关键。徐州市从 2013 年起，每年由人社局、商务局、总工会、妇联、团市委等部门联合组织家庭服务业职业技能大赛。此外还举办了十佳金牌月嫂评选大赛、家庭服务业职业能手选拔大赛、全国小儿推拿大赛等多种形式的比赛。四是加强网络信息建设，广泛搭建网络平台。徐州市成功开通了"徐州家庭服务网""徐州家庭服务"微信号和徐州家庭服务云平台，它们成为全市家庭服务行业权威的信息发布窗口和诚信高效的供需对接平台。同时，徐州市积极推进"智慧徐州""马上到家"等网络平台建设。

3. 不断推进规范化管理，为行业发展当好扶手

一是制定出台公约，实现行业自我约束。为加强家庭服务行业的自律，促进家庭服务业的产业化、规模化、规范化发展，徐州市制定实施了《徐州市家庭服务行业公约（试行）》，明确家庭服务经营者、家庭服务人员、家庭服务消费者三方的权利和义务。二是印发合同范本，促进规范管理。为进一步促进家庭服务业的规范化发展，徐州市印发了《徐州市家政服务合同示范文本（试行）》，为全市家庭服务业经营机构、从业人员和消费者明确权利义务、签订和履行协约提供了参考。三是加强标准化建设，提升行业规范化水平。联合质监部门多次召开家庭服务业标准化建设专题研讨会，积极推动标准化建设工作，成功申报了家庭服务月嫂省级地方标准、家庭服务居家保洁 2 个省级地方标准，家庭医疗养老服务和产后月子母婴护理机构服务 2 个省级试点项目。此外还鼓励企业开展标准化建设工作。如徐州御众堂回奶汤研发中心先后制定出台了 5 项产品企业标准。徐州雷氏普爱生物科技有限公司先后制定了 4 项产品企业标准。四是抓好执法检查，维护从业人员合法权益。徐州市积极发挥人社与商务系统监察部门的职能作用，对家庭服务企业的经营行为、工资支付、权益维护等情况进行检查指导。

4. 扎实抓好基础工作，为行业发展当好助手

一是加强培训基地建设，不断提升技能培训水平。行业发展离不开人才，人才培训离不开基地。徐州市于 2015 年和 2017 年分两批共设立了 24

个家庭服务业人才培训基地和 13 个家庭服务业人才实训基地。徐州市总工会培训中心、徐州幼儿师范高等专科学校被省家服办评为江苏省家庭服务职业培训示范基地；徐州恒心育婴职业培训学校等 3 家单位被省家协评为家庭服务业教育培训基地；徐州三源医药科技有限公司等 3 家公司被省家协评为江苏省家庭服务业实训基地，有效地推动了徐州市家庭服务技能培训工作的开展。二是加强对口学科建设，积极培养专业人才。为解决家庭服务业专业人才奇缺的难题，徐州市大力推进对口专业设置工作。徐州幼儿师范高等院校已经设立了老年服务与管理、老年保健与管理、社区服务与管理、家政服务与管理等 4 个对口专业。徐州开放大学建立了健康与养老教育学院，在对口专业的设置和人才培训方面实现了新的突破。三是加强协会自身建设，充分发挥引领作用。协会是联系政府与企业的纽带和桥梁。抓好协会建设，是政府推动行业健康发展的重要途径和手段。2013 年3 月，徐州市成立了家庭服务业协会。2015 年 12 月，徐州市召开了家庭服务业协会第二届会员大会，实现了政社分开，并设立了母婴护理、家政服务、养老护理、家庭安保、标准化建设、网络平台建设等 7 个专业委员会。四是加强行业组织建设，增强行业凝聚力。徐州市积极探索家庭服务业党组织、工会、妇联、共青团等组织建设工作。目前徐州市已有 6 家企业建立了工会。家庭服务行业联合工会正在筹备之中。积极推荐优秀企业家加入民主党派。五是抓好调查统计，积极提供决策参考。按照人社部调查统计中心的要求，在市辖五区组织了 50 多名工作人员，对 20 个社区、40 多个家庭服务企业、170 多个个体户、600 多个家庭进行了统计调查试填工作，全面完成了各项任务，为行业发展和政府决策提供第一手资料。六是发布指导价位，维护公平竞争。徐州市先后 2 次发布了家庭服务业部分岗位工资指导价位，为企业、从业人员和消费者提供参考。

5. 积极营造良好氛围，为行业发展当好帮手

一是积极打造就业服务圈，拓宽行业发展渠道。徐州市 100 个镇和 17个涉农办事处全部建立了劳动就业社会保障服务所，实现了全市村级就业服务平台覆盖率 100%，共配备专兼职劳动保障协理员 2362 人，为家庭服务业人才供需打造了"15 分钟公共就业服务圈"，及时发布家庭服务业供需情况。二是抓好评选表彰，调动行业发展积极性。为了调动广大从业人员的积极性和主动性，徐州市积极开展家庭服务业先进集体和个人评选表彰工作。2014 年以来，先后推荐表彰了发展家庭服务业先进集体 77 个、先进工作者 105 人次、优秀企业 90 个次、优秀企业家 70 人次、优秀职业经理人 25 人次、优秀职业能手 95 人次。三是加大宣传力度，营造良好氛围。徐州市先后召开 3 个家庭服务业新闻发布会，坚持"每天一则"的方式，积极通过各种宣传渠道，大力宣传发展家庭服务业的优惠政策、先进典型和重要举措。

经验效果

徐州市家庭服务业的发展，为徐州打造一流营商环境做出了积极贡献，也得到了省内外同仁的充分肯定。先后有湖北省、黑龙江省、乌鲁木齐市、奎屯市、南京市、淮安市、宿迁市、连云港市、张家港市等家庭服务代表团来到徐州，考察交流家庭服务业发展工作。徐州市人力资源和社会保障局农民工工作处被江苏省农民工工作领导小组评为全省农民工工作先进集体。徐州市家庭服务业协会被江苏省家庭服务业协会评为先进示范协会。《家庭服务》、新华网等众多媒体先后宣传了徐州发展家庭服务业的经验和做法。具体成效主要体现在以下几个方面。

一是一大批优秀品牌企业迅速崛起。徐州御众堂被评为江苏省服务知名品牌。徐州涌现了雷氏、御众堂、三源、宝宝粮仓等母婴产业"行业巨头"。平均每个企业有 3000 家以上的加盟店，在提供优质的母婴服务和促进带动就业方面做出了突出贡献。全国母婴服务产业高地格局初步呈现。徐州市先后培育了"春华友谊""金驹""雪里红""御众堂""三源婴爱" 5 个徐州市知名商标，"精卫""雷氏"被评为江苏省著名商标。徐州市先后有徐州金牌物业家服公司等 4 家单位，被评为全国千户家庭服务企业。徐州社康老年服务中心等 5 家企业被省家协评为诚信示范单位。江苏家天下物业管理有限公司被授予江苏省十大家政品牌企业。徐州三源集团、徐州社康老年服务中心、徐州中青家庭服务有限公司被江苏省家服办评为江苏省家庭服务业百强企业。

二是一大批优秀企业家快速成长。三源集团董事长周康、总经理徐建强、职业培训学校校长邱欣，三位"80"后，经过 9 年的努力，带动 5 万名女性就业，被誉为产康服务行业的"三剑客"。何景峰、王志福、周康等6名同志被省家协评为江苏省家庭服务业行业领军人物。孔令梅、耿立、刘航等11名同志被江苏省家协评为优秀经理人。

三是一大批优秀家庭服务人员脱颖而出。徐州市雪里红物业公司赵丽等6名同志被省家协评为优秀家政服务员。2016年11月，丰县高级育婴师刘志敏、邳州市高级育婴师王梅、铜山区保安员刘学廷、新沂市家政保洁班长徐岩等4名同志被评选表彰为江苏省优秀农民工。2015年，邳州市高级育婴师谭春玲、丰县保安李昌2名同志荣获全国优秀农民工称号。这些荣誉的取得，为徐州家庭服务业争了光，添了彩。

湖北省十堰市建家庭服务业创新产业园，凝聚小行业，成就大产业

基本情况

智能化、便捷化、低成本化、共享化是新经济发展的趋势。为推进大众创业、万众创新，十堰市将家庭服务业作为新经济产业板块，创建了"十堰市家庭服务业创新产业园"，并探索建立房屋补贴、政策扶持、项目优先、人才引进等立体政策促进措施，扶持家庭服务业共享式发展。2017年7月，十堰市家庭服务业创新产业园开园，主要发展模式如下。

一是搭建空间载体，建设"一个产业园"。"家创园"是全国首家以家庭服务业为主题的产业园，占地2万平方米，入驻企业53家。十堰市整合生活性服务业资源，建设十堰家庭服务业创新产业园，有力地支持着家庭服务业聚集区的中小企业发展。"家创园"园内既有家庭护理、母婴月嫂和保洁养老等传统行业，又有家庭教育、花卉盆景、儿童摄影等新型家庭服务产品，是广义上家庭服务业的集合。

二是创新服务供给，建设"一个平台"。十堰市运用互联网、大数据、云计算等技术推动家庭服务创新，在原有的96580家政服务热线的基础上，开发了十堰市家庭服务业公共服务平台（简称"今管家"）。平台由十堰市本土企业研发，采用门户网站、微信公众号、手机App和96580服务热线四种模式，向消费者及家庭服务公司提供家装、保姆、钟点工、月嫂、育婴、护工、保洁、家庭教育、婚庆、花艺、搬家等18类62项供需对接服务。

目前，"家创园"在创新发展中主要面临四方面的问题。一是产业整合度不够。十堰家庭服务业虽发展较快，但仍处于产业演进的初始阶段，缺乏能起到带动和示范作用的大企业。二是信息不对称。由于缺乏第三方平台，60%的消费者仍以熟人介绍的方式聘请家政服务员，"保姆难找"仍是市场最突出的问题之一。三是存在结构化人才缺口。虽然家庭服务业需求持续增长，但服务人才相对不足，呈现"两低一高"态势，即低意愿、低文化、高龄化。四是企业融资能力弱。家庭服务业是劳动密集型产业，属轻资产企业，资金需求量大，但融资难。

主要做法

1. 政策引导，营造家庭服务业宽松运营环境

"家创园"整合53家小微企业共同创业，具备了一定的规模效应，使"家创园"成为凝聚政府各部门政策及项目的洼地。一是加大资金扶持。张湾区对年营业收入达500万元以上的服务类企业给予奖励补贴，对入驻"家创园"的企业连续三年给予20元/平方米/月的房租补贴。市商务局安排一定资金用于开展新兴业态试点、服务标准化建设等。二是提供政策服务。家创园先后被湖北省人社厅授予"湖北省家庭服务业技能培训示范基地"、市人社局授予"十堰市创业孵化基地"、市妇联授予"十堰市妇女创业孵化基地"、十堰市2017年度"三八红旗集体"等荣誉。张湾区将老年大学设在"家创园"，提高园内服务业资源利用率。三是扩大宣传对接。十堰市举办了首届家庭服务业博览会，扩大"十堰家政"在全国、全省的知名度；借"南水北调"对口协作机遇，搭建了十堰—北京家庭服务对接渠道。中国家庭服务业协会将十堰市作为培训基地，引导十堰家政人员源源不断地输入北上广等一线城市。

2. 创业引导，开辟创业就业新领域

"家创园"通过市场化机制、专业化服务和资本化途径，有效集成家庭服务业创业就业资源。一是开展创业孵化。"家创园"为新设立的小微企业提供创业孵化、市场开拓、融资服务、宣传推介等多项服务，帮助企业解决创业过程中的难题。园区内新增企业多为大学毕业生或月嫂（保姆）转型创办。如严岚捷女士利用在北京从事月嫂服务期间积累的专业知

识，创办了明佳家政，现有在册职工 200 余人，人均月工资水平达 5000 元以上。二是提供就业平台。"家创园"面向求职者提供就业指导、求职登记、培训登记、政策咨询等公共服务，并在"家创园"内设立了职业技能培训学校，现已实现家政服务员在园内培训、在园内实习、在园内就业。

3. 创新引导，促进生活性服务业融合发展

创新是产业的生命线。"家创园"最大的特色是引导全市家庭服务业创新发展，有效提高了产业的集约程度。一是电商化发展。"今管家"平台整合全市家庭服务业资源，共同发展 O2O 电商。将月嫂、保姆或钟点工等家庭服务转化为电商化产品，居民可以线上付款、线下享受家政服务，解决了长期困扰行业发展的信息不对称问题。目前，月均线上交易达 1000 余单。借助家庭服务线上交易、用户线上评价、96580 进行统一回访，可实现对服务过程全程监管，服务结果、质量可追溯，大大提高了服务效率和服务品质。二是精细化发展。当前，十堰市家庭服务业企业的主营业务正逐步从过去的"小而全"向专业化方向发展，现已分类为家政服务公司、保洁公司、物业公司、清洗公司、早教中心、母婴护理、老年养护、住院陪护、老年公寓、家政人力资源公司、技能培训中心等，服务业态日渐细分，业态关联度显著加强。

经验效果

1. 产业发展初具规模

2017 年，园区内三家家庭服务业龙头企业朗鑫、海阔、阔达营业额分别达 2012 万元、1295 万元、161 万元。2017 年 7 月至 2018 年 7 月，"家创园"入驻企业营业收入共计约 1.81 亿元。

2. 成为创新创业新阵地

2017 年，全市新设家庭服务企业 139 家，其中有 47 家选择入驻"家创园"，占新设企业的 33.8%。新设企业成为推动服务业转型升级的重要动力，也成为支撑就业的重要板块。2018 年，"家创园"通过开展校企合作、订单式人才培训，累计培训 8749 人，安置上岗 8396 人，有效增加了家庭服务人才供给。启动"百城万村"家政扶贫计划，培训安置困难群体，为贫困户增加收入达 8213.05 万元。全年举办 36 期家政综合培训，培

训学员 13508 名，除了加大月嫂、育婴师、养老护理员等家庭服务紧缺人才培养外，还特别注重家政经纪人培训，从而为行业发展提供人才保障。

3. 品牌企业迅速崛起

"家创园"通过引进河南郑州雪绒花母婴护理服务有限公司等知名品牌和优质项目，促进了行业提档升级及园区企业的结构优化，提升了行业核心竞争力。朗鑫家政服务家庭类客户有 1 万多家、大型企事业单位近 200 家，其被评为省级再就业明星单位。"家创园"现已注册"今管家"品牌，计划将其打造成园区企业共享的区域性公共品牌。该平台计划以十堰为基地，推动平台开展全省布点，将调配消费供求、人才供求信息的范围进一步扩展到全省全国，目前，已在武汉、荆门、恩施、黄冈等地落地。

4. "十堰家政"知名度不断提升

由于"家创园"是全国首家以家庭服务为核心的产业园，这一首创性与独特性使其树立了湖北省首屈一指的家庭服务业品牌形象。2017 年，"家创园"已接待了来自江西南昌、四川自贡等地政府代表团参观学习，吸引了由 40 余家全国各省家庭服务业协会和领军企业组成的中国家庭服务业武当山论坛等全国性的家政行业研讨会在十堰举办。李晓春董事长被确定为市委组织部第一批"3331 人才工程"企业家，荣获"十堰 2017 年度十大经济人物"等。

5. 政策示范效益更加明显

"家创园"成立一年来，已获"湖北省家庭服务业培训基地""十堰市三八红旗集体""十堰市妇女创业就业示范基地"等荣誉称号。湖北省现代服务业联合会也将"十堰联络处"设在该园。

目前，十堰市"家创园"在整合资源、信息共享的产业发展模式上已得到全国各地的认可和肯定，并已产生了示范效益。安徽宣城、江西奉新、四川自贡、山西运城等地先后来园区学习，部分地市（如四川自贡）已将"家创园"建设列入工作计划。

广东省广州市商务委大力推动家政服务
规范化规模化高水平发展

基本情况

广州市家庭服务行业市场经过近 10 年的培育，已逐步向健康有序的方向发展。广州市家庭服务行业发展报告显示，截至 2017 年底，广州拥有一定规模的家政公司 102 家，以个体经营户注册的从事家庭服务的有 562 家，从业人员超过 35 万人。近年来，随着全面"二孩"政策的实施及社会的加速老龄化，婴幼儿照料、老年人陪护等家政服务需求不断增长，行业整体发展速度较快，产业规模逐步扩大。行业的发展和消费需求的提升，一方面推动行业专业分工不断细化，在保姆、病人陪护等传统业态持续增长的同时，营养配餐、婴幼儿早教、居家养老、家庭保洁及涉外家政服务等新兴业态不断涌现；另一方面也对家政从业人员素质和技能提出了更高的要求，在市场推动下，岗前培训在行业内普及，家政从业人员素质有所提升。

行业在快速发展的同时，存在的问题也日益突出，并成为制约行业发展的不利因素。一是家政服务人员的供求矛盾比较突出。市民对家政服务要求的提升和家政细分市场的发展导致高素质从业人员供应相对不足，大量高端需求处于潜在或抑制状态。二是家政服务人员专业技能仍有待提升。家政从业人员多少受教育水平低、年龄偏大，接受家政服务培训时间较短，专业技能不足等影响，服务质量不佳，人员素质有待提升。三是家政服务企业仍需加强规范。目前广州市家庭服务企业大多数属于小微企业，主要经营模式为简单中介制，缺乏大中型家政公司的服务管理机制，经营管理不够规范。

主要做法

1. 制定并完善行业规范，推行标准合同文本

自 2009 年起，广州市商务委会同市家庭服务行业协会、市质监局先后出台了《广州家庭服务业行业服务规范》全国首个家政服务三方合同标准文本《广州市家政服务合同》《广州市母婴护理（月嫂）服务合同》，并指导行业协会制定发布了《广州家庭服务业行业公约》《家政人员行为规范》《广州家庭服务业竞业守则》等行业规范，指导企业诚信经营，维护消费者与经营者的合法权益。2015 年提出并完成了《家庭服务业服务规范》的修订，增加了《家政服务员职业资质星级的划分与评分细则》、"企业资质等级评定退出机制" 等多项内容，以上一系列较为完善的行业规范，奠定了家庭服务业规范化发展的制度基础。

2. 推进家政服务网络平台建设，打造行业公共服务平台，积极推进家政服务公共网络平台建设，促进互联网与家庭服务业的融合发展

过去的十多年，广州市不断摸索公共服务平台的发展模式，从最早的由家政企业独资建立的公共服务平台到以政府全资投入建设，再到由事业单位维持运营的模式而打造的公共服务平台，都发现了许多不利于家政服务业发展的弊端，造成了平台运作维艰的窘境。不断的实践，也为建立公共服务平台提供了有益的尝试。2015 年，广州市商务委联合市家庭服务行业协会，共同推进"家政天下"公共服务平台的建设，为广大市民提供快捷、放心的家政服务。有别于传统家政服务平台的是，该平台以家政企业为核心，为进驻家政企业提供内部管理信息系统，并加强企业之间相互联系及信息资源共享，旨在打造更为高效、更有活力的家政服务平台。平台的这一优势，吸引了越来越多的家政企业的入驻，增强了平台的凝聚力和社会的影响力。此外，该平台还有一个最大的亮点，就是建立了家政服务诚信机制。平台对家政从业人员的身份证信息、从业经历、有无投诉记录、企业等级、从业人员资质等诚信信息进行整合发布，消费者可以通过平台了解相关家政人员的诚信信息，找到放心的家政员，得到可靠的家政

服务，这也吸引了越来越多的消费者开始信任和使用平台，增强了平台的黏性，为平台的发展壮大打好了基础。到目前为止，加入平台的企业数已达 220 多家，从业人数超过 10 万人。

3. 扶持龙头企业发展，带动家政行业整体水平提升

近年来，广州市商务委积极扶持企业转型升级、做大做强，走大型化、连锁化、信息化、职业化发展道路。一是利用商务部家政服务体系建设专项资金及省级现代服务业发展引导专项资金，重点培育了 3 家龙头家政企业，指导企业加强内部管理，开展连锁门店建设，对从业人员开展专业化职业化培训，提高服务质量，逐步壮大广州市家政行业领军企业队伍。二是印发了《广州市家庭服务业转型升级示范企业认定管理办法（试行）》，并据此开展了广州市家庭服务业转型升级示范企业认定工作，推动行业企业向连锁化、规范化、信息化方向发展，为广州市家政行业的总体职业化健康发展奠定良好的企业队伍基础。三是在广州市商务发展专项资金零售与生活服务事项中明确了生活服务企业的扶持方向，分别对公共服务平台建设、龙头企业发展及推动行业发展的相关项目等给予不同程度的财政资金扶持。四是指导行业协会开展家政企业等级评定工作及十强企业认定工作，树立行业内企业发展的标杆。广州市通过扶持和引导龙头企业发展，充分发挥龙头企业的标杆作用和示范带动作用，以点带面，促进了家政业总体水平的提升和实力的增强。

4. 加强从业人员培训，夯实行业发展基础

一是依托商务部"家政服务工程"项目，认定有资质的家政培训机构开展从业人员培训，共培训从业人员约 1.3 万人次，大力提升了广州市家政人员的整体素质。二是推动行业协会与企业或相关机构联合办学，开展从业人员培训工作，包括家政员、妇婴护理员、星级家政人员、家政企业（法人）主管培训班、职业经理人等专业培训，至今共培训 4000 多人次。三是鼓励有条件的家政企业与国内外顶尖专业院校合作，引入国际化培训服务，强化家政服务业岗前培训，如 51 家庭管家项目与清远职业技术学院及菲律宾 Prime Skills Asia Corporation 培训学校签订了战略合作协议，共同研发服务标准规范，实现产教融合、校企合作，开展订单式培训和在职培训，满足中高端家庭消费的需求。家政从业人员通过培训，提升了从业人

员的水平，夯实了行业发展的人才基础。

5. 加强行业自律，维护行业有序经营

广州市家庭服务行业协会积极发挥行业自律作用，维护市场秩序。一是参与制定行业规范及标准合同文本，推行行业标准。二是监督协会会员企业经营行为，受理行业消费投诉，调解消费纠纷，保障消费者、家政企业及从业人员的合法权益。三是与家政企业联合办学，开展从业人员培训工作，提升从业人员素质。四是开展家政企业等级评定工作，促进企业加强内部管理，提升软硬件建设，带动行业企业素质提升。自 2012 年起，协会根据《家庭服务业行业服务规范》开展企业等级评定工作，至 2018 年 3 月共评定企业 32 家，其中 5A 级企业 14 家、4A 级企业 7 家、3A 级企业 4 家、2A 级企业 4 家、1A 级企业 3 家。五是开展行业内优秀家政人员和先进管理工作者评选活动，表彰先进，树立典型，促进行业健康发展。六是印发并推广《甄别优质家庭服务指引》，引导市民通过正规、有资质的家政公司找到合适、放心、专业、高效的家政服务员。

6. 推动行业购买相关商业保险，保障从业机构及人员利益

在市商务委推动下，由市家庭服务行业协会与两家大型保险公司合作，推出保费低、保额高的《家政经营责任险》和《家政人员团体意外险》，并组织保险推广会，向会员单位及业内大力推广。由于推出的"保险"性价比较高，优势明显，可让雇主、家政人员直接受惠，家政公司也避免了赔偿所致的经济压力，业内大多数规范家政企业加入保险购买行列，为家政服务的各方，特别是无社保的家政从业人员提供了保障。

7. 加强落实家政精准扶贫，推进从业机构和人员互利共赢

市商务委积极贯彻落实国家商务部"百城万村"家政扶贫试点及全面推广家政精准扶贫的工作精神，自 2017 年底至今，已组织本市家政龙头企业先后前往湖南省新田县及城步县、江西省南昌市及余干县、贵州省毕节市黔西县及大方县等多地开展家政扶贫对接工作。与当地政府机构和协会等合作，签署合作协议，建立长效合作输送从业人员机制，组织目标群体参与广州市家政宣传推广活动，对接具体家政公司，为扶贫对象找工作，为家政企业找人员，推进双方互利共赢。

经验效果

1. 行业规范奠定行业发展的良好基础

一系列规范性文件的制定，极大地推进了广州市家政市场的规范化发展。规范性文件及标准合同文本明确了雇主、家政企业和从业人员三方的权、责、利，减少了很多服务纠纷。近年来，行业大力推行使用规范合同文本后，市民的投诉率大大下降。据市消委会每年公布消费领域投诉前十名情况，2011 年家政行业投诉排名第七，2012～2017 年已跌出前十名。

2. 平台建设提升供需对接的效率效能

"家政天下"平台自 2015 年运行以来，用户数量不断提升，截至 2018 年 6 月 30 日，入驻的家政企业已达 226 家，登记注册的家政从业人员有10.8 万余人，派单已达 4.2 万余次。网络平台的搭建，高效整合了线上线下资源，"互联网＋家政"更大程度地实现了信息和资源的共享，提升了家政服务供需双方对接的效率和效能，推动广州市家政服务业健康快速发展。

3. 扶持龙头企业促进行业规模化发展

通过"政策引导＋资金扶持"手段，扶持并培育了一批家政企业做大做强，并引导行业企业规模化发展。目前，在广州市的家政企业中注册资本 1000 万元以上的（含 1000 万元）有 15 家，500 万～1000 万元（不含1000 万元）的有 5 家，100 万～500 万元（不含 500 万元）的有 26 家，规模化效应已逐步显现。

4. 全方位行业培训提升家政服务水平

通过政府主导的培训以及行业协会组织开展的培训，大范围提升从业人员素质和技能水平，以满足当前家政服务市场需求；通过鼓励企业与国际先进水平家政服务接轨，引进国际先进培训模式，培育高素质家政服务人才，以适应中高端家政服务市场需求。双管齐下，全方位提升了行业家政服务水平，为消费者提供了更优质更到位的家政服务。

5. 行业自律推进行业规范化发展

充分发挥行业协会在加强行业自律、引导行业企业规范经营及共同推进行业健康发展等方面的积极作用，推动协会制定实施行业相关规范准则、组织行业培训、开展行业等级评定等活动，引导行业企业遵守行业规范准则，诚信守法经营，营造了良好的行业氛围。

6. "百城万村"家政扶贫工作有序开展

通过贯彻落实商务部"百城万村"家政扶贫工作，带动相关贫困地区劳动力就业，同时为本地龙头企业拓宽从业人员来源渠道，建立双方互利共赢的长效机制。通过一系列精准扶贫工作，广州市家政行业协会及龙头企业已与相关地区有关单位达成了在当地共同建设"月子中心""老人陪护中心"等家政服务合作意向，建立了家政从业人员"订单式"培训合作机制，截至目前，签订协议人数超过200人。

| 案例 20 |

海南省海口市强化政策扶持 促进家政
服务业健康发展

基本情况

海口市家政服务业总体处于起步和发展阶段。全市目前注册并实际经营的家政服务企业有 246 家，其中个人独资企业 6 家、公司制企业 142 家、个体工商户 98 家，从业人员达到 8 万余人。90% 的服务机构采取单店经营，10% 采取连锁模式发展；少数经培育的大型家政企业年营业收入超过 200 万元。从业人员以农村户口为主，约占从业人员的 80%，其中女性占从业人员比例约 78%。总体来看，市场存在供需结构性矛盾，运作管理不完善，家政服务业从业人员服务标准化、规范化程度低，服务能力水平参差不齐等问题。

主要做法

为有效解决家政服务业存在的问题，加快推动海口市家政服务业发展，海口市政府及相关部门近两年先后出台了《海口市人民政府关于印发〈海口市鼓励家庭服务业发展的若干规定〉的通知》（海府〔2017〕97号）、《贯彻落实〈海南省就业补助资金管理办法〉实施细则》等一批政策和实施文件，加大对家政服务业的扶持力度。

1. 扶持不同规模的家政服务企业做大做强

对一批管理科学、运作规范、连锁经营的家庭服务龙头企业以每年固定资金奖励的方式给予扶持，并设置两档奖励条件。一是公司管理人员 10

人以上，在本市拥有连锁门店 5 个以上，年安置能力达到 200 人以上，年营业额 300 万元以上，且依法与家政服务业从业人员签订 1 年及 1 年以上的劳动合同，为家政服务业从业人员按月足额缴纳社会保险达 20 人以上的，每年给予 30 万元奖励，奖励不超过 3 年。二是公司管理人员 20 人以上，在本市拥有连锁门店 10 个以上，年安置能力达到 300 人以上，年营业额 400 万元以上，且依法与家政服务业从业人员签订 1 年及 1 年以上的劳动合同，为家政服务业从业人员按月足额缴纳社会保险达 30 人以上的，每年给予 50 万元奖励，奖励不超过 3 年。

2. 引导扶持家政服务从业人员创业就业

采取服务型企业税收优惠政策、提供创业担保贷款和贴息扶持等方式，进一步减轻企业和社会负担，营造良好的就业氛围。一是家政服务企业招收符合税法规定条件的失业人员，在 3 年内按实际招用人数，予以每人每年 5200 元的定额，依次扣减增值税、城市维护建设税、教育费附加、地方教育附加和企业所得税优惠。对月销售额 2 万元（含本数）至 3 万元的增值税小规模纳税人，免征增值税。二是个人创业担保贷款最高额度为 10 万元，期限最高不超过 3 年。第一年给予财政全额贴息，第二年贴息 2/3，第三年贴息 1/3，贴息利率在基础利率上上浮不超过 2 个百分点。

3. 创建示范性家政服务站、巾帼家政服务示范点

符合以下条件之一的家政服务企业，均可享受一次性给予 5 万元奖励：对于新增且经营 1 年以上的示范性家庭服务站，使用面积在 25 平方米以上，年推荐上岗家庭服务业从业人员人数达到 200 人以上的示范性家政服务站点；对于由女性领办创建，新增且经营 1 年以上的巾帼家庭服务示范点，使用面积在 30 平方米以上，至少为每个家政服务从业人员办理一项商业保险，年推荐上岗家庭服务业从业人员人数达到 100 人的巾帼家政服务示范点。

4. 鼓励开展家政服务业相关职业技能培训

一是明确了海口市职业培训（国家职业资格证书工种）补贴标准，其中，参加健康管理师、育婴员、保育员、保健调理师、孤残儿童护理员等家政服务业相关工种职业培训，对应取得国家初级、中级、高级职业资格证书的，每人分别给予职业培训补贴 1300 元、1600 元、2000 元；将"家

务操持"纳入专项职业能力考核项目丁种范围，培训后取得专项职业能力证书的每人给予职业培训补贴1000元。二是对成立1年以上，有专门的培训师资、场地、培训教室，通过自主开展育婴员、保育员、养老护理员等家政服务培训，帮助家政服务业从业人员获得国家职业资格证书，并安排就业人数达到50人以上的家庭服务企业，按照每人1500元标准给予奖励，最高奖励不超过15万元。

5. 支持规范行业协会发展

一是实施奖励。针对家庭服务业行业协会、人才培训等机构，在本市组织举办家政服务中高级职业技能大赛，经政府相关职能部门备案，按以下规定给予奖励：参赛人员在100人以下，每场活动按照实际开支的30%给予奖励，奖励最高不超过10万元。参赛人员超过100人以上，每场活动按照实际开支的50%给予奖励，奖励最高不超过20万元。二是加强监管。通过督促家政服务企业落实《海口市家庭服务业行业公约》《海口市家政服务收费标准指导意见表》《海口市家政服务员工资指导价》等行业规范，培育规范有序的家政服务市场，强化家政服务业行业自律机制。

经验效果

1. 扶持政策落到实处

《海口市鼓励家庭服务业发展若干规定》颁布后，海口市已有10家企业申报项目扶持奖励，其中4家家政服务企业申报家庭服务龙头企业奖励，8家企业申请家政示范性家政服务站点奖励，7家企业及培训机构申请家政服务业相关职业技能培训奖励。经企业申报、第三方机构评审、政府有关部门研究审定、项目公示等程序，研究确定8家企业符合2017年度海口市家政服务业发展扶持奖励政策条件。通过对家政服务龙头企业和培训机构固定资金奖励的方式，引导家政服务企业科学化管理、规范化运作、连锁化经营、品牌化发展。

2. 示范性家政服务站、巾帼家政服务示范点模式成为完善家政服务网络布局的重要支撑

通过支持家政服务企业在有条件的街道、社区按照标准创建示范性家政服务站，明确雇主、家政服务企业和家政服务业从业人员三方的权利和

义务，引导家政服务企业对从业人员在身份验证、签约、购买商业保险、上岗培训和服务回访方面进行管理，推动企业提高管理水平，完善家政服务网络的布局，形成便捷、规范的家政服务体系。同时，支持由女性领办的家政服务机构创建巾帼家政服务示范点，打造巾帼家政服务品牌，促进妇女创业就业、带动家政服务业健康发展。

3. 家庭服务人员服务技能水平进一步提升

通过发挥家政服务企业和职业技能培训机构的作用，加快培育育婴员、保育员、家政服务员、养老护理员等专业型人才，逐步形成规范、安全、便利的家政服务体系，满足广大客户不同的家政服务需求。通过落实相关扶持政策，鼓励家政从业人员提升素质。据不完全统计，2017年全市增加持有中高级国家职业资格证书的人员50人左右。

4. 行业协会助力扶贫攻坚

市各级人社部门指导行业协会组织会员单位企业参与下乡就业扶贫专场招聘会，帮助就业实现"精准脱贫"，市家协先后组织多家会员单位奔赴澄迈、定安、琼海、白沙、乐东等市县开展了13次家政行业农村劳动力转移专项就业扶贫招聘会，为500多名有意愿的劳动者提供了就业岗位和就业机会。此外，行业协会积极举办家政服务技能培训与竞赛活动。比如，2017年12月，海口市琼山区总工会主办、海口市家政服务业行业协会承办了以"提高技能，带动就业"为主题的家政服务职业技能培训与竞赛活动，提高家政从业人员就业技能，推进家政服务业规范化、职业化发展，帮助困难职工、下岗职工、农民工再就业，早日实现脱贫的总目标，通过活动带动50人经过规范培训走向就业岗位。

重庆市江北区念好"三字经"打好"三张牌"
完善家庭服务体系 助推行业健康发展

基本情况

重庆市江北区地处长江、嘉陵江两江之北，自西向东呈带状分布，面积达 220.8 平方公里，辖九街三镇，常住人口 87 万，是主城核心区之一，城镇化率达 96%，作为劳动力流入的主要城区，外来务工人员达 18.7 万人。

主要做法

近年来，重庆市江北区深入贯彻国务院《关于发展家庭服务业的指导意见》（国办发〔2010〕43 号）精神，紧紧围绕"服务百姓、促进就业、落实民生"的宗旨，牢牢把握加强中心城区家庭服务体系建设这一主线，通过政策"引"、市场"配"、服务"促"等举措，念好"三字经"，打好"三张牌"，实现政府搭台、企业唱戏、服务助力，不断完善辖区家庭服务业体系，积极推动家庭服务业发展，初步形成规范化、品牌化、产业化家庭服务业新模式。

经验成效

1. 立足于"引"，打好"政策牌"，以"小举措"释放"大能量"

（1）充分发挥政策引领作用。建立健全家庭服务业发展"112"长效机制，即制定一个总体发展规划，完善一系列政策文件，依托家庭服务业联席会议和家庭服务业行业协会两套协调机制，为辖区家庭服务业可持续健康发展奠定基础、指明方向。

（2）制定一个总体规划。重庆市江北区委、区政府对发展家庭服务业高度重视，将其作为促进就业、改善民生的重要内容纳入区政府重点民生工作议事日程，制定了《重庆市江北区发展家庭服务业发展规划》，对辖区家庭服务业发展方向、时间要求、目标任务进行了明确，形成了辖区家庭服务业发展的总纲要，对家庭服务业的发展进行了指引。

（3）完善一系列政策文件。重庆市江北区在严格落实国家和市、区有关促进就业和发展家庭服务业各项政策措施的基础上，积极创新区级政策配套，由区级财政每年安排创业引导资金600万元，对成功创建国家、市、区级创业孵化基地的，分别按10万元、3万元、1万元的标准给予一次性奖励。对入选全国家庭服务业"百强"和"千户"的企业，分别给予5万元、3万元一次性补助。不断完善家庭服务业的政策支撑体系，切实发挥政策的引导和杠杆作用，进一步激发家庭服务业的市场活力和竞争力。

（4）依托两套协调机制。成立重庆市江北区发展家庭服务业联席会议制度，作为全区发展家庭服务业的协调机构，着力解决家庭服务业发展过程中存在的重点、难点问题。成立重庆市江北区家庭服务业协会，制定行业标准，严格行业管理，着力推动家庭服务业规范化建设和可持续发展。

2. 着眼于"实"，打好"市场牌"，以"小平台"撬动"大资源"

（1）充分发挥市场在资源配置中的决定性作用，切实加强家庭服务业孵化基地和品牌企业建设，积极构建辖区"1＋X＋N"家庭服务业发展新模式，即建立一个综合性的家庭服务业孵化基地，培育一批有影响力的品牌企业，培养一批家庭服务业高技能人才，通过点、线、面有机结合，有效形成规范化、品牌化、产业化家庭服务业大市场。

（2）建立一个市级家庭服务业孵化基地暨综合市场。重庆市江北区由政府投资2500余万元，建立占地面积近2000平方米的重庆市石马河家庭服务业孵化基地暨综合市场平台，该基地是重庆市首家定位于家庭服务业的创业孵化平台，包括家庭服务业孵化平台、石马河街道劳动就业和社会保障服务大厅、家庭服务业综合市场、职业技能培训和鉴定中心，可满足50家小微企业同时入驻。近年来，累计引进入驻企业124家，累计出园109户，吸纳就业人数2800人，年产值约1.33亿元，纳税总额约867万元，孵化基地创业促进就业效果明显，已成为推动中心城区家庭服务业体系建设的强大动力。

（3）打造一批有影响力的品牌企业。重庆市江北区坚持走品牌化发展道路，目前已成功打造6家在全市具有一定影响力的品牌家庭服务企业，其中全国"百强"家庭服务企业1家，初步形成覆盖全区、惠及全民的家庭服务体系。预计再经过3～5年时间，通过政策扶持、培育引导、规范发展、品牌战略等方式，基本形成与全区经济社会发展相适应的多层次、多形式、全方位的家庭服务市场和体系，有效搭建企业、家庭、从业人员三方共赢平台。

（4）培养一批家服行业高技能人才。重庆市江北区采取以赛代训的方式，以举办家庭服务业技能大赛为推手，对获得优秀成绩的选手进行奖励，并将其纳入辖区家庭服务业专项人才库进行储备，累计挖掘家服专业人才1200余名，其中37人获得重庆市评选的家庭服务行业"百优"人员称号。推行家庭服务人员凭证上岗制度，大力开展家庭服务业职业技能培训，采取滚动开班、随到随学，设置精品课程、开展特色化教学的模式，以家政服务员、养老护理员和病患陪护员为重点，积极面向市场开展订单式、定制化培训，累计培训家庭服务业专业人才3785人，着力提升从业人员的专业素质，积极培育家庭服务业高技能人才。

3. 致力于"细"，打好"服务牌"，以"小体系"促进"大发展"

充分发挥服务的基础保障功能，以客户需求为导向，以用户体验为标准，着眼于细节和细微，努力构建"线上+线下"相融合的家庭服务业体系，促进辖区家庭服务业可持续健康发展。

重庆市江北区以石马河家庭服务业创业孵化基地为中心，依托街道、社区平台，推出"易生活"服务品牌，向客户和业主提供基础缴费、票务预订、特色团购服务等标准化、系统化、个性化的生活服务。建立网络信息服务平台，完善家庭服务用品物流配送体系。探索设立全区家庭服务电子呼叫中心，进行市场化运作，实现网上对接服务功能，大力拓展线上家庭服务。实施社区服务体系建设工程，鼓励家庭服务品牌企业在小区建设实体门店，开展社区照料服务、病患陪护、体育健身、文化娱乐等服务，努力开发线下家庭服务。通过线上线下相融合的模式，着力构建更加完善的家庭服务业体系，推动辖区家庭服务业大发展。

| 案例 22 |

四川省叙永县创新"二六二"模式，
助力家政扶贫加速度

基本情况

四川省叙永县地处乌蒙山区川滇黔结合部，下辖 25 个乡镇、230 个行政村、33 个社区，有苗、彝等 30 多个少数民族。全县共有 90 个贫困村，建档立卡贫困户 23591 户，贫困发生率为 15.3%。1986 年，叙永县被四川省人民政府列为省级贫困县，2002 年被确定为国家扶贫开发工作重点县，2011 年再次被确定为国家扶贫开发工作重点县，是四川省 13 个乌蒙山集中连片特困地区片区县之一。县域土地面积 2977 平方公里，耕地面积 54.18 万亩，竹林面积 130 万亩，森林覆盖率达 55.2%，第一产业增加值占地区生产总值比重约 19.3%，是传统农业县。县域内环境生态脆弱、自然灾害频发，冬季易发雨雪冰冻灾害，夏季易发冰雹、洪涝灾害，常引发滑坡、泥石流等次生灾害，严重制约经济发展。县域总人口 72.5 万，建档立卡贫困人口 9.73 万，劳动力 39.39 万人，贫困劳动力 4.09 万人，未就业贫困劳动力 1.44 万人，其中：女性 34.4 万人，女性贫困人口 4.46 万人，在法定劳动年龄内（16~50 岁）且在家务农的女性贫困劳动力人数 0.66 万人，家政扶贫劳动力资源丰富，实施条件充分。

2017 年，结合中央、省、市相关会议和文件精神，叙永县作为劳动力资源丰富的劳务输出大县，把发展家政服务业当作带领全县贫困人口增收脱贫的重大契机和重要举措，积极申报并入围全国家政扶贫试点县。

主要做法

叙永县将家政服务业发展纳入就业扶贫工程着力予以推进，按照重要举措，积极申报并入围全国家政扶贫试点县，实施联动互促，谋求战略共赢。

1. 坚持两个导向

一是坚持政策导向。深入贯彻党中央、国务院关于精准扶贫精准脱贫的决策部署，紧紧抓住家政服务发展契机，把家政服务转移就业作为打赢脱贫攻坚战、实现农村贫困人口脱贫、全面建成小康社会的一条重要路径。牢牢把握家政服务业从业门槛低、范围广、见效快的特点，结合省级家政服务发展示范县政策支持方向和县域实际，整合资源力量，积极搭建平台，着力强化培训和劳务输出，通过转移贫困人口就业促进增收致富、精准脱贫。

二是坚持意愿导向。通过对劳动力市场进行摸底分析，精准掌握就业需求，自主研发"叙永县就业扶贫综合应用系统"，将农村贫困家庭劳动力就业情况、去向、愿望、培训意愿等信息全部收集录入，以此为基础合理制定相关帮扶措施和目标。2017年，结合商务部、发展改革委、财政部、全国妇联《关于开展"百城万村"家政扶贫试点的通知》（商服贸函〔2017〕774号）文件精神，叙永县与北京爱侬养老服务股份有限公司（以下简称"北京爱侬公司"）签订了《家政服务人员供需对接战略合作协议》，制定了2019年以前向北京爱侬公司输送家政服务人员800～1200人的合作目标，提出由北京爱侬公司负责就业上岗培训和选择安排就业。

2. 实施六大行动

（1）对接联动行动。主动加强与北京、成都等地商务主管部门或家政服务企业的对接力度，争取政策资金和技术支持，强化学习交流；加强县域部门之间的信息互通和工作互动，整合商务系统和人社系统相关支持政策，结合实际完善工作措施，切实提高社会企业参与积极性和项目可操作性，加快推进试点工作。按照财政资金相关要求，通过政府公开招投标的形式于2018年11月确定叙永县家政服务发展示范项目暨全国家政扶贫试点项目具体承办企业（北京爱侬公司），并签订正式合作协议，明确总体目标，即 2018～2020 年，实现家政服务教育培训 2000 人，其中贫困群众不低于 850 人；派遣 800 人就业，其中贫困群众不低于 450 人。同时，深化磋商对接，协助企业落实培训和办公场地，共同拟订详细的项目方案，包括项目实施步骤、培训计划、保障措施等，确保项目高标准完成既定目标。

（2）组织动员行动。叙永县经济和商务局、财政局、人力资源和社会保障局、扶贫和移民工作局等部门联合制订工作方案，整合部门、乡镇力量，要求各乡（镇）、县级有关部门、项目承办企业通过 LED 显示屏、固定标语、宣传横幅、广播、互联网等形式，广泛宣传县家政服务发展暨家政扶贫工作的重要意义，积极展示工作成效，全力营造全域参与的家政扶贫氛围，提高贫困家庭主动参与培训的积极性；乡镇分期分批组织有就业意愿且具备条件的人员参加家政从业技能培训，项目承办企业及时有组织的输出合格务工者。在组织的过程中，突出贫困户优先原则，即符合条件的贫困人口全覆盖优先组织参与培训，培训合格后优先输出就业。

（3）培训教育行动。采取以项目承办企业实施为主，社会企业担当响应为辅的模式，依托北京爱侬公司、眉山苏小妹家政公司等企业专业的师资条件，开展专业化、多元化、高端化家政服务业培训，针对潜在家政从业人员理解能力水平、操作熟练水平、从业经验水平等，有的放矢，积极开展"简单劳务型""知识技能型""专家管理型"教育培训。结合脱贫攻坚工作需求和工作目标，主体项目培训分为两个阶段，第一阶段是对学员进行为期 3 天的基本知识技能培训，培训后经考核合格者，拟推荐上岗，由承办企业统一组织输出；第二阶段是在到达输入地后，对学员进行为期 15 天的专业化岗前培训，并强化岗前综合考核，通过培训切实提高贫困群众就业竞争力，满足家政服务市场不同层次需求，实现供需精准对接。

（4）就业管理行动。要求项目承办企业积极与相关用工企业签署供需对接相关协议，建立稳固的人员就业推荐渠道，切实保障县家政劳务人员输出需求。对经培训考核合格的人员，政府和企业积极构筑平台、拓宽门路，全力保障做好就业推荐服务工作。在保障就业的同时重点抓好薪酬待遇、合同签订、社保购买、安全保障等方面工作，切实保障县家政从业人员合法权益，使其能够安心、顺心、放心从业。

（5）典型带动行动。重点培养一批理解能力高、服务能力强、业务水平精、示范带动性强的家政扶贫服务人员，打响叙永家政服务品牌，突出经验总结，形成可复制的素材，通过结对帮扶入户宣传、群众口碑宣传、媒体宣传等形式，扩大影响力，以少带多，以点带面，带动更多有外出务工意愿的贫困群众通过家政服务走出大山、实现就业，助其增收致富。

（6）稳岗服务行动。强化就业人员岗后管理服务工作，明确项目承办企业必须做好从业人员岗后管理，建立健全学员管理制度，建立就业人员档案，结合实际情况设立诚信服务台账和优秀企业名录，完善相关资料和台账，对家政从业人员的流向、薪资待遇、劳动保障、市场秩序等进行全方位跟踪管理服务，对上岗后因合约到期等原因而待岗的具有继续就业意愿的家政服务人员持续跟踪并推荐就业，确保家政扶贫做实做牢。

3. 健全两大体系

为更好地发挥家政就业在精准扶贫、助力脱贫方面的作用，叙永县积极探索、不断创新，从政、企、商三个层面推动家政服务业向前发展，更好地发挥家政就业在精准扶贫、助力脱贫方面的作用，确保叙永县家政服务发展示范项目暨全国家政扶贫试点项目全面完成既定目标任务，家政服务业成为解决县域富余贫困劳动力就业的重要渠道，打响叙永家政服务品牌，完善相关资料和台账。

经验效果

截至目前，叙永县培训家政服务人员 178 人，实现转移就业 100 余人，家政从业人员分布成都、重庆等地，家政服务逐步成为转移农村剩余劳动力就业的有效路径。经过输入输出需求摸底调查，双方匹配意向协调，叙永县将依托北京爱侬公司等企业搭建供需对接平台，到 2020 年，输送家政服务人员不低于 800 人，其中贫困人口不低于 450 人，起到"以点带面、全县开花"的效应，家政服务业将为全县贫困户开创脱贫新空间，为非贫困户开拓增收新领域。

家政服务业的发展，对于在满足城乡居民需求、增加就业、改善民生等方面起到了积极的促进作用，随着城市居民生活节奏的不断加快，家政行业作为服务业的新兴主力军具有极大的市场发展潜力，叙永县坚决把这个互利共赢爱心工程做实做好。同时也清醒地认识到近年来家政服务业虽然发展迅速，但是产业规模仍然偏小，龙头企业、品牌企业缺乏，与快速增长的家政服务需求相比，家政服务业有效供给不足，高端家政服务产品少，中低端家政服务质量参差不齐，家政服务市场依然存在秩序混乱、无证经营、恶性竞争、服务欺诈和劳务纠纷等现象，严重影响家政服务业的健康发展。任何行业的健康发展，都离不开制度规定，家政服务作为直接与家庭打交道的服务业，涉及雇主的个人隐私、财产安全、家庭风险等诸多切身利益，需要建立起规范而明确的准入门槛和服务标准，才能真正成为一个让人"放心"的行业，才能实现健康、有序、高速发展，才能让贫困人口在精准脱贫的道路上插上腾飞的翅膀。

第三篇

企业项目典型案例

第五章 "互联网 +" 家政服务

案例 23

内蒙古自治区兴安家政服务有限公司推进 "互联网 + 家庭服务业" 新模式

基本情况

兴安家政服务有限公司成立于 2003 年 4 月，历经 16 年的艰苦奋斗，实现了跨越式发展，现是由兴安家政服务有限公司、兴安家政职业培训学校、居家养老信息呼叫中心、产后修复中心、孕婴用品连锁店、爱童小儿推拿门诊部、青年双创空间、靓妈咪精准控能月子餐、兴安盟家政服务协会等九家独立法人单位和社会组织构成的集团化企业，有员工 1180 人，实行员工式管理，自购 3000 平方米家政综合办公楼，八大类 20 多个服务项目，16 年累计服务 23 万多个家庭，培训学员 5 万多人，安置转移输出就业 4.8 万多人次。兴安家政先后被评为全国家庭服务 "千户" 企业，全国 "就业扶贫基地"、自治区 "巾帼脱贫示范基地"、自治区家庭服务 "知名品牌""十强"企业、自治区"促进就业示范企业"、自治区"先进私营企业"、全区"优秀家庭服务企业"、"全国职工教育示范点"、全国"工会女职工师范学校"、全国"巾帼文明岗"、兴安盟农牧民技能（京蒙扶贫协作）培训基地等。兴安家政创始人、董事长李冬梅获全国"五一劳动奖章"、"全国再就业先进个人"、自治区"劳动模范"、自治区"创业明星"、"优秀女企业家"、"北疆最美女性"、自治区万名人大代表"脱贫攻坚活动先进个人"等殊荣。

家政服务与居民日常生活密切相关。随着生活水平逐步提高，以及家庭小型化、人口老龄化和生活节奏的加快，居民对家务劳动服务需求日益增加。有关部门调查显示，有近40%的城镇家庭需要社会提供家政服务。据初步统计，目前全国拥有家政服务企业近50万家，年营业收入1600多亿元，从业队伍达1500多万人，其中绝大多数来自城市下岗工人、进城务工农民等就业困难群体。发展家政服务业，不仅能够满足人民群众日益增长的生活需求，破解家庭小型化、人口老龄化带来的社会问题，而且对于缓解弱势群体就业压力具有重要意义，是服务民生、增加就业、扩大内需、构建和谐社会的重要事业。

为贯彻落实《国务院办公厅关于搞活流通扩大消费的意见》精神，商务部、财政部已经下发了《关于推进家政服务网络体系建设的通知》的149号文件，在全国大中城市启动开展"家政服务网络中心"建设。依托该中心，整合各类家政服务资源，形成便利的家政服务网络；对企业资质、服务质量进行监督评价，对服务标准进行统一规范，及时淘汰不能满足居民需求的企业，形成基于行业自律的市场准入和退出机制，提高家政服务业发展水平和服务质量，保障居民便利、安全消费。同时，结合各地实际需求，针对不同行业特点，选择一批管理规范、运作良好、示范性强的服务企业进行重点培育，支持企业更新专业设施设备，指导企业提高服务质量，形成服务特色，实施连锁化、规模化发展，满足不同群体的多元化服务需求。

传统的兴安家政服务有限公司互联网利用率较低，以最原始的方式进行宣传和接单，随着企业的发展，兴安家政服务有限公司与深圳市智慧家政服务管理有限公司合作搭建智慧家政服务平台并正式在北京上线。该平台的上线，标志着传统家政行业正式触网，智慧家政服务平台为传统家政行业插上翅膀，从此家政行业走向标准化、便捷化、网络化新模式。

智慧家政服务平台打破传统家政企业宣传不出去、客户找不到门、单打独斗不正规的经营局面，真正运用互联网大数据整合家政资源，将家政企业与客户精准连接，架起一座企业与客户的坚固互通桥梁，更是通过平台的不断壮大，不但将家政企业与客户连接，更是使客户直接在平台上连接衣食住行的直接商家，是真正实现一个平台互通生活的时代性家政服务公司。

主要做法

智慧家政网络服务中心就是通过电话、网络等信息手段，无偿为市民、企业提供供需对接服务，建立健全信息咨询、供需对接、人才调配、标准制定、资质认证、服务监督等功能，成为对接供需、规范服务、保障安全的载体。

1. 建设目标

（1）行业信用平台。建立强有力的行业信用平台，提升市家政服务业协会的服务水平和管理职能，促进行业健康发展。由市家政服务业协会这个非营利性行业组织牵头建设的家政服务云平台，其语音接入号和门户网站在市政府的支持下得到广泛宣传，使之家喻户晓。百姓在有保姆、保洁、搬家、维修等家庭服务需求时，很自然地拨打协会的家政服务热线，或登录协会的网站找到服务单位，充分发挥家庭服务业协会的公信力，提升协会的双向服务功能。家政服务云平台一方面服务于广大的市民，另一面服务于协会的会员单位，加强对会员单位的服务规范和服务质量以及价格的监督，对严于自律的会员单位通过网络中心的评价系统自动提升排名，对不诚信的企业予以降级、曝光、取消会员资格等处分，从而打造一个强有力的行业信用平台，促进家庭服务业健康发展。

（2）供需衔接平台。建成一个家政服务综合交易平台，实现服务过程的闭环管理。会员可以方便地通过电话、网络将服务需求发布到家政服务平台上；家政服务云平台通过订单分派机制将需求交给对应的商户，由商户向用户提供相应的服务；服务中心可以通过灵活的回访机制、评级制度对服务过程及服务结果进行监控，保证会员的需求得到快速的响应、服务质量得到有效的保障。

（3）行业细分平台。在语音门户和 WEB 门户上进行行业细分，提供专业化服务，设立全市家政服务行业的技能培训和职业资格鉴定中心、服务质量监督管理和投诉中心以及育婴和月嫂服务中心、家庭保洁服务中心、家庭养老护理服务中心、家庭教育服务中心、家庭服务员（保姆）服务中心、医疗护理服务中心、搬家服务中心、婚丧礼仪服务中心等。

（4）客观公正的平台。建设一个强大的业务管理支撑平台，实现对整体业务体系的控制和统计分析，形成客观公正的评价和推荐体系。通过对内部和外部不同的参与角色的权限和功能的合理设计，满足会员、家政企业、业务受理部门、市场发展部门、行业主管部门等在家政服务开展过程中的各自需要。提供多维度的统计报表，分析业务开展的状况，为决策提供数据支持和决策依据。建立一个客观公正的评价考核体系，使能者多劳、诚者多劳，让管理规范、运作良好、示范性强的家政服务企业入驻家政服务云平台，进行重点培育，形成连锁化、规模化发展，支持其做大做强。对企业资质、服务质量进行监督评价，对服务标准进行统一规范，形成基于行业自律的市场准入和退出机制，最终达到服务民生、增加就业、扩大内需、构建和谐社会之目的。

（5）支持行业可持续发展的平台。建立一个完整的消费结算体系和账务管理系统，支持对会员的预付费管理和对加盟服务商的佣金结算管理，使之在公益性基础上具备良好的盈利模式，这有利于家政服务云平台的长期发展和职能拓展。一方面，建立一套完整的针对家政服务商的开户、预付费、缴费充值管理系统。平台通过记录和统计服务事件，根据设定的佣金结算办法，可实现对加盟平台商户的服务订单对账和佣金结算管理。另一方面，平台支持针对会员发行带有消费积分功能的家政服务储值卡。会员在购买该卡后，可以通过电话方式，确认服务事项及收费标准，并使用该卡进行本次服务的结算，获得消费积分。积分还可兑换成礼品或其他奖励。

2. 平台设计原则

（1）可运营。家政服务网络平台不仅是一个社区服务信息交换平台，还是业务运营平台。各种服务产品、服务信息和服务经营过程应该能够在平台上充分的流动并得到支撑和实现。通过家政服务网络平台的建设，应该能够实现各个市场要素的聚合、供需双方的交易撮合、经营行为的管理，充分利用市场机制实现各取所需、服务社会的建设目的。只有实实在在地满足了以市场各类型为主体的各自需求，这个平台才有生命力，才具备持续运营的市场基础，实现经济效益和社会效益的统一。所以，可运营是这个平台能够长期发展的必要条件。

（2）可管理。一个完整的平台，不但可以长期运营，还应该可以灵活地对平台的各种交易主体、参与主体以及它们的行为进行有效的管理。这样，才能形成统一的、规范的、标准化的市场秩序，保证合法经营者的利益和市民的利益。所以，该平台应具备对用户行为和服务时间等的管理能力。保证各种主题的参与方式和行为符合设计目的。

（3）可维护。一个完整的平台，应该可以方便直观地对平台本身的运行状况、各种基础数据进行管理和维护，以满足系统安全、数据安全的需要；满足灵活经营的需要、满足未来功能二次拓展的需要。

经验效果

随着我国城市化进程的快速推进，餐饮、家政、洗浴、洗染、美容美发等城市居民服务业蓬勃发展，一直是吸纳农村富余劳动力、下岗失业人员等群体就业的重要渠道，并在改善民生、扩大消费和优化结构等方面发挥着积极作用。新形势下，坚持把扩内需、保增长与调结构、保民生结合起来，紧密围绕充分发挥服务业创造就业的功能、扩大其就业容量、吸纳农民工就业等主线，不断拓展发展思路，创新工作亮点，促进城市服务业健康发展。

一是加快建设"家政服务云平台"，重点培育家政示范企业，扩大家政服务业就业容量。商务部、财政部已启动在全国大中城市开展"家政服务云平台"建设，通过电话、网络等信息手段，无偿为市民、企业提供供需对接服务，建立健全信息咨询、供需对接、人才调配、标准制定、资质认证、服务监督等功能，成为对接供需、规范服务、保障安全的重要载体。依托该中心，整合各类家政服务资源，形成便利的家政服务网络；加快培育一批管理规范、运作良好、示范性强的服务企业，实施连锁化、规模化发展，满足不同群体的多元化服务需求。力争用几年时间，引导全国地级以上城市各建立1个"家政服务云平台"，规范服务主体，在保障城镇居民便利、安全消费的同时，增强家政服务的就业功能。

二是实施"家政就业工程"，直接促进农民工就业。实施"家政就业工程"、解决农民工就业，是新时期增强城市服务业创造就业的有效探索。目前，商务部已联合财政部、全国总工会实施"家政就业工程"，通过实施技能培训等措施，每年扶持一批城镇下岗人员、农民工从事家政服务，逐步形成规范、安全、便利的家政服务体系。2009年拟通过依托工会培训机构进行培训和支持大型家政服务企业自主培训，扶持20万名城镇下岗人员、农民工从事家政服务。通过实施"家政就业工程"，既可大幅增加农民工的就业技能和生存能力，帮助他们走出贫困陷阱，又可在一定程度上改善城市服务业市场部分富余劳力找不到工作，而部分专业性人才又急缺的不平衡局面。

三是大力发展社区商业和居民服务业，在更大范围内促进就业。通过大力发展社区商业和商业街区，积极支持再生资源回收网点建设，不断增强城市服务业的就业吸纳能力。同时，还通过协调政策，积极组织美容美发、洗浴等行业协会开展工作等，引导促进洗浴、洗染和美容美发类企业有效应对金融危机，稳定企业发展，保障农民工就业。家政服务行业实施新型电子商务模式，即以互联网为基础，以服务于广大客户为目的，运用电子商务手段，将传统家政公司和家政电子商务相结合，发展整体优势，解决家政水平低、规模小、各自为政的状态，提高整体的竞争力。搭建互动交流平台，雇员与雇主可以面对面地交流，了解顾客个性化需要，提供更为满意的服务。另外，公司可以从中获取重要的客户反馈信息，及时发现自己存在的问题，并在最短的时间里解决。相信随着家政服务行业在电子商务领域的应用，顾客足不出户就可以通过网络选择和享受服务。家政服务电子商务化是家政服务发展的大趋势。在信息化与网络化时代，家政公司要想在激烈的竞争中取胜就必须结合自己的实际情况，开拓出一条适合自身发展的电子商务之路。

上海市悦管家网络科技有限公司构建数据驱动的服务共享平台，实现"互联网＋家政服务"的突破

基本情况

随着家庭小型化、人口老龄化、生活现代化和服务社会化，家政市场需求已经发生了巨大的转变：用户对象层面，从刚需、高端人群拓展至对生活品质有提升需求的中产和年轻化白领人群；服务方式层面，从门店、家政老师面对面中介撮合的单一服务，到借助移动互联网、整合专业服务的标准化平台；用户消费习惯层面，从高客单价计划性消费（如月嫂、育儿嫂）之外，出现大量的低客单价即时性消费决策（如快速保洁）。家政服务消费人群的年轻化、消费频次的高频化、消费方式的互联网化，对家政服务市场供给带来了细分化、专业化、标准化、信息化的发展需求。

上海悦管家网络科技有限公司（简称悦管家），其注册资金 2190.58 万元，总部位于上海市闵行区莘松路 380 号。自成立之初，悦管家即致力于成为"互联网＋服务"的现代服务业的先行者、践行者、传播者。经过 5 年多的发展，悦管家一直秉持"好服务不贵"的经营理念，通过对服务供应链和服务商品供应链的持续改造优化，借助"互联网＋"的模式创新和效率提升优势，已经发展成为国内领先的"互联网＋服务"的现代服务业平台，高效解决了用户在工作和家庭两个场景下的环境清洁健康和吃饭的需求，业务范围包括家庭服务（家庭清洁、家电清洁、环保健康、上门做饭等）、企业服务（企业团膳、企业保洁、电器清洁、绿化氧化、消毒除虫害等）。2015 年 6 月悦管家 App 上线，开始"互联网＋服务"创新模

式，成为 2015 年人社部商务部"千户百强"企业，2016 年起草并审定
《上海市家庭服务业行业标准》等。

主要做法

悦管家通过三个方面经营管理的创新，实现了"互联网＋服务"现代
服务业的突破。

1. 用户端

2012 年，悦管家最初起步于传统的家政服务，经历了 3 年的摸索实
践，对家政服务繁多的项目进行筛选过滤，选择对家庭清洁和上门做饭进
行优化改造（清洁和做饭一体化新型"钟点工"服务），以适应"互联
网＋"的特性。改造带来多个方面的结果。

（1）服务产品标准化。区别于传统家政的以家政服务员为核心，悦管
家以客户、中介、从业者三方协商作为服务内容和定价依据。悦管家将家
政服务划分为相互独立的服务性产品，每项家政服务产品的服务标准及流
程、服务时间、服务难度及技能需求、产品定价均依据服务内容本身而
定，消费用户通过悦管家 App、公众微信、大众点评等载体，淘宝式地查
看服务项目，可以提前 24 小时预约所需要的家政服务产品，帮助用户实现
快速锁定服务需求并进行决策和购买。

（2）服务标准化。传统家政服务的范围、流程、标准等，极大地依赖
于服务者本身的经验和习惯。悦管家在对家政服务产品标准化之后，对每一
项家政服务产品的服务内容、范围、服务标准以及所使用的设备及工具都进
行了详细的界定，一方面通过悦管家 App、公众微信、大众点评等展示给用
户，另一方面通过针对服务者（悦管家的服务者统称"悦姐"）产品培训、
服务者的素养提升、技能考核、服务督导等手段使服务者能够按标准执行。

（3）服务数据化。通过悦管家 App、公众微信、大众点评等移动互联
网载体，用户可以随时随地地完成服务项目查看、服务项目咨询、预约服
务产品的下单、线上支付（微信、支付宝、银行卡等均可以）、服务之后
用户评价的闭环，提升了用户体验好感度。

2. 服务者端

"互联网＋服务"现代服务业的创新模式，给从业人员带来了新的市场

需求。如何吸引乐于接受互联网化、标准化、职业化工作模式的年轻化高素质服务人员，成为以悦管家为代表的"互联网+服务"现代服务业企业的挑战。悦管家是以"改变蓝领服务者的生活方式"为初心的创业企业，其将"服务者文化"作为核心企业文化，一方面从根本上改变了从业者对家庭服务业的过去式的不良看法，带动了从业者在家庭服务业的成长发展中获得成长和经济收入；另一方面也影响了政府、企事业单位等社会各个阶层关注，深度影响了消费用户对"互联网+服务"新模式从业人员的关注和支持。

（1）服务人员（悦姐）职业化。从加入悦管家服务共享平台开始，从业者有了新的职业称谓——悦姐，并通过标准化配备的工作服装、设备工具以及接受标准化的作业流程、服务性职业化的沟通方式的培养训练和实训，悦姐们对家庭服务就是"保姆""伺候他人""老阿姨"的偏见逐渐消除，并融入"互联网+服务"创新的模式。

（2）服务人员（悦姐）星级化。悦管家依据服务数据经验、消费者的服务评价、服务者的技能学习和掌握熟练程度、服务者个人发展的潜力和意愿、综合素质等，对悦姐进行服务星级化的培养及职业发展规划。在悦管家悦姐星级成长体系内，悦姐可以不断成长和提升技能，提升自己的工作效率，从而带来了收入的持续增长。高星级悦姐还可以学习企业内训师培训课程、企业及店长管理课程，星级悦姐会成长为培训师、领队、云店长等角色，通过技能、素质的自我成长，收获物质、精神两个层面的财富增长（见图1）。

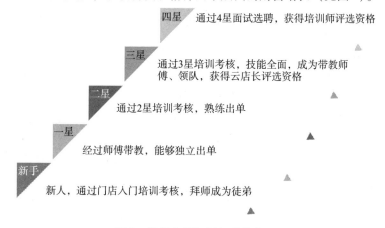

图1 悦管家悦姐星级成长体系

3. 管理端

在互联网模式下，产品化、高频化、即时化的数千上万服务订单需求，如何能够实现与数千计终端服务人员按照区域、时间、技能进行快速高效匹配，使服务需求精准地传达到适合的服务人员，并适应过程中的变化，如客户修改服务时间等需求，最终完成服务闭环，对服务者实现劳动收入核算和发放，通过传统模式或手段根本无法完成，悦管家自主开发的平台系统，结合云店合伙自运营平台，很好地实现了这些需求（见图2）。

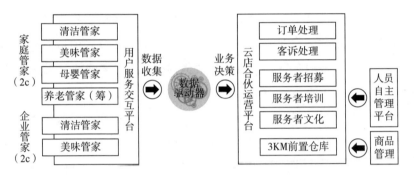

图2　悦管家管理端系统

（1）平台系统。系统收集用户服务需求数据和悦姐服务能力数据，通过智能算法，多维度地自动分析，并完成"网络打车式"的系统匹配派单，无须依赖人工进行派单管理，提升了匹配精确性，并极大地提升了管理效率，避免了人工派单过程中对时间、区域，以及派单人员对服务者了解程度的依赖。

（2）云店区域自运营。在服务者招募、培训以及服务者文化的推行上，借助区域云店长，推动星级悦姐体系的执行，形成"以老带新，多向发展"的自我成长发展机制，实现了悦姐的能力、素质、归属感的提升，保障了终端服务能力的供给。

经验效果

自2015年上线互联网平台以来，通过3年多的积累和探索，悦管家已完全实现了"互联网＋现代服务"的模式创新转变，极大地提升了行业效率，为用户、服务者创造了巨大的价值。数十万家庭用户、数百家企业用户得到了良好的服务，给予了悦管家行业领先的用户满意度评价。悦管家服务者的平均年龄为35.3岁，平均收入高于行业水平40％，高星级悦姐收入已突破月入万元水平，塑造了一大批典型就业致富标杆，带动了各行业领域的人员加入"互联网＋家庭服务业"当中，这其中包括了传统工厂人员、落后产能转型人员、传统零售服务人员、餐饮服务人员、建筑工人等，解决了大量的社会就业问题。

悦管家也因此获得了诸多荣誉，并成为"互联网＋服务"现代服务业的典型代表，同时也践行更多社会责任，积极参与政府重点政策的试点推行、行业创新引领等项目中。

悦管家5年来培训过悦姐接近20000人次，解决就业人员过万人，依托悦管家服务共享平台的相对长期的悦姐接近5000人；悦姐主要来源于安徽省、河南省、四川省、湖南省、湖北省等人力资源大省，也有来自上海市政府东西部帮扶对口的云南省、贵州遵义市；悦管家平台接单悦姐覆盖接近20个省市地区，悦管家已经成为外省市人力资源进入上海生活服务业首选企业之一。

| 案例 25 |

冲破行业瓶颈，搭建时尚舞台

—— 苏州金管家家政公司的现代化品牌化经营之路

苏州工业园区金管家家政服务有限公司（简称金管家）和苏州高新区金管家职业培训学校成立于 2006 年，作为家政行业的地方民营龙头企业，"金管家"以与时俱进的经营理念、品质时尚的服务风格，不断创新发展模式，探索出一条颇具特色的品牌化现代化之路。

"金管家"时时把握市场脉搏，通过转变营销方式来吸引市场眼球。率先开创钟点服务券模式，把传统家政服务变成预售制、订单式，并赋予其倡导家庭亲情关怀"礼赠"这样的市场功能，为金管家公司"服务产品化"奠定了成功的基础。积极探索产教融合型现代家庭服务企业模式，并在全国 30 多个城市开展子公司及与城市合伙人等多种品牌连锁化经营，每年服务超 20 万家庭，带动数万就业机会，年广义营业额突破 1 亿元。以"品质服务、美好生活"为企业愿景，为持续创新发展提供积极能量。

"金管家"关注团队建设，通过增强凝聚力来稳定队伍，率先成立了保姆工会组织，为家政员提供集体宿舍，定期举办员工沙龙和联谊活动，为家政员营造一个舒适的家和心灵的港湾。

"金管家"注重服务技能提升，打造一流的企业内训基地。通过多年的努力，"金管家"被确定为"苏州市区家庭服务业实训基地"、"江苏省家政模范培训、实训基地"、"江苏省家庭服务业职业培训示范基地"、"江苏省百强家政服务单位"、全国"百强家庭服务企业"。

在企业发展进程里，如何应对产业升级中各种无形的对手？如何快速推广自己的模式和服务型产品？如何第一时间与地方家政企业取得互通互赢的联系?在创造市场的过程中面对人力的巨大空缺,应该用什么样的方式去突破行业窘境?在做大做强的过程中如何联动整个产业?这些制约所有家政服务业的问题,金管家也在不断积极地探索并积累了一定的经验。

主要做法

在面对家政服务产业化、规模化、网络化、规范化的升级过程中,金管家在 2017 年全面升级企业战略及模式,以"双平台运营"机制倒逼产业升级。通过现代家庭服务垄断地方家庭服务业市场,锁住家庭经济入口,打造"千万中产阶级家庭服务型平台";同时,把金管家职业培训学校打造成家政领域的黄埔军校,强调"以万户养万户",紧跟国家扶贫就业政策,打造现代家庭服务业最大就业平台。

如何实现双平台中的市场平台?金管家以"更完善的运营机制,带来更大的收益配比"为核心优化思路,让企业在规模化的过程中也能稳健成长。精细化管理通过三个部分、三个阶段实现新中产阶级家庭的服务型市场平台。

第一,"不断升级服务型产品,靠产品打造千家万户的家庭服务型平台"。在第二个十年发展中,服务型产品的思维是企业的根本生存之道。从 2016 年开始,金管家在产品研发上投入大量人力物力,其中"家师傅"系列产品就是金管家产品体系具有代表性的一类。"家师傅"系列产品突出健康家庭理念,在过去的十年家政服务中,大家都在追求清洁及工作效率,把服务价值都附着在钟点、小时上,而以健康家庭为主的理念,强调打造一个健康的生活环境,这正是"家师傅"产品带来的卖点升级,通过人、设备、软件、数据信息把服务人员的价值最大化从而获得更高的市场收益,而非中介抽人头模式。通过市场不同的需求,打造不同的服务型产品,打通订单市场,深耕会员客户,反复多频次消化客户,让企业利益最大化,产品效益最大化。当产品获得更多市场功能时,营销模式也会随之升级,将传统的保洁业务做成市场的低频且主流的"流量型"产品,通过不同形式的库存化销售,短期内获得规模化用户。同时升级门店商铺功能,将传统家政行业的咨询式门店,升级为服务站点,将服务价值从对客户转移到对服务人员,给服务人员提供更多的便捷服务。把技能培训下降到社区服务站。客户所有的消费通过电子商务、社交圈层、在线支付完成。

第二，"母婴产业链升级服务形式，突破利润壁垒"。金管家在做大做强的过程中，通过对业务链分层，将做流量的业务、营业额的业务、利润的业务都通过互联网及系统进行模型升级，突破传统产业瓶颈。其中母婴产业链尤其重要。现有的母婴服务模式基于两种，一是到宅服务，二是基于自建经营场所的会所式服务。金管家通过对上下游产业链的整合，将护理、医疗、理疗、康复、育婴资源集中并以产品模式进行重新定义——"将月子会所的服务带回家"，真正实现六对一的到宅服务和双保险的服务模式，将母婴产业链推向高地，形成金管家技术壁垒，保持行业影响力。

第三，"互联网＋现代家庭服务业"为金管家规模化做好系统保证。互联网带来的数据支持是金管家创新过程中的重要加速器。金管家通过将三维平台系统、二维用户系统，形成五维数据应用，支持全国30个城市的业务订单及人员管理。其中，平台系统包括门店OA管理系统：权限设置管理工作任务，门店升级成服务站后承担更多培训价值，每一位门店工作人员都可以通过系统对服务家政人员进行信息标注，在掌握人员状态的同时通过数据知道下一步工作；社交电商系统：通过社群营销，用户平台打造为拥有更多商业服务：教育、旅游、文化等，商品服务、消费金融：通过产品进行预收，同时进行消费分期，连接征信系统进行信用消费、健康管理：作为监管方，让更多专业健康服务人员进入家庭，把健康守护从经营场所到客户家里，做到0－80岁照料；人员库存管理系统：通过计算机算法及数据匹配，将用户订单服务信息手机推送给服务人员与客户，做到不跑单，不空单，不落单，将服务人员关系系统高效化；监督系统：将劣迹人员，进行系统标记，通过数据管理、共享避免行业风险。有了互联网信息数据各类系统，金管家在下一个十年的行业竞争中保持数据高低竞争，用最低的成本做到最大化的人员管理。

用平台思维做用户规模，用产品思维做市场效益，用网络系统做行业壁垒，金管家在产业发展过程中不断对产业进行升级。当用户需求被产品满足时，以产品技能为主的就业机会就成了金管家员工制管理模式的优势，通过市场服务型产品，倒逼行业规范化，培训市场化。所以"金管家"打造的第二个平台通过职业技能培训学校打造"人力资源技能配置型平台"就成为行业属性的升级。

在这个平台模式上，我们把地方贫困无一技之长的待脱贫人口比作家庭服务业的"原材料"，把金管家职业技能培训学校当作"加工厂"，购买我们平台服务型产品的用户是"买家"，不同的原材料被加工成不同的产品，然后被市场化消耗掉，以"新东方"模式来做家政产业，真正的配置市场技能，打造服务业的特种部队，做到所学即是技能，又可以获得对应的岗位，通过不断学习技能获取更高收入。金管家现在以分公司订单培训模式，率先市场化行业培训，让政府从主导培训教育脱贫到监管市场行为，起到宏观调配，微观管理的效果。金管家通过不断开发市场需求的产品，推行产品培训，倒逼产业服务标准制定，逐步健全职业培训。

经验效果

金管家在成功践行双平台运营机制下，又创新的推出"城市合伙人"模式，以共建子公司，地方投资总部直营的形式，成为股权合伙人。其中，一座城市一个事业合伙人独揽整座城市家庭服务业市场规模、效益；供应链合伙人"打破规模壁垒、共建生态圈"，通过双平台机制引入更多优质的社会服务、商品资源进入家庭，做大家政产业规模；做到真正的合在一起，成为一伙儿。加入金管家"城市合伙人"体系的地方投资人都致力于同金管家一起把"品质服务、美好生活"的核心理念带去给当地的消费者，让更多的家庭享受到无忧、有保障、有品质的生活方式，从 2017 年10 月开始，7 个月时间金管家已经先后获得四个城市合伙人，超过 2000 万的资金投入，只有在模式、企业文化都被认可的情况才能获得如此成绩，而更优越的合作条件也给家政市场落后的城市老百姓带去福音。包头市自2017 年 10 月签约以来，仅仅 6 个月时间累计服务超过 5000 户家庭，好评率达到 100％，同时金管家通过"城市合伙人"业务快速规模化，同时获得了政府对口部门的高度认可，在国内扶贫重点城市：在山西吕梁、贵州铜仁等的一些招聘市场上，都活跃着金管家企业的影子，给贫困人口带去一个好的技能。好的就业岗位有可能就能改变一个家庭的命运。金管家通过服务型产品模式倒逼行业标准化，用平台思维加上互联网数据系统的高效结合，以及城市合伙人创新的商业模式，让以往很难走出地方市场的大型家政公司看到了全国规模化的成功案例，给产业发展注入新的动力。金管家不仅在扩大规模，还提升品质，通过市场制定行业标准，通过职业培训机构传递技能价值，让学员真正做到三十天培训就业，而不是三十天培训待业。

案例 26

江苏省斑马电商云专注信息化，推动家政行业规范化诚信化健康成长

基本情况

江苏斑马软件技术有限公司（以下简称斑马电商云）于 2016 年 12 月正式成立，立足于家政行业，通过为传统家政企业赋能的方式，助力行业转型升级，让家政行业变得更简单。斑马电商云通过技术优势驱动行业，为广大的中小家政企业提供家政管理系统，助力企业效率提升，促进行业互联网化的进程。截至 2018 年底，全国已经有 3286 家连锁家政企业、13984 家家政门店在使用斑马电商云的 SaaS 软件，同时系统上注册阿姨数超过 80 万人。斑马电商云通过办学兴业的方式，打造风声商学院的学习平台，通过线上音频线下精英班集中培训等方式，为广大的家政企业管理者、从业者打造信息交流、资源互补的学习平台。截至 2018 年底，风声商学院线下培训家政企业有 3766 家，线上音频直播课程有 31 场，听课人数累计达 200000 人次，线上视频课程有 103 场，累计听课人数达 27671 人次。2018 年 4 月，斑马电商云完成了天使轮 1000 万元的融资，并于 2018 年 12 月完成 PreA 轮 1500 万元融资，这些对斑马电商云是极大的鼓舞，更是奋力向前的巨大动力。2017 年，斑马电商云主要通过技术驱动、商学院赋能的方式助力全国家政企业的发展。2018 年，斑马电商云专注于打造家政行业的供应链体系，采用从"生产"到"仓储"以及"零售"的供应链模型，坚持把打造优秀家政服务人员作为行业发展的第一驱动力。斑马电商云建立培训中心和研发中心，以人为载体，打造家政行业的标准化服务

产品。

随着我国家政服务市场的高速增长和互联网技术的快速发展，自 2013 年以来，众多家政 O2O 企业不断涌现，在资本的强势助攻之下，可谓红极一时，一方面是铺天盖地的家政 O2O 新闻，另一方面是消费者面临找阿姨太难的问题，这里的难主要是指优质阿姨的数量不多、高质量的服务比较少，以及行业标准缺失等问题。阿姨流失、供需不对称、渠道不通畅以及家政服务师素质参差不齐等问题已经成为传统家政服务的致命伤。基于这种情况，斑马电商云提出了相应的解决方案，通过 S2B 的模式来助力行业发展，解决好阿姨难找的问题。一方面，整合和规范服务师供应链；另一方面，通过互联网以及技术手段来帮助企业提升经营能力，最终实现让老百姓找阿姨更简单、更放心、更满意的愿景。

主要做法

1. 技术驱动，助推行业互联网转型

为助推行业的快速发展，强化家政行业的互联网化程度，斑马电商云加强产研人员的投入力度、深度，斑马电商云的客户遍布全国各地，北到内蒙古，南至广西，截至目前全国已经有 3000 多家家政企业、近 14000 个门店与斑马建立起良好合作。同时全国众多家政龙头企业主动找到斑马电商云订制家政管理系统。

2. 商学院赋能，打造资源共享平台

斑马电商云开创了风声商学院，建立顶尖的师资团队，聘请国内外知名导师进行授课，为所有家政从业人员传授前沿的行业干货知识，为行业输送素质过关、技术过硬的企业管理者，助力行业品质提升。目前，风声商学院已经与南京师范大学金陵女子学院合作办学，同时与北京大学母婴行业课题组、家协高级培训中心均建立起战略合作。截至 2018 年底，风声商学院线下培训家政企业共有 3766 家，形成了强大的影响力，收获了非常好的口碑。

3. 打造共享型供应链，为行业输送优质服务人员

斑马电商云通过自建"服务供应链 + 共享服务供应链"为家政企业赋能。自建高标准、高质量的阿姨库，通过双师双轨模式，生产标准化、高

质量阿姨，构建斑马阿姨库。打造阿姨共享模式获得海量阿姨库，家政公司可以共享阿姨，经过斑马电商云认证、培训提升阿姨品质后共享给家政公司。

4. 思维创新，用零售化概念为供应链赋能

斑马电商云以标准化服务为卖点进行模式创新，即服务零售化、精细化。在原有的月嫂、保洁等传统服务品目上将服务进行细分，如产后康复师、催乳师等细分门类，打造精细化、标准化、零售化的服务产品，重塑家庭服务行业的生态圈。斑马电商云首先通过自建培训学校，打造家政行业一流的教学环境；其次通过斑马电商云的品牌沉淀并购和招募行业里优秀的管理、师资团队。同时，斑马电商云将通过直营和股权合作等方式快速拓展城市分校，力争在 2019 年底覆盖 50 个城市，通过双师模式，线上线下教学结合、讲师助教结合的方式解决优秀师资匮乏的问题。斑马电商云已在南京各个区域打造家政行业就业中心，实现服务师可以快速上岗。在就业中心，服务师可以进行就业认证，其中包括身份认证（犯罪记录认证）、健康认证、证书认证（识别证书有效性和真实性），同时就业中心会辅助服务师创建就业电子简历以及服务师的基础技能培训等内容，帮助服务师就业。

5. 模式创新，助推家政企业新盈利

斑马电商云通过人力公司来打造员工制服务师团队，让家政企业在过去传统中介制模式的基础上增加员工制的服务，即随时随地都有稳定的服务师为他的企业服务。通过这种方式，家政企业能从过去纯靠中介费盈利的模式转型到经营用户，通过服务差价和服务增值盈利的模式助力家政企业找到新的盈利点。

斑马电商云通过模式创新在行业里找到立足点，斑马电商云 S2B 的模式具备以下几个鲜明特点。

（1）去中心化的快速可复制性。斑马电商云在发展速度上取得较快发展，同时从长远来看，采用 S2B 的模式是家政行业跟区块链结合的基础模型。

（2）全面互联网化。通过互联网、经营管理思维、供应链等全方面为行业赋能，推动行业里的各个核心节点都进行互联网转型。

（3）培训品牌化。斑马电商云快速打造出像"新东方""蓝翔"等知名品牌的家政培训学校，从底层改变家政行业的发展，实现产业升级。

（4）服务产品化，产品标准化。斑马电商云从培训开始，引导企业发展重视服务，唯有把家政服务打造成标准化的产品，才可能实现有效的评价和可持续性的发展。

（5）人工智能化。斑马电商云正在打造培训人工智能化教室、服务师智能工牌、企业经营智能平板电脑等产品，在企业发展的过程中，借助人工智能实现跨越式发展。

（6）行业生态化。斑马电商云在坚持为企业赋能的同时，整合包括保险、金融、体检等行业生态资源和链条，在解决家政企业问题的同时实现盈利延伸。

经验效果

1. 协助定制南京市家政企业评定等级标准

2017 年初，南京市家庭服务业协会和斑马电商云共同展开《南京市家政服务企业评等定级标准》（试行）的编制工作，为保证标准编制内容的严谨性和专业性，先后组织召开了 18 场次的调研、座谈、论证会议，经过 7 个多月的修改完善，7 月 28 日召开新闻发布会进行公示，让南京市的家政企业可以展开良性的公平竞争，同时也让消费者在甄别服务企业时，做到有据可循，明明白白去消费。

2. 助推开展南京市家政企业商务信用评级

为加强诚信建设，南京市商务局、第三方评估机构江苏联合信用公司和斑马电商云，对全市家政服务企业开展商务信用评级业务培训和指导工作。对全市家政企业进行多次调研，经过多次严格筛选，最终共有 31 家符合条件的企业参与信用评级，经公示有 10 家企业获得 A 级等级。信用评级能够加强企业经营过程中的自觉性，提升企业资质。

3. 上线南京市家政企业服务信息平台

斑马电商云利用自身优势搭建了南京市家政企业服务信息平台，通过互联网打通协会、家政企业、培训机构、服务师、消费者等多方关系，实现行业标准信息化、诚信企业落地、服务师认证持证上岗、消费者服务体验更好，助力产业链升级，实现家政行业水平提升，促进行业互联网发展；同时让家政企业和服务人员信息公开透明，进而形成供需各方相互信赖、安全可靠的市场环境。

4. 创办南京市首届"家政节"

2017年8月17日至9月2日，斑马电商云联合南京市家庭服务业协会牵头举办了南京市首届家政节，以"聚焦品质服务、共创品质生活"为主线，以丰富多彩的活动内容为载体，共举行线上线下活动32场，全市有家政服务机构和相关企业220余家参与其中，家政节线上线下活动覆盖社区4292个，发放家政节联名服务卡券700余张，参与到线上线下活动市民148879人，真正实现了企业与消费者的零距离全城互动。

5. 积极对接家政扶贫项目

斑马电商云先后积极对接了陕西宝鸡、江西鄱阳等地的扶贫工作，一方面，结合斑马电商云自身的就业中心直接提供就业岗位；另一方面，通过培训、保险等方式帮助贫困区县人民提升技能，通过双师模式最低成本最高效果地筹建双师扶贫学校。在斑马电商云看来，家政扶贫工作应该着重于存量扶贫，只有他们真正脱贫，才能带动更多的贫困人口进入这个行业。目前，斑马电商云正在通过就业中心和培训学校积极免费地为存量工作人员提供培训，并通过媒体报道成功案例，积极构建扶贫良性发展的模型。

浙江省三替集团有限公司打造智慧家政服务平台，为家政服务插上"互联网"腾飞的翅膀

基本情况

现代家政服务企业正朝着多元化经营发展，坚持服务创新、技术创新、管理创新，抓住发展机遇，站在行业的前沿；加强标准制定和应用推广，构建服务提供标准；通过建立直属机构、挖掘合作单位等创建产学研发展机制，提供更多类型的家政服务。

在传统的服务模式下，家政行业整体呈现"低、散、小"的特点；进入门槛低，无证经营、不平等竞争现象依然存在；以小、散、乱为特点的企业管理模式，服务人员信息不完善、无法交社会保险、健康状况不透明，综合素质难以保证；不培训即可上岗，服务质量难以得到有效监督。客户在寻找家政服务过程中，往往难以顺利找到放心、可靠的服务，服务资源的结构化紧缺也十分明显，保姆、月嫂等对技能经验要求较高的岗位严重供不应求。市场缺少能够提供资质认证和帮助把关的专业化、品牌化服务平台，也急需强大的专业组织构建供需有效对接的渠道。

主要做法

"三替好生活"智慧家政云服务平台于 2015 年 9 月正式上线，是家政行业第一个服务云平台，业务涵盖保洁、搬家、疏通、维修、保姆、月嫂、陪护等家政服务门类，并将逐步加载延伸到医疗、孕期教育、幼儿教育、养老养生等周边服务，实现了家政服务从热线向网线再到无线的跨

越，构建了集手机 App、微信、网站、呼叫中心和"三替好生活"线下连锁门店于一体的全通道服务体系，使客户随时随地可以预约所需要的各类生活服务。该平台已被列入杭州市政府民生服务的重点项目。

作为传统家政企业的一次"互联网+"创新项目，"三替好生活"（简称三替）平台主要有三大特点。

1. 全面品类覆盖，实现一站式服务

家政行业涵盖了诸多细分领域，服务对象、服务方式、服务人员、管理模式都各不相同。作为全国服务范围最广、服务门类最多的家政龙头企业，三替的多元管理和服务整合能力成为极大优势。从服务门类来看，覆盖生活服务全品类，从高频次低门槛的保洁服务、家居养护、家电清洗、疏通维修等，到低频次高门槛的搬家、保姆、月嫂、育儿嫂等，各自补充、相互整合，以组合式、套餐式服务客户。

从运营模式来看，建立"到家 O2O 平台+社区门店"相结合的运营布局，将互联网标准化与社区网格个性化相结合，实现互补。"到家 O2O 平台"实现了轻量化标准化快速复制，社区门店以其独到的线下入口优势，充分调动线下丰富的社区服务资源。基于可覆盖社区范围，以针对不同的社区特征提供精准化服务，以社区养老、家政服务、绿色食品、健康检测设备、智能报警设备等实现社区生活服务场景全覆盖。"三替好生活"平台已将社区门店、线上平台二者的入口功能发挥到极致，在为客户提供全程管家服务的同时，也为平台的竞争力提升增砖添瓦。

2. 规范服务质量，建立专业规范家政服务体系

家政行业是以人为主要服务资源的行业，对于人的技能、素质、品德等的打造，往往决定最终的成败。而家政员服务质量评估低、跳单率高、缺乏标准规范一直是行业的痛点，"三替好生活"平台综合传统线下优势和现代化技术，建立规范化、专业化、标准化的家政服务体验。

一是严格的招募制度。专业家庭顾问根据客户要求对服务人员进行严格筛选、面试、技能考核。招募通用标准：持有效身份证件，身体健康（有效期内健康证），具备相关职业技能等。

二是注重身份识别，规范事中行为。三替对家政服务员的身份进行相应的识别，所有进入公司的家政服务员都要经过专门的身份认证，确保没

有前科或是刑事记录。同时，进入市场的家政服务员都要经过培训之后持证上岗。派驻到雇主家中后，公司还会对家政服务员进行不定期的回访，规范保姆的服务行为。

三是打造专业的服务团队。在实现"互联网＋"的同时，三替将线下的优势带到了线上，通过岗前、岗中培训，了解家政服务员的工作情况与客户的相处情况，并在公司培训登记表上签字，同时填写电子版培训信息。同时，公司还有三替职业技能学校，三替家政学院，三替智慧家政研究院，国家职业技能鉴定所等培训、教育、认证平台，为线上培养打造优质服务团队提供了强大的支撑。

四是建立家政服务员专属档案，历史数据一键可查。三替将家政服务员从入职到考核、培训、资格证书、评价、投诉等基本信息归档入库，建立服务人员专属档案。家政服务员工作数据累计、可查，包括服务时长、客户点单、拒单、迟到、请假、评价、投诉等数据在平台均可体现，以建立家政员成长曲线，使客户对价格高低有依据，使公司管理评估有数据支持，使家政服务员有归属感与成就感。三替坚信，家政O2O平台，只有夯实线下服务基础，才有线上的灿烂辉煌。

3. 管理决策支持，提高管理效率

家政行业是典型的"朝阳产业"，但其涉及的服务范围广、标准化难度大、收益低等特征使得家政公司管理难度大，边际成本高，每增加一个家政员，相应的培训成本、管理成本、运营成本都会增加；而互联网的优势在于边际成本小，新增使用人员所带来的成本低。"三替好生活"平台将互联网的优势运用到家政行业，以降低管理成本、运营成本。

一是高效订单匹配，降低管理成本。"三替好生活"平台基于大数据统计分析和挖掘算法、LBS技术、物联网技术等，收集社区门店、呼叫中心、App平台、第三方数据在内的数据，建立行业数据、用户数据、家政员数据在内的大数据支撑体系，实现供需匹配、系统自动派单，达到优化服务资源的共享、提高服务响应的速度，减少调度人力成本、家政员路途成本、客户沟通成本，并且后台管理端、客户端、家政员端的多端配合，降低运营管理成本。

二是评估供给需求，合理扩张决策。家政行业对于供需关系与人均劳效如何平衡，在低单价低利润的行业现状下，很难控制规模化发展中的供需平衡，先有客户还是先有服务人员，需求不稳定时服务人员如何调配、高效调度。"三替好生活"平台基于数据支持，核算城市各区域的家政员供给饱和度，与客户需求预测相对比，其为家政服务员招募、运营推广区域、地推活动范围等提供决策支持。

三是精准会员营销，降低营销成本。基于数据支持，"三替好生活"通过会员档案、会员画像的建立，综合运用会员标签、积分、等级、互动营销、活动营销等方式，实现精准化营销，降低营销成本。

经验效果

厚重的家政服务根基造就了三替集团成功拥抱互联网的必然性，也使寻求专业、满意服务的客户找到了真正能够信赖的平台和品牌。从对行业的借鉴意义来看，主要有四个方面。

一是传统家政企业"互联网＋"的一次成功转型，具有典型示范意义。作为传统的家政龙头企业，三替始终坚持诚信、爱心、满意、创新的精神理念，不断提升竞争力。在移动互联网时代到来之时，公司主动拥抱创新和变革，通过搭建云平台，拉近了与客户的距离，提高了运营效率，成功实现传统线下家政企业的转型，并且为集团的未来发展提供了一个无限想象的空间。

二是开启家政服务共享经济模式。"三替好生活"云平台可以和"滴滴打车"一样开启共享经济模式，通过平台可以看到家政从业人员的相貌、技能信息、客户打分及服务评价。通过"三替好生活"App，客户足不出户就能在手机上预约各类服务，而服务人员则可通过该平台自主接单、积累客户资源，最终实现为自己打工，使"人人都是CEO"。

三是探索了家政行业O2O发展模式的新思路。与目前市场多数家政O2O平台的纯线上平台运作思维不同，"三替好生活"更强调线下资源的整合和服务品质的提升，追根溯源，还原家政服务业的"服务"本质，以服务质量、服务水平赢得客户的信任和赞誉。线上平台始终需要依靠线下资源的支撑，这也是"三替好生活"能够在诸多家政互联网平台竞争中脱颖而出的重要原因。

　　四是实现为行业赋能和助推精准扶贫。依托该平台，打造 S2B2C 的产业链互联网模式，未来可以带动一大批传统家政公司实现互联网转型升级。同时，家政作为朝阳产业，还可以带动数以万计的贫困地区劳动力从事家政服务，以此作为精准扶贫的重要突破口，提高农村居民收入，更好地推进精准扶贫。

案例 28

福建省厦门市好慷家政公司以标准化服务助推规模化发展

基本情况

"好慷在家"从 2010 年开始进入家政行业，2014 年成立好慷（厦门）信息技术有限公司（以下简称好慷），是国内规模、质量双领先的家庭服务预定平台，提供保洁、保姆、家庭用品销售等服务。好慷以"让服务的人和被服务的人都感到幸福"为企业使命，以"十万年薪、百万就业、千万家庭"为企业愿景，坚持从行业的"供给侧短板"切入运营，为广大用户提供保洁、保姆、家庭用品销售等服务，逐步成长为行业龙头和现代家政服务企业代表之一。目前自有员工达 10000 人，家庭用户达 350 万户，2017 年营业收入达 5.6 亿元，较 2014 年增长 46 倍。

与同类平台相比，好慷在覆盖城市数、订单数、营收规模、服务品质等多项关键指标上，均处于领先地位。2015～2018 年，"好慷在家"连续四年蝉联淘宝"双 11"本地生活服务品类全网销售冠军，仅 2018 年"双 11"当天，平台日销售额达到 2.34 亿元（财务到账口径，仅服务销售金额，不含用品销售），连续 8 次刷新行业日销售纪录。此外，公司先后获得"中国信息消费创新应用示范项目"（工信部，2015）；"'十二五'中国智慧城市 O2O 领军企业"（中国智慧城市论坛，2016）；"福建省家庭服务业领军企业"（福建省商务厅，2017）等荣誉。

主要做法

1. 从"人工管理"到"系统管理"的改变

为适应信息化时代变革，迎合市场需要，"好慷在家"自主研发了"HKS业务管理系统"、"HKO在线销售管理平台"、"员工App"及系列ERP \\ CRM \\ OA \\ BOSS底层支持系统，拥有100%软件著作权。信息化手段的应用改变了家政管理流程，提升了行业管理效率，在行业内率先突破了跨地域、大团队的管理瓶颈。目前，该系统已经升级到第四版，共包括超过20个子系统、超过120个业务模块，可支持千万用户级的并发业务支撑需求，大大提高了工作效率。

2. 从"门店营销"到"网上营销"的改变

早在2012年，好慷就意识到"互联网"技术将给家政行业带来巨大变革，投入了大量精力开发了互联网营销平台及系列网络营销工具。借助"互联网+"模式，好慷率先实现了"家政营销电商化"，在全国率先执行"去店化"，关闭所有线下家政门店，全面转型为线上销售型家政企业。2014年起，好慷所有订单都来自互联网，实现100%在线支付；所有服务都通过系统自动调度，消费者可以实时通过手机App进行服务评价；所有评价都与服务人员的工资动态挂钩，形成了良性的业务闭环。

3. 从"模糊服务"到"标准服务"的改变

好慷的所有服务产品均遵循"10个统一"，即服务品牌、销售定价、服务形象、作业工具、上门时间、服务时长、服务内容、作业方法、售后服务、保险理赔全面统一，有效实现了"服务产品化"。好慷产品规范贯穿营销、培训、服务全流程，累计服务时长已超过4000万小时，客户满意度超98%。

4. 从"事后付款"到"事前付款"的改变

由于执行了严格的"服务产品化"策略，服务结果和交付过程都可预期，好慷的交易过程被大幅简化，客户只有在提前支付全额款项后才能下单；此外，好慷创新推出了"家务服务包年"销售模式，帮助客人预先排定全年服务计划并收取全年费用。该策略除了给好慷带来稳健的现金流之外，还大幅降低客户临时违约的风险，大幅降低了员工、客户私下交易的情况。

5. 从"现金交易"到"网络支付"的改变

好慷是行业内唯一杜绝现金支付的家政公司，所有支付都通过网络完成，其中超过90%的支付通过移动端完成，便捷的支付方式大幅提升了客户体验；此外，也大幅提升了资金的归集效率和财务管理的规范性。

6. 从"中介服务"到"员工管理"的改变

不同于传统家政公司通过"中介模式"管理员工，好慷的所有服务人员都是与公司签订劳动合同的自有员工，并且在全国率先实现全电子合同管理。好慷执行每天8小时工作制，做六休一，晚上6点准时下班，职业化的工作内容、合理的工作时长、稳定的工资收入吸引了更年轻、更优秀的从业者加入公司。目前，公司员工的平均年龄不足35岁，显著低于行业平均水平。

7. 从"被动撮合"到"主动销售"的改变

传统的家政服务需求体现出很强的随机性，客户下单的时间、服务的时长、服务的内容都是随机的，因此无法开展主动销售，只能根据碎片化的需求进行随机撮合。好慷把每个订单的服务时长、上门时间都进行了固化，通过这个改变，把无形的服务能力变成"可计划""可管理"的库存，把预售周期拉长到一年。只要客户能下单，就一定有人上门服务，好慷的销售变得像卖动车票一样便捷。

经验成效

1. 推动产业化运营

家政企业开展产业化运营，在一定程度上能缓解家政服务市场的供需矛盾，缓解社会痛点，实现从"满足需求"到"引导需求"的转变。好慷通过产业化运营，有效提升行业人效比，据测算每人每年可以多服务500小时左右，在提升企业利润、员工收入的同时，很大程度地缓解了家政员的供需矛盾。

2. 加强标准化建设

通过标准化服务，显著提升服务的满意度，进而提升被服务家庭的生活品质，实现从"单次服务"到"包年服务"的转变。据统计，好慷的每

4 个体验客户中，有 1 人会选择成为包年会员；每 10 个会员在费用到期后，有 9 人会选择续费；每 6 个续费用户中，有 1 人会选择价格更高的套餐。

3. 开展产品化培训

通过产品化培训，提高大量中低端劳动者及下岗员工（特别是女性劳动者）的就业能力，并提供就业创业机会，实现了从"小时工"到"职业化"的转变。

4. 推动品牌化营销

通过品牌化营销，逐步提升家庭服务行业的社会形象，助力传统服务产业升级发展。好慷以高频的家庭保洁业务作为切入点，致力于建设一个围绕家庭生活场景的"一站式"家庭服务电商平台，实现"服务 + 直销"的运营模式。未来，好慷计划通过"标准化服务、场景化营销、大数据运营"三个战略步骤，逐步成为中国家庭服务产业的聚合型门户和中国家庭消费的重要入口之一。

广东省深圳市深家网络实施"垂直一体化"运营模式，提供一站式高品质到家服务

基本情况

深圳市深家网络信息服务有限公司（简称深家网络）是深圳市家庭服务业发展协会会长单位，其承建和运营的"深圳市家政服务网络中心"是商务部、财政部重点扶持、深圳市政府指定的重点民生工程，也是深圳市政府唯一指定的家庭服务业公共服务平台。

2017 年，深家网络正式获批国家级高新技术企业。该企业充分利用"互联网＋"技术，运营了"社区邦"家政服务品牌，致力于打造"线上线下垂直一体化"家政服务运营的先进模式及全新的服务产品。企业自主开发的互联网家政业务管理系统及呼叫中心技术，自 2010 年开发建设以来，经过多次升级，已经全面深度支撑公司家政服务全业务运营。公司主要团队有市场及产品开发部、技术研发部、家政培训学校、96580 呼叫中心、社区服务站等，构架起面向客户的全新、有力的组织形态和服务网络。目前已经设立的服务站服务能力覆盖全国 2000 多个社区，形成了线上线下融合发展的完整服务产业链。

"社区邦"定位于提供一站式高品质到家服务，倡导家政行业专业化、规范化、职业化、网络化和规模化，主要业务包含家庭保洁、企业保洁、家电清洗、月嫂、育婴、保姆和钟点工等家政服务。企业贯彻"以用户为中心"的产品思维，注重以互联网和信息化技术优化提升用户体验，提升家庭服务供给侧品质。2017 年，该企业保洁服务产品通过了 ISO9001 质量

体系认证。深家网络通过打造线上线下垂直一体化运营的先进模式和业务系统、营销系统，专业化、标准化、职业化的全方位服务和培训体系，提升团队运营能力和服务人员的专业服务水准，进而促进行业示范及规模化。

在具体实践中，深家网络也遇到了大多数互联网家政企业所经历的以下问题。

（1）家庭服务业的"互联网＋"，对企业来讲 IT 投入巨大，企业盈利压力大；传统家政企业首先从观念上存在惯性，不敢投入或投入不足，另外团队思维和行为习惯上也难以适应新的变化。

（2）互联网企业进入家庭服务业往往自以为是，不接地气，烧钱过度，跨界融合导致团队磨合周期比较长。

（3）家庭服务业的"互联网＋企业"，在没有达到一定规模前，企业经营成本远远大过传统单店的经营成本，前期将承受和平衡内部成本高企和市场无序竞争导致的巨大亏损。

主要做法

1. 从产品标准化着手，开展家庭服务业的互联网实践

深家网络一度也曾面临巨大的标准化和信息化投入带来的盈利压力，他们经过反复研判，选择从较为高频的保洁服务需求开始，第一步将高频服务标准化，第二步逐步规模化。

服务标准化的首要做法是全面贯彻互联网产品思维。随着 4G 技术的成熟和发展，催生了许多线上线下新的商业及服务模式。在家庭服务业，深家网络较早引入了互联网"产品及运营经理"角色，于 2014 年 12 月率先在深圳推出了"家家洁"居家保洁服务，将过去大多由零散的临时钟点工做的打扫卫生的工作进行标准化服务改造，升级为居家日常保洁，再由此拓展到玻璃清洁、除螨、木地板打蜡、新居开荒保洁、厨房和卫生间深度保洁和企业保洁等标准化服务。

"家家洁"一开始将服务对象定位于深圳市居家房屋面积在 140 ㎡以上的中高端家庭用户，每一项服务产品都由专门成立的产品和市场研发小组统筹研发并推进交付。团队深度研究该类用户的家庭保洁需求和当时市场

的供给方式和水平，大量搜集、借鉴及测试当时国内外专业的清洁服务模式和工具，一边在服务产品实验室的各种材料上先行先试，一边编写、整改产品服务流程和标准文档。经过反复试验和不断总结不同的种子用户家庭的实践情况，把过去随意性很大的打扫卫生的工作不断整理、优化为"32 件工具""7 区 78 项"的服务标准，大到涵盖用户家里客厅、卧室、书房、阳台、厨房、洗手间等从里到外、从上到下的服务，小到踢脚线上的积尘、电灯开关、8 块分区清洁的不同功能的毛巾，以及指引保洁员正确使用服务 App、快速正确选择公交上门、进门礼节和礼貌问候语、工具的铺摆、服务前的沟通、开始服务及服务的先后顺序、用户家各种不同物料的准确识别和清洁注意事项、清洁剂的正确使用、结束服务前的自检和用户检查及评价、主动打开保洁工具包让用户确认有无不该有的物品、顺便带走用户家的垃圾等。从无到有，建立起对标高星级酒店的家庭保洁服务标准。

建立服务标准仅仅是做好家庭保洁服务的第一步。更大的挑战在于如何与培训学校协作，向产品运营侧打造并交付合格的保洁服务团队，以及和技术开发部门协作，开发出界面友好、流程清晰、功能强大、营销能力突出的业务系统，包括客户端、服务端和管理后台。毕竟，没有基于移动互联网技术的 IT 系统的支撑，对订单和服务人员的调控几乎是难以完成的。这期间，深家网络克服了许多难以想象的困难。无论是挑选形象、年龄、心态符合产品服务要求的保洁人员，制定极具竞争力的员工制管理和激励制度，进行总长 80 小时的严格培训和考核，以及一对一以老带新培育，公司严格品检品控；还是业务复杂程度和技术难度很高的销控系统的研发、应用和不断优化，深家网络团队逢山开路遇水架桥，在克服困难的同时也赢得了市场用户的高度认可。

2. 尊重家政行业规律，产品要标准化，也要接地气，才能实现又快又好发展

在进入家政行业初期，深家网络具体运营深圳市家政服务网络中心。一方面，深家网络经历了传统家政公司受限于行业市场秩序较乱、服务人员整体素质偏低、标准化信息化水平低带来的服务供给水平长期难以提升、转型艰难的问题；另一方面，2014 年开始，4G 技术催生的各种 O2O

商业模式以标准化高频服务、线上线下高补贴大力促销，快速冲击家政行业。

深家网络一方面坚持"服务品质就是生命线"的服务宗旨，坚持服务行业的价值规律，守住经营成本线，不烧钱不大规模补贴；另一方面，积极应对市场恶性竞争，先后兼并收购了5家较为优秀的传统家政公司，拓展专业除螨、木地板打蜡、玻璃清洁等家庭保洁新服务，以及保姆、育婴、月嫂、包月钟点工等传统家政业务。尤其是在以互联网产品思维改造提升传统家政业务上，做出了大量的研发和实践探索，在行业内率先实现了传统家政业务中具有代表性的保姆、育婴、月嫂、钟点工等全系列服务产品的标准化、信息化改造提升。用户从一个具体的找保姆的需求开始，到专业客服人员匹配保姆，系统内推送保姆资料；预约面试，到签合同、支付、派工、定期回访用户和家政员、用户评价等，全部流程均通过IT系统支撑，有录音，有系统跟单记录，有客服中心检查督导，甚至销售目标的管理、营销工具及活动应用数据、业绩提成、经营数据分析等均可在系统分配给不同角色的权限即时查询到。这从根本上使得传统家政业务风险受控，管理精细化水平和运营效率大幅提高，用户服务体验得到提升，售后服务得到保障。系统的全面支撑提升了用户服务响应时效，避免了传统家政业务做不大、难以规模化经营的弊端。过去由于不规范运营导致的匹配人员、家政员在服务用户过程中无所顾忌、任意妄为等情形得到根本杜绝。

3. 聚焦主业，坚持直接服务用户，紧紧围绕打造"线上线下垂直一体化"业务模式，构建核心竞争力，进而实现规模化经营

深家网络把"产品标准化、服务专业化、人员职业化、行业规模化"当作自身的发展使命。在多年的企业发展探索中，他们把业务经营和发展模式确立为："家庭服务行业线上线下垂直一体化。"为此，企业立足自身和行业发展实际，始终聚焦家庭服务主业，坚持立足于深圳发展，直接服务用户，探索并固化行之有效、具备在全国推广示范的线上线下一体化经营模式，取得了有目共睹、振奋行业的积极成果。

（1）船小好调头，坚持集中资源在深圳探索可复制的业务模式。在企业快速发展、行业风起云涌的2015年，深家网络在慎重权衡后，做出了"保持清醒，集中资源，立足深圳"的三年发展计划，克服了好高骛远、

盲目摊大饼的冲动。在行业中许多企业自身经营主业不佳却大举发展加盟。深家网络坚持立足于创新研发的、孵化标准化的、品质可控的、可规模化发展的家庭服务产品和运营模式，打造独立的、基于良好服务口碑的家政服务品牌"社区邦"。

（2）坚持抓住直接服务用户、创建服务品牌、厚植用户根基这条发展主线。这一方面为企业赢得源源不断的经营收益，另一方面也为企业的产品和业务模式的快速迭代进化提供了紧贴市场一线的需求和养分，这也是深家网络区别于其他只做平台不做服务的企业，或不提供家政服务但发展加盟商的企业的显著标签和独有优势。

深家网络对行业市场特性和家政服务产品规律的深刻认知和模式创新，决定了"社区邦"品牌及一体化运营模式根植行业、独具特色。"社区邦"是深圳首家以至多家开在购物中心的家政门店，也是首家在购物中心开设无人值守家政门店的品牌。品牌独有服务及营销短号96580，广泛拓展第三方平台和资源嫁接营销推广，高频服务带动低频但高毛利服务销售、低频产品支撑高频产品发展等一系列创新举措，既不同于纯互联网公司空降家政行业而产生的水土不服，过度烧钱，最终难以渡过行业冬天；更不同于传统家政公司对"互联网＋"有心无力，产品和市场两头被同业竞争者挤压，转型艰难。因此，"社区邦"品牌获得越来越多用户的认可，旗下全部单店盈利水平稳健上扬，企业"线上线下垂直一体化"业务模式被行业视为家政行业规模化经营发展最接地气的解决方案，引发市场广泛关注。

经验效果

3年来，深家网络的家庭保洁项目的用户口碑，在大众点评、美团和"到位"等生活服务平台上的好评率，持续大幅领先同行。直到最近两年，企业仍殊荣不断：2017年9月22日，中央电视台财经频道连续报道了深家网络旗下的服务品牌"社区邦"的家庭保洁服务和规范化的家政培训；2018年3·15，"社区邦"更是荣膺深圳市家庭服务行业用户口碑榜十佳。目前，其在深圳市场的用户服务规模超过10万户。

在精细化运营和始终基于成本独立考核核算、良性参与市场竞争的情况下，深家网络保持了行业中难得的盈利水平。在 2016 年 O2O 行业残酷大洗牌的不利的市场环境下，深家网络却赢得了积极整固后的先发优势，企业营收连续两年实现了近 50% 的增长。

目前，深家网络"线上线下垂直一体化"业务模式已经开始在全国市场开花结果。企业集聚了"互联网＋家政"丰富的资源和创新要素：通过了 ISO9001 质量体系认证的标准化产品、国家高新技术企业、自研信息系统及其持续开发迭代能力、社区服务站、线上自媒体群、广泛的合作渠道及行业资源、独立资质的家政培训学校等。

深家网络坚持品质服务和品牌发展的理念，带动了行业内外资源的不断融合与创新，催生出单店加盟、区域全产品代理、专业母婴医护＋产后康复、品牌＋管理＋技术输出等多种家政经营新模式，也有效激发了各地合作伙伴的成功经营，使得"社区邦"品牌"让家更美好"的服务理念深入人心。企业规模化发展驶入快车道，越来越显示出"线上线下垂直一体化"业务模式融合传统家政和市场各种优质家政资源进行规模化运营的强大示范效应和生命力。

案例 30

贵州省贵阳市保德公司推动"96009"家政
平台建设，促进家政就业扶贫

基本情况

贵阳保德城市环境管理服务有限公司（简称保德）始建于 2004 年。成立之初，保德仅有 1 间办公室、3 部电话、7 把扫帚、9 个人。凭借敢闯敢拼、勇于开拓的精神，保德从一家以家政小公司转变成年产值过亿元、员工总数逾 3000 人的多元化服务企业。

敢闯敢拼是保德砥砺前行的动力。创业之初，保德从不宽裕的现金流中挤出资金，投用了行业内首套 ERP 系统，并开通了家政服务 96009 呼叫热线。一路前行，保德不断升级，历经了 ERP 阶段、连锁店阶段、App 阶段、微商阶段。目前，该公司搭建的"保德城市生活管家"平台已经打通线上线下，可为家庭客户和单位客户提供涵盖家庭生活类、城市基础类的多元化服务。

谦卑保德是保德的企业文化理念。这一理念是保德根据服务行业的特点提出的。为了给员工营造"家"的氛围，保德建立健全了党支部、工会、妇委会和员工互助基金委员会等基层组织，推出了帮助员工子女进大学的"小保德计划"、扶贫解困的"员工互助基金"、直达基层员工的"层层家访制度"。通过 8 年来的 3 轮内部股改，保德大部分的干部拥有了企业股份，"这里是我的家"已成为企业上下的共识。

一系列的有效举措，顺应了市场的发展，也让保德茁壮成长。保德根据业态和区域的不同，将产品不断细分，家政、保洁、外墙清洗、管网疏通、绿化、消杀等产品独立成立子公司或事业部，确保了产品的专业化发展方向。2018年，保德引入了"阿米巴管理"模式，形成了总部三大管理中心、贵阳六大片区、6个事业部、8个专业子公司、8个市（州）分公司的集团化企业，着力为客户提供多元化的家政服务。

主要做法

保德是一家由家庭清洁服务（C端）起家的家政公司，为满足客户需求为单位客户提供清洁服务（B端）。B端发展壮大后，单位客户资源反推动C端的迅速发展，进而形成了"两个一运营模式"，即"为家庭客户提供一站式服务"和"为单位客户提供一体化解决方案"。B端＋C端相辅相成，促进了企业的良性发展。

1. 整合资源，搭建大生活服务平台

2008年，在各级领导的支持和指导下，保德将ERP系统的客户数据库、运用软件、96009语音呼叫热线、网络中心、人工服务等进行有机整合，搭建了"96009生活服务平台"，为广大家庭客户提供包含"衣食住行、吃喝玩乐、婚丧娶嫁、修补洗护"等"从摇篮到天堂"的近百种生活服务产品。

除线上的管理系统与呼叫平台外，保德在不同的区域还设立了100家线下连锁站点，就近为客户提供服务，并首创了"5＋2"模式解决线下服务产品交付、服务员工就业的问题。

伴随互联网日新月异的发展与技术完善，保德的96009生活服务平台撤掉线下连锁店，全部转为"线上平台运营＋线下产品交付"的"保德城市生活管家"B2C、B2B平台模式。平台集ERP、App、CMS、微信公众号和企业官方网站等互联网工具于一体，从语音呼叫到移动终端、从线上到线下，从C端到B端，24小时接受客户的咨询、预约、投诉，快速响应客户需求。

2. 顺应市场，延长产品链

一是推动产品独立。保德将自己开发运营的产品，形成独立核算的事业部开发展成为独立的子公司。事业部核心团队购买子公司的股份，与公司共同分享经营成果。事业部核心成员快速响应客户需求。广大家庭客户提供包含"衣食住行、吃喝玩乐、婚丧娶嫁、修补洗护"等"从摇篮到天

堂"的近百种生活服务产品。支撑提升了用户服务响应时效,避免了传统家政业务做不大、难以规模化经营的弊端。过去不规范运营导致的匹配人员、家政员在服务用户过程中无所顾忌,但无规范管理、服务标准的小型家政企业加入保德后,在保德的"平台产品孵化机制"下,得到进一步规范、发展、壮大。如加入保德后的贵州正德宜通环保科技有限公司目前专业运营各种管道疏通、改管、检测、化粪池清理等业务。

3. 加强培训,提供高标准服务

2009 年保德全程参与了国家标准《座板式单人吊具悬吊作业安全技术规范》的制定,为"蜘蛛人"安全做出了积极贡献,并当选首届中国职业安全健康协会高空服务业分会协会副会长单位。

公司专题组织了研发队伍创新推出了新居开荒的"人吊具 3 系列"和家庭保洁的"38 步工作法",把白板加实操的简单培训方式转为在手机上通过移动互联网视频直接学习的方式,更便捷地把培训送到最基层,让更多的人学到技能后可以就业,确保了服务品质不断提升。

保德将十多年来不断累积的服务交付经验,制定为一套服务产品实施和交付标准,目前,每一个产品都有一套完整的《产品运营手册》,以标准化确保了家政服务的质量,获得了客户的高度认可,推动公司不断地发展壮大。

4. 凝聚力量,把员工团队当成家人

"客户网络和员工团队是公司的最高价值",这是保德从创业初期开始就已经树立了的价值观与企业文化。

保德一套完整的《产品运营手册》,以标准化确保了家政服务的质量,获得了客户的高度认可,推动公司不断地发展壮大。

"我们的员工中有很多是双职工,如果我们晚发一天工资,他们可能会因此交不了房租,或无钱买米。员工是我们保德的最大财富,我们一定要爱护我们的财富!"保德董事长、总经理张健飞如是说。正因为这样,保德多年来没有设立专门的招聘部,都是通过老员工介绍新员工方式,来支持公司的发展。保德员工把公司当成家,保德员工之间彼此都成为"保德家人"!

经验效果

保德是一家典型的家政企业，但保德并不受"家政"的概念局限，客户的需求是多元化的，保德就要做成多元化的服务平台，集管理、就业培训、产品更新、资源开发等功能于一身。无论 C 端还是 B 端，保德都运用平台的理念和互联网思维发展壮大。

1. 管理日益规范

保德通过三大中心，对产品的人、财、物、风控、安全、标准进行统一管理，提供一整套规范的、可复制的管理方案，并通过股改、企业文化建设、培训等多种方式增加凝聚力，打造优秀管理团队。保德团队通过技术革新、管理系统开发、大数据分析等方法与时俱进，走在行业的前端。

2. 就业吸引力增大

保德是一家劳动密集型的企业，一直致力于为低端劳动者创造就业岗位。15 年来为近 30000 名农民工提供过就业培训和就业岗位。保德多年来一直未设立招聘部门，都是由老员工介绍新员工，是一家劳动密集型的企业，一直致力于为低端劳动者创造就业岗位。保德随着劳务事业部的成立，现已有更多的求职者直接拨打 96009 找工作。

3. 产品不断更新

"保德城市生活管家"是典型的服务产品需求平台，仅贵阳市就有近 3 万户家庭客户。需求必然带来供给。在低端服务业无标准、无规范的情况下，保德利用多年的探索和搭建的管理平台成功地打造了 C 端一站式"家庭生活类综合服务"产品和 B 端一体化"城市物业基础服务"的多种产品。

保德利用互联网技术搭建服务产品需求平台，仅贵阳 App 时代、微信时代，就投入了 3000 多万元。平台必须与产品挂钩才能生存，产品必须要有平台才能做大！保德在客户和产品间已经通过平台进入了良性的发展阶段。

4. 资源不断拓展

B 端与 C 端优质客户相互开发，为客户提供多产品服务后，客户信任度增加，黏性增强。保德是从家庭保洁服务交付开始的，C 端客户在享受服务的过程中，产生信任后，提出 B 端服务需求。同时 B 端客户在享受服务的过程中，产生信任后，获得大量的 C 端客户。C 端客户背后有 B；B 端客户肯定是 C。B+C 资源的整合，将给行业带来巨大的市场。如 B 端银行客户发放的客户福利、老板抽油烟机售后安装保洁服务等就是带动 C 端发展的案例。

通过多年的努力，保德集团通过了 ISO9001、ISO14001、OHSAS18001 三标一体体系认证；获得高空作业、劳务派遣资质；获得"千户百强"中的"百强企业"称号；连续 8 年被评为"中国家庭服务业协会先进单位"；获得贵州省商务厅和贵州省人社厅授予的"贵州省行业龙头企业"称号。

第六章　"家政+"业态融合发展

| 案例 31 |

北京市爱侬养老服务股份有限公司打造家政养老服务融合体系，探索行业发展新思路

基本情况

爱侬养老服务有限公司（简称爱侬）成立于1992年，为首都市民及家庭提供家政、养老等综合服务。通过多年的努力，树立了良好的"爱侬"服务品牌形象，获得了首都市民的好评。现爱侬已成长为一家"家政+养老+互联网"的综合型服务企业。

目前，爱侬共拥有1所职业技能培训学校、4家养老机构、6家餐饮公司、27家社区养老服务驿站、38家家政直营连锁网点，300多名专职管理人员、在册家政及养老护理服务人员达7.6万余人，为首都数十万名客户提供了优质服务。

在20多年的发展历程中，爱侬先后多次获得发展家庭服务业促进就业

部际联席会议办公室颁发的"全国家庭服务业百强企业",商务部颁发的"全国大型龙头企业",全国老龄工作委员会颁发的"敬老文明号",工业和信息化部、民政部、国家卫生计生委联合颁发的首批国家"智慧健康养老示范企业",中华全国妇女联合会颁发的"全国巾帼家政培训示范基地",国家工商总局颁发的"守合同、重信用"企业以及"中关村高新技术企业"等多项荣誉称号。2017 年 2 月,爱侬正式登陆新三板。

主要做法

1. 创新发展思路,打造"三级中心""五位一体"家政养老融合体系

为积极应对人口老龄化,2014 年 11 月,商务部颁发了《关于推动养老服务产业发展的指导意见》(商服贸函〔2014〕899 号),要求在健全家政服务体系建设的基础上,加快推动居家养老、社区养老和集中养老的发展,探索以市场化方式发展养老服务产业的新途径、新模式。爱侬积极响应政府号召,通过分析市场需求对企业战略方向进行调整,着手打造了创新型"三级中心""五位一体"家政养老融合发展体系。

(1)"三级中心"。爱侬通过与北京市朝阳区民政局老龄办合作,在区层面共同建设区级养老服务指导中心,在街道建设养老照料中心,在社区建设养老服务驿站,形成了"市 – 区 – 街道三级中心"的养老服务体系。区级指导中心内设有信息中心、呼叫中心、培训中心,在社区养老服务驿站中植入家政服务功能,为周边的居民提供便利化的"助医、助行、助洁、助餐、助浴、助洁"等"六助"服务。通过"三级中心"服务体系的建设,实现了三级联动、上下支撑的养老服务格局。目前爱侬已承接运营了 4 个区级养老服务指导中心、4 家养老服务照料中心、27 家养老服务驿站,服务老年人数万名。

(2)"五位一体"。爱侬紧抓互联网发展契机,构建起了由内部业务管理系统、爱侬商城等组成的信息化网络;以职业培训学校为依托,开展多项专业化技能培训;建立了等级评估体系,整合各类服务商资源,并拉动金融及保险行业提供全方位服务,最终形成了"以信息化为切入点、以培训为依托、以评估为依据、以服务商整合为支撑,引入金融及保险"的"五位一体"服务格局,为推动家政服务改革创新,探索养老行业发展提

供了新思路，为居家老年人开展日常所需的"六助"（助医、助行、助洁、助餐、助浴、助急）服务，形成了家政与养老相辅相成、相互融合的局面，满足了首都市民居家养老服务需求。

2. 利用"互联网＋"有利契机，提升专业服务品质

爱侬十分重视信息化建设，早于 2003 年就开始建设企业内部信息管理系统。经多次升级改造，爱侬开发的 HIMS 内部业务管理系统、爱侬官网、爱侬商城、爱侬微信公众号、爱侬三级分销系统等通过相互连通，能够有效地提升客户体验度，通过线上预约下单，线下进行服务，实现了线上与线下的有机融合。在完善企业内部管理软件及系统的同时，爱侬为朝阳区、密云区、延庆区、怀柔区开发并运营养老服务社会化综合管理平台，目前，爱侬还是北京市老龄办指定的老年人巡访软件开发及应用单位之一。爱侬现已拥有国家版权局的软件著作权 12 项，是中关村高新技术企业，成为工业和信息化部、民政部、国家卫生计生委联合主办颁发的首批国家"智慧健康养老示范企业"，软件销售额实现数百万元，平台交易额达数千万元。

爱侬在开展家政与养老的服务过程中，各类需求被逐渐挖掘出来，如修脚、理发、康复护理、精神关怀等。如何服务好这些客户，爱侬充分利用"互联网＋"，将各类服务商整合上平台，目前四家区级平台上服务商累计总量达数百家。在关注平台建设的同时，爱侬更注重专业化队伍建设，目前已形成了专业保洁、专业养老护理队伍，专业养老护理队伍管理及骨干成员均具有医护背景专业。

3. 建立贫困对接模式，精准助力扶贫事业

为深入贯彻习近平总书记关于全力推进脱贫攻坚的重要指示精神，充分发挥家政服务业吸纳贫困地区富余劳动力强的作用。爱侬陆续与山西省吕梁市、河北省唐县、河北省沽源县、内蒙古卓资县、安徽省阜南县、贵州省遵义市、贵州省六盘水市、四川省叙永县等十余个贫困市县达成合作意向，签订家政服务人员供需对接战略合作协议。

为能长期有效地将家政扶贫工作做实做好，爱侬在劳务输出地建立培训基地，并通过"以点带面，以少带多"的运营模式，实现了精准扶贫及精准脱贫。爱侬每到一个贫困地区首先会深入贫困地区进行实地考察，了

解贫困地区的实际需求和就业方向。将贫困人员的就业引导和基础技能培训相结合，优先组织一批外出就业意愿较强、综合素质相对较高的贫困人员到北京安排就业。让在北京就业模范人员讲述自身就业脱贫的经历，带动更多贫困人员走上外出就业脱贫之路。截至2018年6月，爱侬已累计为2300余名贫困人员进行技能培训和就业宣导，累计安排1000余人就业上岗，平均就业率达47%。

4. 培训与鉴定相结合，送专业培训进社区

爱侬职业技能培训学校是北京市人力资源和社会保障局的定点培训机构，承担着家政员、育婴员、养老护理员的等级培训工作，同时也承担着北京市商务局组织的家政服务员岗前培训项目工作。为更好地考评从业人员素质，方便学员及时参加测评，爱侬职业技能培训学校联合北京市人力资源和社会保障局的职业鉴定机构在爱侬职业技能培训学校设立鉴定考点，对培训人员进行职业技能鉴定。另外，爱侬还根据市场实际需要，对从业人员从三个方面进行考核，即从业人员的服务态度、服务意识及服务技能，形成综合评价体系，将培训档案、鉴定结果、服务评价等录入系统，便于今后的查询与管理。通过完善的培训管理制度、全方位的课程设计、专业的培训设备、优秀的师资队伍，不仅能够让学员掌握更多的专业技能知识，更能让学员在礼仪礼貌、行为规范上有较大的提升，从而更加适合首都市场家庭服务需要，爱侬每年培训学员数量达2000多人。

爱侬在开展定点培训的同时，还承接了多项区、街道的老年人及家属的专业培训项目，通过对老年人及家属专业培训，使他们更加了解老年人的生理特点、日常的护理知识，提升了专业护理知识及服务技能。目前，多个街道和社区近万名老年人及家属已接受了爱侬的专业培训。

经验效果

一是在稳步提升中注重发展创新。家政服务作为传统行业之一，如何顺应时代发展将其摇身转变为现代服务产业，这就需要分析市场需求，结合企业情况进行发展创新。爱侬的"五位一体"家政与养老服务的融合发展模式使爱侬的社会效益与经济效益均得到了显著提升，在社会效益方面爱侬得到了各方面的高度肯定与认可，引发了多家新闻媒体关注与报道。

二是在服务保障中侧重提质扩容。近年来，北京市有关部门多次开展"家政服务行业标准规范宣贯大会""家政行业师资培训会"等有效促进行业提质扩容的会议，爱侬积极响应号召进行内部升级，保障服务品质提质扩容。2017～2018 年爱侬规范提升服务门店近 20 家，从硬件设施到服务品质进行全面升级。通过精准一对一服务、岗前技能培训、7×24 客服在线等多种有效手段更好地为客户提供品质服务。随着爱侬品牌影响力及美誉度的增加，客户的获得感日益加强，客户的来源也发生了变化，不仅传统个人客户数量增多，集团客户、政府购买服务也实现了快速增长。

三是在企业发展中承担社会责任。家政是民生行业，爱侬深刻明白"受之于民，回馈于民"的道理。只有积极承担社会责任，热心公益才能更好地助力企业发展。爱侬通过与山西吕梁开展扶贫对接，成功打造了"吕梁山护工"品牌，并通过总结吕梁扶贫经验，先后到河北省、山东省、内蒙古自治区、甘肃省、贵州省等十余省区市开展扶贫工作。

2018 年在商务部、发展改革委、财政部、全国妇联联合开展"百城万村"家政扶贫工作契机下，爱侬与四川省叙永县签订扶贫对接协议并在叙永县建立职业技能培训学校。预计到 2020 年爱侬将组织 2000 余名贫困妇女参加职业技能培训，带动 800 余名建档立卡人员就业脱贫。2018 年底爱侬因积极履行社会责任，在精准扶贫和社会公益方面做出了良好示范，被评为北京民营企业社会责任百强第十名。

河北省老年红养老服务有限公司引领居家和社区养老助餐服务

随着我国进入人口老龄化社会步伐的不断加快，截至 2017 年底，石家庄市 60 周岁以上老年人口达 175 万，占全市总人口的 17.98%。在积极应对人口老龄化的过程中，老年人就餐保障是急需解决的重要问题。

基本情况

石家庄市是国家第一批居家和社区养老服务改革试点城市，为老年人提供助餐服务是试点改革方案的重要内容。经过对石家庄市内四区 3271 名老年人的用餐需求进行问卷调查，其中有刚性供餐需求的老年人 934 人，占比 28.5%；有供餐意向的老年人 1799 人，占比 55%。如何建立可持续的助餐服务模式，运用政策引领，充分调动老年人、家庭、企业（社会组织）积极性，是本案要探索解决的主要问题。

河北老年红养老服务有限公司（简称老年红）成立于 2017 年，是河北省唯一一家提供为老助餐的企业，现已在石家庄市建成并运营一个 1500 平方米的中央厨房，能够同时满足 8000 人/次用餐需求。公司秉承"专业做养老、用心为老人"的服务理念，以营养助餐服务为基础，以孝道文化传播为途径，以解决就业、促进社区经济为目标，推出助老营养餐品牌系列和配送服务。老年红营养餐是由专业营养师团队根据老年人身体不同需求科学配比而成；标准化的中央厨房和高效的专业烹制厨师团队作为营养餐生产加工的有力保障；营养餐通过养老机构、居家养老社区服务站、老年红助老服务站、老年红养老助餐车等多渠道配送到老年人身边。同时，我们把老年人自制的营养美食作为"老年红"产品推向社会,实现老年人"老有所为、老有所乐"的社会价值。

主要做法

老年红营养助餐项目以满足老年人配餐、送餐、就餐服务需求。目前,配送的营养餐分为普通餐与特需餐。在配餐过程中,工作人员会对老年人的用餐习惯和身体状况进行详细的备案记录,为有宗教信仰、特殊疾病或其他因素而忌食某些食物的老年人调整菜品,制作特需餐或针对性药膳,并按餐具颜色进行区分。经过半年的实际运营,养老助餐共服务适龄老年人 1982 余人,得到了老年人、家属及社会的一致认可和好评。老年红主打的营养餐已经覆盖石家庄市 31 个社区。主要做法如下。

1. 做实市场调研

为把居家和社区养老助餐工作做得扎实、做得有效、做出规模,老年红遵循市场发展规律,在进行充分市场调研和实际运营的基础上,搭建"互联网 + 营养餐"的智慧化居家养老助餐体系,营造健康养老氛围,初步为企业摸索出自我造血的商业化运营方案。

2. 设立多个中央厨房

"食品安全重于泰山",建设中央厨房能确保生产源头绿色安全,保证营养餐的品质、卫生标准的一致性;通过集中采购、生产、配送等各环节控制品质,提高营养餐营养价值,实现品的统一化、集约化。

3. 建立专业厨师队伍

专业的厨师团队能够实现营养餐以蒸、煮为主的科学烹制,在保证色、香、味、型的基础上锁住营养成分不流失,体现出营养餐的六大基本特点:软、烂、少油、少盐、易消化、易吸收。

4. 组建专业营养师团队

老年红营养餐是由专业营养师团队,融合传统二十四节气,结合当地饮食习惯及老年人自身身体状况科学配比而成。从原料优选、科学配比到生产加工营养师全程跟踪指导,从饮食上预防老年人的"未病"。对居家老年人开展"健康饮食专题讲座",提升老年人健康保健、科学饮食的意识,推动健康养老的发展。

5. 搭建 "互联网 + 线上订餐 + 线下配送" 信息化平台

老年红设计信息化平台将实现营养餐的智能配送，同时实现了 "互联网 + 营养餐" 的智慧化居家养老助餐体系。

以营养餐配送为业务核心，信息化全程跟踪、配送上门；整合全市老年人大数据，为各项养老服务决策提供数据支撑；通过整合各类居家养老服务需求，为居家和社区老年人提供助餐、饮食起居、医疗医护、消防安保、报警呼救等居家养老服务，使老年人不出社区就能享受到专业的居家养老服务。

同时数据化的线上信息可快速有效地应对各居家社区助餐点的订餐需求，实现多品种、小批量、高效率配送服务，降低项目运营成本。

传统的居家养老助餐项目，或存在辐射面积较小不具备规模性，或由于居家养老助老的公益性需求使得项目本身的运营难以以企业的性质长久的持续。老年红整合企业自身优势，发挥企业特性，做到食品健康、安全并且搭建互联网线上平台 + 线下配送体系 + 中央厨房 + 老年红居家养老助餐社区服务站，实现项目的公益性与规模化。

6. 布局老年红居家养老助餐社区服务站、车

通过自筹和政府政策支持相结合的方式，在市区有条件的社区租、改建 50~100 平方米的老年红居家养老助餐社区服务站 500 个及老年红居家养老助餐车 20000 辆，便于取餐、就餐、送餐，实现社区老人一日三餐的服务保障。

7. 搭建配送体系，实现 1 + N 新模式

1 个中央厨房专业集中烹制营养餐，可为半径 5 公里内的 N 个助餐站点提供覆盖性的配送餐服务。1 个老年红居家养老助餐社区服务站为半径 5 公里内的 N 个助餐车提供助老营养餐。

经验效果

老年红居家和社区养老助餐服务项目在公司有力推动下，首先，有效解决了部分老年人居家和社区营养膳食问题，奠定了老年人居家和社区养老基础；其次，老年红全方位的整体运营，使老年人助餐逐渐向专业化、规模化、网络化、规范化发展；最后，在做好配餐的同时，依托老年红助

老服务站定期组织开展"两学一聚,四娱一防"各项免费服务及活动。"两学",即学习科学营养搭配、健康饮食,学习互联网工具应用;"一聚",即每周一次小型活动,每月一次大型活动;"四娱",即除就餐时间外,提供琴、棋、书、画设备供老人们休闲;"一防",即防上当、诈骗的信息传递。

一是增强了政府对居家和社区养老助餐环节的导向性。老年红通过项目的整体实施,起到了"抛砖引玉"的作用,对社会居家养老服务体系的建立和健全起到了"杠杆式"作用。

二是建立健全了城市可覆盖型居家和社区养老助餐支撑网点。在老年人分散居住的社会现状下,只有建立健全城市可覆盖型居家和社区养老助餐网点支撑,才能保障老年人能够吃得营养、吃得健康、吃得安全。这也是河北老年红养老服务有限公司走进社区自建老年红居家和社区养老助餐社区服务站和配备老年红居家和社区养老助餐车的初衷。在保障老年人就餐网点稳定性的基础上,又增加了老年人取餐、就餐渠道的多样性。

三是加快了居家和社区养老助餐服务体系的建设。居家和社区养老助餐服务体系主要包括订餐平台建设和配送体系(含车辆)两部分。订餐平台既能满足有需求的老年人订餐,又能实现子女为老年人订餐的功能,同时拓宽服务渠道,增强养老助餐的可融入性,为实现"互联网+营养餐"的智慧化居家养老助餐体系建设提供了有力保障。

| 案例 33 |

湖北省武汉市有缘家政服务有限公司推行智能家政发展模式，企业提档升级

基本情况

1. 公司概况

"YOUYUAN友缘"品牌创立于2003年7月，旗下拥有7个子公司，分别是武汉市友缘家政服务有限公司、武汉市友缘物业管理有限责任公司（国家二级物业资质）、武汉市友缘颐康园养老服务有限公司、武汉市友缘保安服务有限公司、武汉友缘人力资源服务有限公司、武汉锋华友缘环保科技有限公司和武汉市友缘家政职业培训学校。

武汉友缘集团公司成立以来，秉承"乐观豁达，积极进取，永不言败"的文化理念，以人为本，以诚取信，以质求胜，整合外部资源，优化内部管理，不断开拓创新，实现企业稳步、高速发展。公司先后曾获全国"家庭服务行业知名品牌"企业（湖北省仅此一家）、全国大型家政服务业"龙头企业"（商务部连续二次认定）、全国家庭服务业"百强企业"（连续四次）、全国先进养老示范基地（湖北省仅此一家）、全国"百家诚信兴业先进单位"，全省服务业重点品牌、湖北省"诚实守信优秀企业"、中国家庭服务业协会常务理事单位、湖北省家庭服务业副会长单位，"武汉市和谐企业"。公司近年来经营情况良好，销售收入逐年增长，企业效益呈快速增长之势。2018年实现年营业额1.13亿元，集团现有员工5000余人，累计吸纳就业人数5万多人。

2. 家政服务业务简介

公司下属的武汉友缘家政服务有限公司（简称友缘家政）成立于2003年，现有员工近2000人（集团5000人，其中家政公司2000人），年产值近8400万元，是集各类型保洁、保养、保姆、月嫂、育婴师为一体的大型家政服务公司。公司曾经两次荣获湖北省、武汉市大型龙头企业，连续六次荣获全国百强企业，被中国家庭服务业协会评为全国知名品牌（湖北省唯一）。目前公司与百余家单位成为合作伙伴，常年提供单位保洁、居家保洁等优质服务，先后在武汉市中心城区、蔡甸区、经济开发区等地开设了22个直营店，设立了客户服务免费专线400-880-9289。通过规范化管理、诚信化服务和专业化技术，友缘家政已为成千上万个家庭提供居家保洁、居家保姆、医院护理、育婴护理等优质家政服务，在客户中赢得了良好的口碑和信誉。

为了更好地适应家政服务市场日趋扩大的需求量，适应互联网、移动互联网及物联网的发展，友缘家政立足完善行业规范标准，提升服务的人性化、多样化、便捷度，打造出普及型、精细型的新时代家政服务，与时俱进开创了智能家政项目。通过线上和线下门店互动的销售方式，研发家政智能管理系统，同时整合家政、物业、养老资源，促进家庭服务提质扩容，更好地适应市场需求，提升服务品质。

主要做法

1. "互联网+家庭服务+多边服务"

目前，互联网产业发展已经席卷了各行各业，如何紧抓互联网产业发展的机遇，向着信息化、智能化发展已成为家政产业发展的必然课题。

同时家政服务市场需求日益扩大，传统的家政行业因其服务内容单一、服务质量参差不齐，渐渐满足不了市民多样化的需求。友缘家政服务项目在"互联网+"的大局势下，积极使用手机客户端、微信公众平台。

2016~2018年，友缘家政为适应互联网、移动互联网及物联网的发展，与时俱进开创了智能家政项目。通过线上和线下门店互动的销售方式，研发家政智能管理系统，突出了服务的透明、便捷、精准、关联、全面的五大特色，不仅使销售额增长了50%，还得到了市场和客户的普遍赞誉。

2. 灵活的友缘家政智能家政项目

（1）跨界式的营销方式友缘家政智能家政项目，研发了智能家政营销微信小程序。主要功能有如下几点。

①微信商城：让客户能通过小程序自带商城选择自己需要的服务，完成查看、预定、评价、支付及分享等功能。同时消费过后获得积分奖励，在后期消费中获得优惠，通过分享介绍的客户还能获得返利。

②活动二维码：通过设定活动方案生成二维码，以活动方式进入社区。凡在社区扫码消费的客户，都能获得活动福利（这样操作方便，节省人力，只需求有一个智能手机便能解决问题）。

③便捷式支付：除了在线支付，智能家政通过设定业务员权限开通全员营销模式。所有在职阿姨开通权限，人手一部手机，通过友缘智能家政选择当前客户服务的产品，现场可让客户扫码支付。这样不仅支付方便，而且减少了许多支付弊端，防范了很多不必要的支付风险。

④跨界式合作：开通渠道和异业合作，不管是什么行业，只要和友缘家政签订了合作协议。渠道和合作商就能得到一个自有的小程序店面，里面覆盖友缘所有的服务产品，凡客户需要服务的都可以在渠道和合作商那儿扫码支付，支付金额现场返到该渠道和合作商的微信钱包里。丰富了友缘家服小程序的内容，同时扩展了营销渠道。

（2）会说话的阿姨档案。友缘智能家政项目，研发了智能家政服务管理系统。主要功能如下。

①阿姨档案：将招聘、培训、考核、评级、客户及服务商的服务评价，通过智能家政服务管理系统生成阿姨经历档案。

②客户选秀式找阿姨：通过智能家政服务管理系统，客户在家里犹如选秀现场选择查找自己的阿姨。不仅能查看阿姨的基本信息，还能查看阿姨从招聘到工作后的所有经历，让客户挑选得更安心、更放心。

③考核升级系统：通过客户一定量的服务好评，阿姨可以申请升级，经过新一轮的培训及考核通过，阿姨如获批升级，工资会按照级别晋升，由此激发阿姨工作热情，并不断提高服务的品质。

④服务商系统：同行业家政公司可以分得权限，同时对使用后的阿姨

做评价，完善阿姨的经历档案。对好的阿姨加以培养并给出一定的奖励，对表现欠缺的阿姨加以严惩，打造一批真正优质的阿姨服务于服务商。

⑤客服系统：集预约、派单、跟进、售后处理四大要素，从客户下单到服务结束过程，完整记录客户服务档案，做到客户问题及时处理，让客户在服务过程中真正体会到什么叫智能家政，在家就能解决一切售后问题。

（3）整合资源，家政、物业、养老互为贯穿，促进家政服务提质扩容。在当前，我国老龄化形势严峻的背景下，友缘集团结合旗下家政、物业的资源优势，响应政府提出居家养老的新概念，推广"互联网＋居家养老"新模式，实现"一站式"社区居家养老服务。立足于社区，以"物业管理服务"为依托围绕社区养老开始布局，建设具备医疗保健服务设施、内部养老专业设备的社区医疗服务站，为老年人提供各类养老服务。在社区开启微养老模式，完善社区养老服务，打造10分钟居家养老服务圈，构建友缘智慧养老服务平台。

友缘智慧养老管理服务平台配置智能化设备，建设完备的信息化服务平台，可以同时监管多个居家微养老服务点，做到集中管控，从老人入住前的护理等级评测、资料登记到入住后的健康数据实时记录，从老人日常的出行定位、健康护理、生活照料等方面入手，保障老年人的出行安全，及时提供老人所需服务，有效提升老人晚年生活及生命质量。

依托家政、围绕物业、养老升级、互联网技术开路指引，这是家政行业实现提质扩容、提档升级的正确路径与打开方式。

经验效果

家庭服务是适应家庭生活现代化需要而兴起的，是社会劳动的一部分。它一方面把许多人从劳动中解脱出来，提高了家庭生活的质量，另一方面又吸纳了大量的农村剩余劳动力以及城市下岗职工，在缓解社会就业压力与推动经济增长方面有着重大的意义。

随着社会经济快速发展、社会分工的进一步细化，我国家政服务行业面临新的发展机遇。一方面，居民工作节奏加快，居民为了提高工作效率和生活质量，需要更多的家政服务；另一方面，我国家庭结构正在发生显著的变化，家庭小型化、人口老龄化等社会特点日益突出，"空巢老人"

不断增多。

友缘家政智能家政项目，为家政业的发展注入了"互联网＋家庭服务"的新鲜血液，同时对家政服务的外延进行扩充，整合家政、物业、养老资源，促进家庭服务提质扩容。以上创新式的发展模式，对家政业发展有一定的指导和借鉴意义。

1. 全面优质便捷的家政服务

友缘家政智能项目中开发的友缘家服微信小程序的智能平台版面，覆盖了家政的各种服务，全方位的解决用户的生活难题，手机客户端、微信公众平台的运用不仅方便快捷，同时支付也安全方便。

2. 平台需求筛选功能

友缘家政智能服务项目以"互联网＋"的思维方向，用户可根据自身的需求在平台上搜索相关的服务产品，即可在系统中搜索到与需求相关的服务人员或是服务产品的信息，从而能够更快、更贴心地选择适合自己的服务方案。

3. 分类信息

明确分类，母婴、保姆、家庭清洁、养老服务、职业培训等几大类别的服务体系，通过微信小程序的信息分类处理，便捷、精准地按照相关信息进行分类搜索，提高效率。

4. 智能居家养老平台

在友缘家服的小程序上，设置了养老服务套餐。安装智能家政小程序，即可为老年人提供相应的优质服务。同时，在社区中，发展了微养老服务，打造智能养老、10分钟居家养老服务圈，将养老服务作为家政服务提质扩容的重要环节。

5. 整合资源，强强联合

在"互联网＋家庭服务"的基础上，友缘家政针对自身家政、物业、养老的资源优势，整合资源强强联合，在多样化市场需求中，保持自身优势的基础上，发挥整合资源的整体优势，将家政相关的服务咨询整合，为客户更好地提供便捷、优质的服务，为行业提供更好的发展空间，同时也为人民群众提供方便便捷的生活方式。

案例34

58到家打造"互联网+家政"新模式，
推动行业提质扩容

基本情况

到家集团于2014年10月成立，由阿里巴巴，58集团、平安、阿里巴巴和KKR联合投资，是从以居家场景为核心的家庭服务到以短途货运为切入点的同城货运服务。目前，到家集团由58家政、快狗打车和58到家平台三大业务公司组成。经过四年的不断创新和坚持，在各个重要细分品类都做到行业第一，并且孕育出两个估值超过10亿美元的新独角兽：58家政和快狗打车。到家集团提供的服务已覆盖6个国家及地区、300多个城市，已有200万经过筛选认证的劳动者入驻业务平台。2017年，到家集团已为28万劳动者增加了70亿元的收入，2018年为50万劳动者增加了180亿元的收入，创造了巨大的社会价值。

58家政于2014年9月正式上线，通过互联网平台提供以居家场景为核心的家庭服务。业务包含保洁、月嫂、钟点工、育儿嫂、保姆等服务，以及招募、培训、售卖全自培服务。目前，58家政服务范围覆盖"300+"个城市，在全国建立了36个培训基地，拥有300多名专业培训师，截至2018年底，家政平台直接帮助就业100万人。

主要做法

1. 以"招、培、卖、服""四维一体"模式搭建家政业运营体系

58家政内部运营体系由招、培、卖、服四个部门构成，在招募合适人

员、培训评星定级、免费提供上岗就业、售后服务等方面致力于打造家政服务行业标杆。在前期招募时对劳动者个人信息、职业素养、技术水平等严格审核把关源头,通过审核后对劳动者开展专业技术知识、技能和进阶式专业学习培训(入职培训、精品培训、菲佣式培训),线上线下双轨培训、属地化人才培养,对通过考核的劳务人员免费提供合适岗位。同时对签约成功订单进行持续性、规范化的售后服务和保险保障。"招、培、卖、服"的"四维一体"串联运营模式为业务健康发展保驾护航。

2. 创建"互联网+家政"模式推动家政业供给侧结构改革

58家政用互联网思维创建家政服务发展新模式,家政服务平台实现了家政从业人员和社会服务需求"精准"匹配,在平台上客户可以在线找劳动者,劳动者可以在线找工作订单。通过系统自动调度、移动派单、在线支付,平台平均每7分钟就能为用户成功匹配一位劳动者,并通过积累雇主和劳动者双方评价的真实数据,极大地提高家政行业服务效率。同时,58家政通过线上线下大量招募全国尤其是贫困地区没有专业技能、没有学历的贫困及低收入或闲置劳动者,通过公司自有完善培训体系为劳动者赋能。通过赋能的劳动者平均月收入可达5000元,不仅创造了企业价值,还创造了社会价值。

3. 积极探索"培训基地"模式助力家政业"提质扩容"

58家政开创了与各地方政府(重点是贫困地区)合作建立培训基地,开展结对帮扶战略合作新模式。经过一年多不断拓展,58家政现已与濮阳、吕梁、娄底、湘潭等10余个贫困市县达成战略扶贫合作协议,并与全国300余家培训机构合作,招募贫困地区劳动者,帮助劳动者就业。培训基地以就业上岗为目的,以组织供需对接、强化技能培训为重点,增强各地人员脱贫的内生动力,积极有序地推进家政扩容提质。

河南濮阳家政扶贫基地问题是家政扶贫工作中普遍存在的难点。第一难是贫困劳动者招募难。贫困地区多数交通不便利,居住分散,公司虽然有岗位、有资源但是无法覆盖全部区域,无法与贫困劳动者充分接触。第二难是贫困劳动者外出难,贫困地区信息闭塞,对于所处行业情况、工作内容、工作难度、收益情况几乎一无所知。在这种情况下,说服其外出务工不仅难度大,而且容易出现进城后有迅速返乡的情况。

针对出现的问题，58家政制定出一套扶贫合作模式，其核心是"充分调动各方资源，帮助劳动者充分掌握工作技能、了解行业特点后再进行对外输出"。具体工作方式如下。①当地政府大力支持。积极和濮阳市政府开展对接，发挥政府主导作用。市人社局牵头动员各级政府单位深入各个贫困村县进行招募宣讲活动；政府牵线我们与当地职业高中合作，协调劳动者培训以及住宿所需场地；濮阳职业培训学校负责组织培训，开展运营支持工作，确保基地住宿、水电等基础设施的正常运行。②雄厚的师资和强大的培训体系注入。我们充分发挥自身的师资优势，派驻优秀培训团队进入培训基地，提供专业化、系统化家政技能培训。家政培训的保姆、保洁、月嫂、育儿嫂四条服务产品业务线创建了SOP标准服务体系，通过入职培训和后续专业升级培训的劳动者，绝大多数能达到从事家政服务的基本能力和高级家政服务能力。③提供线上线下两种授课模式。线下授课模式是针对劳动者基础能力及专业技能进行培训，线上授课模式的目的是辅助和补充线下培训的不足。通过线上结合线下的培训模式，覆盖尽可能多的贫困人员，从而为更多的贫困劳动者赋予工作技能。④分享家政从业经验。将总结和梳理出被市场认可的家政从业经验，毫无保留地分享给贫困地区劳动者，帮助其提高技能和经验，切实改善劳动者的生活水平。⑤为培训合格的劳动者提供就业机会。对通过培训体系的劳动者，优先为其提供就业机会，并可根据劳动者个人意愿选择城市入职。⑥为劳动者提供职业服务责任保险。劳动者服务过程中，出现了人身伤亡、财产损失都可以获得公司提供的保险赔偿，让劳动者真正做到无忧工作，安心挣钱。⑦保障劳动者正常的劳动所得权益。我们作为服务平台严格按照劳动关系双方的约定，督促消费者及时以货币形式支付给劳动者劳动报酬，积极维护劳动者的合法权益。

培训基地于2017年3月22日正式投入运营，占地5000余平方米，可容纳500名学员同时参加培训，已累计培训合格人员12000余人，全部通过大数据信息平台并为其提供就业岗位。经培训基地培训的劳动者平均月收入达5000元左右，远高于河南省家政行业的平均水平，基本实现"一人就业、全家脱贫"的建设目标。

经验效果

1. 助力精准扶贫，帮助 13 万名贫困者赋能实现就业

家政服务既是朝阳产业，也是爱心工程。58 家政作为全国到家服务 O2O 第一平台，公司员工近 5000 人，截至 2019 年 3 月服务家庭数近 2752 万户，已有 100 万经过筛选认证的劳动者入驻家政平台，服务时长超过 7 亿小时，并呈现逐年上涨态势。其中通过培训基地赋能 138955 名贫困地区劳动者，依靠公司覆盖全国的家政互联网平台成功安排 103652 名贫困地区劳动者走上就业岗位，覆盖 509 个国家级贫困县，人均月收入达到 4259 元。实现"一人就业、全家脱贫"目标。

2. 完善家政业服务标准化体系，引领家政行业"提质"

58 家政以提升服务品质为核心竞争力，经过不断开拓创新，已形成一套"安全、专业"的家政企业服务标准化体系，涵盖劳动者管理标准手册、标准化培训体系、售后标准服务、天鹅信用、劳动者在线互动社区、妈妈互动社区、全国家政行业考试培训认证中心等。标准化家政服务体系，提升了家政劳动者的职业技能水平和收入，帮助千千万万个家庭解决了生活问题。经 58 家政培训的劳动者收入远高于各地家政业的平均水平，实现消费者、劳动者和企业三赢的局面，为社会创造了重要价值。

3. 构建家政业诚信体系，全面保障劳动者和消费者的安全

58 家政与政府权威部门数据进行对接，对在平台上注册的家政劳动者，100% 进行"三证"（身份证、职业资格证、健康证）、"三库"（在逃、精神病、敏感人群）认证，利用大数据构建劳动者个人诚信档案。另外，我们通过保险公司，对劳动者人身、消费者人身、消费者财产等，都进行了投保，解决了劳动者和消费者的后顾之忧。

湖南省万众和（社区）家政服务"美而精"家政与养老创新融合发展探索

基本情况

万众和品牌创立于 2000 年，秉承"真情助天下子女尽孝，服务为社会家庭添福"的宗旨，坚守工匠精神，专心致力于居家（社区）养老服务、社区服务发展模式的实践和探索，打造养老产业新典范。

19 年来，万众和（社区）家政服务（简称万众和）通过建设"以社区养老服务为主体的便民连锁服务体系"，将尽孝与专业康护服务相结合，通过完善的家政服务体系、齐备的养老设施，整合社会资源，将家政服务融入居家养老，实现了家政服务与居家养老完美的结合，在三湘大地赢得了良好的声誉。

一是社区长者康护服务之家，即社区家庭式养老，建设"家门口的康护养老会所"，提供 24 小时托护、康护、老年用品配送等服务，让长者生活得健康、快乐。二是社区长者日间照料服务中心，即康乐式养老，打造"长者心中的窝"，提供白托、定期康护护理、老年用品配送等服务，为长者提供与社会互动的空间。三是长者居家照护服务，即居家养老；提供定期上门、不定期定制康护护理、独居监护等服务。

截至 2017 年底，万众和已在湖南、河北、安徽三省投资建设衡阳石鼓养老服务中心、华北油田万庄基地养老服务中心、安庆芭茅社区养老服务中心等直营门店 36 家、加盟店 8 家，运营总面积达 20000 平方米左右，服务近 40 万人次，解决 15000 多人就业问题。同时，万众和签约及储备项目

56个，2019年全部建成后，将新增运营面积41000平方米，新增社区康护床位1320张，完成230个以上社区布局，让800多万人受益。

为吸纳优质资本、优势互补，助推企业在连锁体系投资建设、智慧养老、标准化等方面做强做优做大，万众和对股权结构进行了优化，由创始人、中和基业（团队持股平台）、湖南健康养老产业投资基金（国资）共同持股。

主要做法

1. 创新思路，"小而美""美而精""精而强"

经过长期实践后，万众和探索出一条依托社区、大型医疗机构（3公里内）、社区卫生服务中心开展养老服务的发展之路，努力做到"快乐养老""发挥余热"而非"孤独托老"，最大限度地满足了长者们精神文化生活的需要，并对其身体进行专业护理。

一是选择居住环境优美的社区作为家政服务基地。"长者康护之家"设在配套设施完善成熟的小区内，平均20床位/店，老人们居住在幽静的社区心情更愉悦，幸福感倍增。作为家政服务示范基地，万众和按照家庭环境人性化的服务，子女晚辈前来探望其乐融融，如家人客餐、老人定时喂药及老人们的各种临时性、特殊性需求等。

二是家政服务方式灵活。"长者康护之家"可选择长期和短期居住，可选择"一站式"服务，全程照料；亦可白天居住，夜间回家与子女团聚；其他小区老人也来此进行康护运动，也可派人上门提供日常家庭服务和专业康护，服务方式灵活多样，服务对象视情况自由选择。

三是配备专业医护人员，拓宽家政服务领域。"长者康护之家"配备了专业医护人员，每4位老人配备1名专业护理员，护理员实行夜间轮班，确保24小时有专人悉心照料老人，专业护理人员日常为老人检查身体，随时防范老人应急之需。

四是居家小区设施设备完善。为让长者住得舒适，感受到家的温馨，中心以二室一厅或三室一厅布局，腾出床位建设公共活动区域，设置了多个活动室和休憩区，所有区域及家具都配置适老性设施，并配有娱乐室、健身康护室、手工制作室等设施。老人可以在这里游戏、阅读、看电视，为他们营造了交流沟通的场所和氛围，同时，中心在空间、选材、色彩、识别性以及保护隐私等方面都做了细致的考虑，从住、用、行、护等方面进行细致管理。

五是专业康护照料。"长者康护之家"实施规范的老人日常生活照料流程，对护理有严格的时间要求和原始记录，使老人们生活有规律。同时，万众和组建了一支由中、西医临床学教授组成的专家顾问团队，每天通过96880信息平台查看长者们的身体指标，结合社区医疗，为其提供医养结合的专业康复服务，消除了长者们因离自己所信赖的医疗机构太远而产生的恐惧。

2. 线上线下、共创、共享、共赢

万众和以全资子公司湖南共创居家养老服务有限公司为主体，线上依托万众和智慧养老服务云平台，线下联手省内70家家庭服务业优质企业，在湖南试行"共创养老"，合作建设150家"社区（居家）养老服务中心"，为各地提供更多、更优的居家养老和社区服务，为构建湖南省"以社区（居家）养老为主体的便民综合服务连锁体系"发挥重要的支撑作用。推进行业转型升级，助推优质企业快速发展，预计2019年，湖南省家庭服务业将实现产值过百亿元。

目前，万众和已对共创工作总结出一套可落地、可实施、可持续、可复制的"共创模式"，并以此为基础，开始在全国部分省市搭建和推动城市社区（居家）养老服务工作，实现社会效益和经济效益双赢。

3. 注重质量，校企合作、师徒结对、提升技能

为吸引专业人才，万众和通过与湖南省大专院校建立了长期合作关系，成立助学金，资助相关学生三年的学费和生活费，将人才选拔由新生入校推进至大学毕业，每周六和寒暑假，学生都必须来万众和跟班实训，为确保人才质量，公司安排各部门负责人轮岗一对一师徒结对，理论与实际相结合，经过三年的在校学习培训和实践锻炼，这些学生已经具备担任万众和长者康护服务连锁店康护主任的能力。

同时，湖南万众和社区服务职业技能培训学校积极与各职业院校合作，分批对在岗的40000多名家庭服务员进行养老护理培训，确保持证上岗，至2019年底，可为近10万名居家长者提供专业的康护服务。

经验效果

19年来,万众和抓住社区(居家)养老服务业态发展的核心,适应国情需要,坚守市场与社会功能的职能融合、企业经营者与社会工作者的身份融合。随着我国养老服务产业的快速发展,万众和对发展社区(居家)养老服务产业的执着与情怀、品牌发展的前瞻性思考,以及经过多年的不断学习与积累,已站在产业业态发展的最前沿。

1. 服务传美名,用户满意、政府支持、示范引领

万众和品牌的人性化服务及经营理念获得了政府(连续9年,作为省委大院居家养老服务和社区服务的唯一服务提供商,为院内各家庭提供了优质的居家养老和社区服务,获得了长者们及家属的认可和信赖,得到了各级领导的支持和信任)、党政机关和企事业单位(移动、联通、银行等VIP客户)、大型央企(与中石油华北油田后勤基地合作,填补了华北油田后勤基地养老服务项目空白)等业主的认可,强化了万众和品牌在社区居民及行业领域的市场地位和标杆地位。

2. 党建引发展,服务标准、规范流程、确保质量

作为湖南省标准化试点企业、《湖南省居家养老服务质量评估标准》(地方标准)起草单位,万众和始终坚持通过党建凝聚人心,引领工作发展全局,同时应用标准规范流程,打造"统一动作",已完成了品牌全流程的企业标准化体系,包括选址评估标准、连锁店建设及招投标管理标准、服务标准、人才职业教育及储备体系管理、企业管理手册、组织(党总支委、联合工会、团总支等)建设标准、文化建设及推广管理规范、应急预案管理、风控标准等。

3. 真心换真情,不忘初心、秉承传统、弘扬正气

万众和已获得《国家商务部连锁经营许》、全国行业百强企业、湖南省十大知名品牌企业等荣誉,培养了全国孝亲敬老之星、全国优秀农民工、省市优秀养老护理员及技能能手、"90"后区级人大代表、"90"后未来之星、湖南好人、区级道德模范等先进典型。2018年1月,公司董事长黄跃佳被中央文明办、中国文明网评选为"中国好人"荣誉称号。

4. 匠心铸品牌，聚焦价值、精心谋划、砥砺前行

有关专家在《城市社区服务经济模式研究》中提道："万众和模式"的实质是社区服务业的市场化经营、企业化管理。符合社区服务产业化的基本要求。对政府主办、"市场运作"的"万众和模式"，要继续积极推进，这是具有城域品牌效应的发展模式。"万众和模式"的成功，将对城市社区服务业产生飓风作用，是城市社区服务业发展的转折点。"万众和模式"得到了中央电视台、《人民日报》、《光明日报》、《中国劳动保障报》、《中国社会报》、湖南电视台、《湖南日报》、长沙电视台、《长沙晚报》等中央、省、市媒体的关注，欧洲荷兰国家电视台等境外媒体也对万众和的发展进行过专题报道。原中共中央政治局常委、全国人大委员会委员长吴邦国，民政部、人社部、商务部、团中央以及省市领导多次来企业考察，获得了社会各界广泛的肯定和支持；2003年4月22日吴邦国同志通过中共中央办公厅李德功同志致函，转达了他对万众和创始人黄跃佳以及全体员工在发展社区服务业方面的有益探索和取得的成绩表示了鼓励和祝贺。

| 案例 36 |

云南省昆明市南鑫家政服务有限公司探索
"家政＋居家养老"业态融合发展

基本情况

1. 南鑫家政公司简介

昆明市南鑫家政服务有限公司（简称南鑫家政公司）创立于 2003 年 11 月 2 日，历经多年发展，由单一的家庭保洁清洗服务公司转型为集家庭保洁、钟点计时服务、家政阿姨、母婴服务、养老护理、大型工地清洗等业务为一体的综合性家政服务管控平台，同时控股成立了昆明市盘龙区南鑫职业培训学校及云南向善网络科技服务有限公司，对家政服务业产品技术、员工系统化培训、服务管理系统进行深度研发，以创新和科技的力量驱动公司持续发展。

2012 年，公司开始承接政府购买的社区居家养老钟点家政服务，2014 年开展机构养老、社区养老和居家养老的全方位探索，参与 2 个机构养老院的经营管理、2 个社区养老日间照料中心的运作，同时注册了昆明滇池国家旅游度假区十方缘老人心灵呵护中心公益组织，将爱与陪伴、精神慰藉服务融入养老护理员的日常护理中，使员工得到成长，使老人和子女满意，6 年多的时间积累了大量的客户资源和服务经验。

主要做法

南鑫家政公司提供的居家养老上门服务，首先对熟练优秀的家政服务员进行养老护理专业知识的集中培训，使其成为专业居家养老护理员；与十方缘老人心灵呵护中心合作，对员工进行心灵呵护专业训练，为独居、空巢、高龄老人，特别是失智失能或半失智半失能老人提供居家养老24小时的生活照料、专业护理、急救处理、健康管理和基础康复服务，提供精神慰藉的心灵呵护服务。利用"互联网＋平台"对服务进行全方位管理和指导，满足不同人群需求的居家养老上门服务，让子女在放心尽孝的同时还有自己的生活，让老人在舒心接受专业护理的同时还能享受天伦之乐。

1. 提供的服务与普通家政服务的区别

（1）生活照料。提供健康的饮食服务，考虑老人的牙口不好、胃口不好，还有一些慢性病，从饮食上进行调理，可以改善老人的身体状况。因老人几十年的生活习惯无法改变，记忆力不好，需尊重老人的生活习惯，衣物清洗和整理尽量满足老人的个性需求，随时保持清洁卫生。老人的生活环境卫生和个人卫生与年轻人相比要求更高，特别是失智失能或半失智半失能的老人，需随时清理清洗，保证干爽无味，清新通风。

（2）专业照护。对失智失能、半失智半失能老人日常专业护理是保证不会重复伤害的基础，防止摔跤、防止压疮、防止突发事件和异常情况的发生。

（3）健康管理。由护理员对老人的生命体征数据进行监测并上传到公司后台，由专业医生护士进行检测指导，这是在发病之前提前进行有效预防的重要环节。

（4）急救预防。独居、空巢、高龄老人出现突发危险时在120急救车到来之前的十分钟之内，急救是防止失去生命和瘫痪的最佳时机。

（5）心灵呵护。南鑫家政公司与昆明十方缘公益组织签订长期服务协议，定期为老人提供精神慰藉的心灵呵护服务，为服务人员提供心灵呵护培训。

2. 南鑫家政公司客户转型

南鑫家政公司现有600户家政客户，60岁以上老人请家政服务的家庭有300户，80岁以上老人请家政服务的家庭有162户，其中独居、空巢（没有和子女一起居住的有126户）、失智失能或半失智半失能的老人有87户。

（1）经验数据统计，80岁以上老人请家政服务平均更换员工数量6位/

户，最多更换员工数量达到34位/户。

（2）失智失能或半失智半失能的87户客户作为最需要转换的客户对象，目前第一批转换30户已经完成，第二批30户转换正在进行。

（3）80岁以上老人的162户作为引导转换客户，新进的客户超过80岁的独居或者空巢老人，不再提供普通家政服务人员的服务，只提供居家养老的专业服务。

3. 宣传营销规划

选定一个社区，通过员工培训和特定家庭锁定，推出居家养老服务，营销分为线上和线下两个板块进行。

（1）线上部分，微信推广。建立一个微信公共服务号，定期发布员工培训信息，让更多的人了解居家养老专业护理员和普通家政服务员的区别，引导消费，打造圈子文化和建设消费社区。

（2）线下内容。每周一次主题策划公益活动，活动内容可以在微信公众号里展示。义工们免费深入社区和空巢家庭提供十方缘老人心灵呵护的爱与陪伴服务，推进居家养老品牌的树立，也在活动中接收居家服务的预约。

经验效果

南鑫家政公司从2012年起开始探索居家养老，通过6年的积累，已经有100名居家养老专业服务人员，并定期开展服务人员专业培训。每期学员10~20位为一个班，每期培训10~20天（集中理论实操基础培训10天、养老院实习培训10天），培训期间就开始预订服务，培训合格100%推荐上岗。2018年，公司开展了5期培训班，共培训学员87名；2019年将继续加强宣传力度，扩大培训规模，打造云南省品牌。

1. 员工收获

（1）工资收入提高50%~100%。

（2）个人能力提升，增加专业技能，自信心增加，个人价值得到充分的体现，受到客户的认可和尊重。

（3）接受十方缘文化培训，护理员心灵得到成长，爱心、感恩心、责任心得到提升，幸福指数增加，并能够快速接纳老人的现状。

（4）员工家庭成员受益，家庭更加和睦，特别是通过培训和服务后，很多员工表示一定要用同样的方法和态度对待和照顾自己的父母和公婆。

2. 客户受益

（1）中国传统的养儿防老观念让老人不愿意离开家，传统的养老院让老人觉得自己走进了一个与世隔绝、看不到希望的世界里，老人望而生畏，儿女于心不忍。面对现实，老人觉得自己是家庭的累赘，是社会的负担，普遍产生了孤独感、寂寞感，甚至对死亡的恐惧感。居家养老让老人安心在熟悉的家里接受专业护理的同时享受天伦之乐。

（2）一个家庭要把年迈的父母留在家里养老需要专人看护、专业护理，但儿女有心无力。居家养老服务在让儿女放心尽孝的同时，能有更多的时间和精力享受自己的生活和工作。

3. 社会价值

（1）中国是一个人口大国，传统文化的家庭观念很强，居家养老是每一个家庭的首选，也是养老的主流方向，老龄化社会居家养老需求量大，也是解决养老问题最快最及时的社会养老方式。

（2）提升就业率。因为南鑫家政公司居家养老护理员工资比一般家政服务人员的工资高出很多，同时居家养老需要大量的居家养老服务员，吸引了大量农村剩余劳动力和大中专毕业的护理专业学生参与，不仅解决了居家养老的人力资源，同时也解决了社会就业的问题。

（3）社会和谐。老人安则家庭安、家庭安则社会安、社会安则国家安。十方缘老人心灵呵护中心为了解决重症临终老人惧怕死亡、缺乏精神慰藉的问题，致力于为老人提供专业的精神慰藉服务，使老人在宁静、祥和中有尊严地走完人生路程。南鑫家政的居家养老服务与十方缘文化和服务进行无缝对接，为社会的和谐、家庭的幸福、个人的成长都提供了一个无线广阔的市场空间和平台。

4. 企业成长

（1）走专业化道路。家政行业一直以来因为小、乱、散和没有技术含量得不到投资方的青睐，甚至社会地位低下，导致从业人员无法引进高学历、高素质的人才。行业的中小企业几乎都接受政府的扶持和补贴。近年来，育婴师引领了家政行业从专业化向高端市场迈进了一大步，但专业化的市场细分还有一个漫长和艰难的过程，居家养老项目是一个很好的发展契机，也是专业化探索和发展的方向。

（2）家政企业升级转型的好机会。我国的老龄化社会已经是一个大家都关注的问题，很多的财团和大企业开始涉足大健康养老产业，但更多的是硬件投资建设，比如房地产商的建设投资、科技手段的投资、医疗方面的投资，却忽略了老人真正的需求是贴心的"人"的服务，家政公司适合做基础的，也是最落地的个性化一对一的服务，未来更离不开基础服务"人"的服务需求，如果能把握机会完善自我，提升专业化服务水平，同时运用互联网的手段积累数据和完善管理，将是最有价值的养老产业重要环节之一。

昆明市南鑫家政居家养老上门服务的探索与发展，引领了家政行业新的发展方向，下一步将在政府扶持和政策的引导下，发挥树立品牌、引领行业的良好效果。

| 案例 37 |

陕西省西安市巾帼依诺家政服务有限公司
充分释放"互联网＋"效能，以市场需求作为
企业发展原动力

基本情况

陕西巾帼依诺家政服务有限公司（简称巾帼依诺）成立于 2008 年，注册资本为 400 万元，主要以职业介绍，家政服务，养老助残，家庭保健，保洁服务，计算机软硬件开发和销售，计算机网络工程设计、施工、运营和维护，企业管理及信息咨询，辅具及用品和家庭用品销售等为核心业务。公司秉承"家庭用户的需求，巾帼依诺的追求"理念，在经营活动中不断开发项目，提升质量，确定了"一小""一老"的服务定位，并形成了职业培训、家政服务、母婴服务、养老服务、信息技术五大业务板块。

2009 年以来，公司通过参与国家商务部家政服务工程和家政体系建设试点，按照现代家政企业的发展目标，通过自身扩展和整合资源，完成了公司总部、1 个巾帼依诺培训学校、8 个巾帼依诺家政分公司、8 个居家养老服务中心、1 个智慧养老发展中心、1 个信息技术公司等全资公司的建设，初步形成了家政养老培训、服务和信息化应用的生态链。目前，公司共有专职管理和技术人员 78 名，各类兼职专家数名，在册服务人员上万名，准员工式管理服务人员达 2000 多名，持证上岗率达 98％以上。截至 2017 年底，巾帼依诺累计培训家政员、母婴护理员、育婴师、养老护理员、营养配餐师上万人次，服务项目拓展由原来的 5 项发展到 12 大类 50 多项，服务家庭 82946 户，提供信息服务 132 万人次，安置妇女就业

21962 人次。经历多年的家政搭台、养老扩展、信息化提升、跨界合作的发展历程，巾帼依诺已成为陕西省乃至西北著名的现代家政养老服务及信息化应用综合企业。

主要做法

1. 把握市场脉搏，发展家政"互联网 +"

2015 年，面对互联网经济对市场的冲击，公司总经理李小芹带团队赴上海和北京与云家政、阿姨帮、58 到家等互联网家政企业交流并建立合作关系，进一步熟悉互联网在家政领域的应用特点，并根据国家相关部门和专家对家政服务未来市场的预判，发挥企业软件研发优势，公司在西安市家政网络平台的基础上，研发和创建家事宝（www.jiashibao.com.cn）家政养老服务电子商务平台，该平台定位为区域性家庭保洁、家务、帮厨、老人照料、母婴护理、婴幼儿照料、职业培训预订及相关产品的适配。

家事宝平台涉及对从业人员身份证、健康证和资格证的把关；专业信息提供、咨询体验服务、沟通需求与服务、供求双方信用评估等环节，对于无须面谈的业务（如钟点保洁）可以直接交易，对于需要见面洽谈的业务，先通过查询网上信息产生初步的交易意向，然后通过线下店面谈、服务确认和签单，进而完成全部家庭服务全过程的 O2O 新兴家庭服务商业模式。

2. 强化精细管理，提升服务水平

服务业的 O2O 模式三分功夫在线上，七分功夫在线下。因此，在做好线上营销的同时，企业重点优化线下精细管理。李小芹两次去日本，学习先进的养老服务和管理经验，力求与国际接轨。同时，她又与省母婴护理协会及金月汇月子中心合作，了解高端用户需求和月子护理标准，开展高端母婴护理师培训，提升服务质量。

从服务流程上，改变电话简单了解情况就派人的做法，建立雇主基本情况了解 - 服务需求评估和确认 - 服务计划制订 - 服务员上门实施的制度和流程 - 智能评价等，形成服务闭环。

在评估方面，公司制定了母婴护理、婴幼儿护理评估标准，同时，引入老年人能力评估系统，由医护人和指导师组成评估小组，采用 ipadr 终端对全部的服务对象上门进行综合能力评估，科学确定服务对象需求类型、照料护理等级和测定服务工作量及难度，合理匹配，精准服务，有效地规避了服务风险，同时提高了服务质量。

在监督管理方面，公司开发服务监督系统手机 App，服务人员上岗手持智能手机，服务时，刷用户二维码进行服务时间、服务内容和评价记录，通过互联网自动生成各类报表，适时、准确地了解服务情况。

在实体店面实行家政、养老护理指导师模式，所有业务管理人员都要参加相关专业培训，持证上岗，提升专业化指导水平。任何服务项目都是服务员、指导师、专家及合作商伙伴整体团队各司其职，根据雇主的需求，从不同的角度进行专业化服务，全面提升服务水平。

3. 创新养老模式，提升企业综合力

2009 年，公司紧抓国家有关养老优惠政策和政府主导的有利时机，率先进入养老服务领域。主要开展以下工作。

第一，积极配合、参加政府购买居家养老服务项目的推进。2009 年，与西安市莲湖区、未央区和铜川市民政局合作，出资主办了"如亲居家养老服务中心"，为"高龄、孤寡、特困、重点优抚对象"老人和残疾人提供生活照料、基础保健、心理慰藉、家政服务和其他预约服务。截至目前，公司承担政府购买老人服务 4000 多人，服务老人 37.13 万人次。

2017 年，在陕西省首次开展老年人能力评估员培训，将评估工作首次引入政府购买服务，所属机构对莲湖区和碑林区 3107 名失能半失能老人进行上门评估，为政府研究制定嵌入式以床养老补贴和精准购买服务提供了大量的实地和精准量化依据。

第二，以科技为手段，实现异业融合。公司是全国较早进入养老信息化应用研究开发和运营的企业，通过运营莲湖区和铜川市政府居家养老信息平台，建立老年人数据库，为老年人建立基础电子档案 20 多万份，同时发展与老年人生活相关的服务提供商，实现了 20 大类 130 多项服务，为老人提供信息咨询、派单服务、服务跟踪、主动关怀、紧急救助等信息服务132 万人次。

2016 年 6 月，公司与西安市民政局签订社区社会化网络平台共建协议，并搭建智慧养老服务系统，运用移动互联网、云计算、大数据、物联网等技术手段与家政养老服务深度融合，创新居家智慧养老服务提供方式。截至日前，公司已投资 400 多万元，完成平台建设，并以此为依托，以暖分助老卡为载体，创新多业融合模式，与老年人服务相关的知名合作商签约，建立异业联盟，开展与老年人生活相关的服务，以积分卡为载体，将家政、老人照料、保健康复、助餐、医疗、文娱、教育、理发、旅游、购物、存储、保险等融合在一起，为老年人提供多层次、个性化服务。

经验效果

1. 创建家事宝平台，实现各方多赢

网上选人，用户足不出户即可了解服务员详细情况、收费标准和服务范围，初步选择符合条件的服务员；服务员实名制，平台上每个服务员都有身份证、健康证和上岗资格证，且经过验证真实有效；家政指导师实现移动办公，所有服务员的信息在网上展示，用户选择好服务员后，平台自动将派单信息发送至家政指导师的手机上，指导师可及时与服务员和用户联系，采用就近或上门见面的方式，服务匹配和签单，提高了效率；对企业而言，店面数量减少了 40% 左右，成本大大下降，节约企业的运营成本。

2. 以精细化管理保障满意度提升

精细化管理使企业服务和管理流程形成闭环，智能化评估和监督系统的应用，能够通过数据获得的结论实现精准匹配，从结果管理变为过程管理，减少了退岗率，使服务满意度达 97.5% 左右，高于全国同行业标准 10% 左右。企业在激烈的竞争中每年营业收入以 15% 的速度递增。每年公司获得用户电话表扬上千人次，表扬信和锦旗约 50 封/面，省市报纸、电视台等媒体多次报道。

3. 以科技手段实现跨界发展

进入居家养老领域，拓展了企业的服务范围，原来的家务服务、家庭帮助、母婴护理、婴幼儿照料、老人照料 5 个项目，仅养老服务大类就发展为家务服务、生活照料、养生保健、健康管理、康复护理、心理慰藉、生日服务、安全服务、文娱活动、咨询服务、预约服务、紧急救助等十二大类 50 多个项目。同时，为企业跨界合作搭建了桥梁，目前企业与西安市、莲湖区、未央区、碑林区、沣西新城，咸阳市三原县、铜川市、榆林市等地区民政局老龄办等政府部门建立了购买服务和信息平台运营等方面合作关系；还参与西安市、铜川市和榆林市等地社区居家养老服务设施的公建民营工作；与西安城市一卡通、中国建设银行陕西省分行、蚂蚁金服、交大一附院、米旗、怡康、尤萨、中旅等多家著名企事业单位及相关服务商签订合作协议，使公司从传统的家政服务企业向复合型服务与现代科技企业转型升级，提高企业的核心竞争力和综合实力。

近年来，巾帼依诺商标被西安市工商局和陕西省工商局认定为西安市著名商标和陕西省著名商标；公司连续两年被发展家庭服务业促进就业部联席会评为全国家庭服务业百强企业，被西安市人民政府和陕西省人民政府认定为西安市服务业名牌企业和陕西省服务业名牌企业，被西安市商务局评为西安市商贸业经济发展30年影响力奖和西安商业发展最佳奖；被陕西省妇联认定为陕西省巾帼家政创业就业示范基地，被西安市妇联评为西安市家政服务示范点，被西安市质量监督局认定为西安市第二批服务业标准化试点企业。公司全资机构莲湖区如亲养老服务中心获西安市、陕西省和全国敬老文明号单位及陕西省创先争优示范窗口称号。

第七章　家政服务模式创新

|案例38|

天津市津南区宏舜联合物业管理服务集团有限公司创新服务模式打造优质品牌

基本情况

天津宏舜联合物业管理服务集团有限公司（简称宏舜物业）现拥有物业、家政、职业培训学校、居家养老服务中心、道路扫保、营养配餐、保安、劳务输出等15个子公司，员工达3000余人，年营业收入突破1亿元，纳税500余万元。2017年6月，公司荣膺"中国物业服务百强企业"。近年来，公司先后荣获全国"诚信单位""安置就业先进企业""全国家庭服务业千户企业""中国家庭服务行业先进单位""天津市重点支持家政服务企业""8890诚信服务加盟企业""再就业先进单位""总工会再就业服务联社""半边天家政服务企业联盟单位""家政服务龙头企业""三八红旗集体""先进党组织""A级和谐企业"等荣誉称号。其中，集团下属的大团结家政服务公司自 1997 年成立以来，经过 20 多年的不断开拓和创新，得到了社会各界的认可和业主的高度好评。2015 年，宏舜物业被天津市人力资源和社会保障局认定为"天津市公益性再就业公司"，同年又通过了 ISO9001 质量管理体系认证、ISO14001 环境管理体系认证和 OHSAS18001 职业健康安全管理体系认证。

主要做法

1. "三位一体"推进家政服务发展

所谓"三位一体"，即将"物业、家政、养老"服务融为一体，不断提高家庭服务业人员素质、质量水平，打造家庭服务业新模式。

近年来，宏舜物业按照国家和天津市关于"大力发展社会化养老、家政、物业"等服务业的部署要求，以市场为导向，以公司资源优势为依托，突出主业精、副业兴的发展目标，继续为下岗职工、农民工解决就业问题，为政府分忧，凝心聚力做大、做精、做久，为社会提供优质、高效的亲情服务，成为天津物业家庭养老服务业的标杆和领军者。宏舜物业充分利用自身物业资源和多年家政服务、机构养老服务的成熟经验，与各社区联合打造"社区物业家庭养老三位一体化服务中心"。一是将公司小区保洁、保安、工程维修和绿化人员，延伸到家庭服务领域。二是适应社会家庭生活市场需求，新建丰达园、东风里等社区家庭服务连锁店 20 个，遍布津南区主要社区，重点开拓家庭卫生、开荒保洁、拆洗被褥、搬家运输、水电维修、管道疏通、美容保健、月嫂、保姆、育婴师等各项服务。三是合理利用日间照料室、老年活动中心等社区养老设施，建设多种养老服务场所，添置养老设备，完善养老服务功能；同时，以体贴入微的家庭服务，精细规范的物业管理，优质服务于居家养老的业主群，构筑起"社区物业、家庭、养老三位一体服务"新模式。

2. "三抓三促"打造优质企业

（1）抓培训，促素质。公司充分利用宏舜职业培训学校的优势，积极开展岗前、岗中培训。宏舜职业学校现拥有在岗教师 40 余名，配置了现代化教学设备及实操训练器材，有可容纳上百人的大小教室和功能齐全的实操训练室。在津南区有 8 个乡镇，即 8 个培训点，有丰达、鑫洋两个培训基地，还有已建成的集培训、食宿于一体的培训中心。近年来，公司采取定向培训，定向安置；专业培训，专业安置；需求培训（指市场需求），需求安置等多措并举的模式，实现了上学即上岗，毕业即就业的良好局面。2013年以来，培训学校先后开办培训班118期，培训学员5000人次，合格率达98%。其中养老护理员培训8期、培训人数378人；家庭服务员培训44期、培训人数1949人；保育员培训4期、培训人数188人；美发师培训3期、培训人数149人；美容师培训13期、培训人数570人；在职员工培训46期（保洁，有害生物防制员）、达1743人次。不仅满足了居民不断增长的个性化家庭服务需求，还为公司健康可持续发展提供了人才保障，为农村搬迁闲散人员、下岗职工及外地农民工就业创业奠定了良好的基础，赢得社会的广泛好评。

（2）抓流程，促就业。公司严格遵守"不培训，不上岗"的培训准入制度。严禁"白牌"无证人员上岗。为保障客户利益、防范服务员个人行为引发重大事件，公司重视服务员面试环节，要查"三证"、询家况，问业绩、辨德行，考技能、派上岗，做到服务员岗中培训和思想沟通，回访客户掌握双方合作情形，发现苗头问题断然处置。

（3）抓管理，促水平。一是使用标准合同，保障各方权益。公司严格遵守"不签合同，不派工"的签约制度。合同分为中介制和员工制两种版本，相对公平地保障了家庭服务当事方的"责、权、利"。公司使用政府和协会推行的标准合同文本，在法律层面更有效保障公司权益。公司坚持与每一位家庭服务员工依法签订劳动聘用合同，为每一位家庭服务员工缴纳养老保险，并为每一位家庭服务员工购买意外保险；招录的家政人员享有公司正式员工待遇，工资构成按工种不同一般分为基本工资、绩效工资、奖金、加班工资、餐费补助、交通补助、通信补助等，人员工资一般在2500~12000元/月不等，同时还享受继续教育、福利旅游等。二是严格执行服务标准，家政服务规范化。为使家政服务规范化，公司不仅制定、实施了《家政人员服务制度》《育婴服务管理制度》《家居保洁服务制度》等多项规章制度，而且根据家政形势的发展，通过不断的修改，现已形成了比较完善的家政规章制度。公司要求每名服务员都要做到言行有规矩、操作有流程、服务有标准、回访有成效，用制度保障家政服务当事方权益，不断提高行业规范化建设水平。

经验效果

1. 参加技能大赛，树立行业典型

为提高公司广大家政人员的技能服务水平，公司经常举办保洁、育婴、母婴护理、养老护理岗位技能大赛，以赛代训，以赛代培，优中选优，树立楷模，凝聚行业力量，美誉行业精英，焕发行业精神。不仅如此，公司还推荐优秀员工积极参加区级、市级各类家政比赛，如公司养老护理员杨敏荣获天津市巾帼职业技能大赛三等奖，王娓娓、崔莉荣获天津市家庭服务业协会举办的首届家政人员技能大赛三等奖，李丽获得天津市第二届家政人员技能大赛三等奖、津南区家政服务员一等奖等诸多荣誉。

2. 立足百年企业，坚持以文化人

一是充分发挥公司党支部、工会、妇联、共青团的作用，引领员工营造浓厚的"爱国、敬业、诚信、守法、友善"的氛围。二是善待员工，为公司树立"劳资一心，互爱共赢"的共同目标。三是把人文关怀作为改善劳动关系的一项重要举措，用尊重、信任和关怀沟通与员工之间的感情，从不同侧面调整公司的生产关系，有效化解劳资矛盾，让员工在这里体面就业，奉献社会。

3. 用心服务员工，提升归属感

一是为员工办实事，解难题，先后为40余名员工解决家庭成员就业、子女上学、家庭大病救助等问题。二是对外地农民工进行管吃管住、不断改善伙食，同时开展"三八"、"五一"和"新春联欢"等丰富多彩的文体活动，打造"职工之家"。三是注重在农民工中培养和选拔管理人员，近年来，先后有10余名同志获"全国优秀农民工""天津市三八红旗手"等荣誉称号，有20多名同志走上管理岗位。宏舜物业的用心服务，形成了公司与员工命运共同体，增强了公司凝聚力、向心力，推进了公司健康持续发展。公司员工由几人发展到了1000余人，服务面积由几百平方米发展到了700万平方米，服务对象由十几人发展到了200余万人。

| 案例 39 |

天津市滨海新区"小当家"家政公司探索智慧家居服务于一身的新模式

基本情况

天津小当家信息科技有限公司（以下简称"小当家"）位于滨海新区中心生态城，创立于 2015 年，是国内较早、天津中新生态城首家将传统家政服务与便捷互联网相结合的互联网家政服务公司。小当家坚持以网络化提高效率、标准化带动产业、品牌化建立地位、规模化促进发展为战略发展方向，以从招聘、培训、信息对接、服务跟踪，到标准化建立的运营思路为指导，构建一站式全闭环家庭服务平台。

作为 O2O 家庭清洁及维修服务商，小当家汇聚了一批具备深厚互联网行业背景、丰富家庭服务行业经验以及专业经营管理思维的服务团队人员，颠覆传统的行业服务模式，整合资源建立家庭服务信息化平台，创建 O2O 社区家庭服务业务模式，统一服务标准，为客户提供便捷、安全、标准的家庭服务整体解决方案，实现精准化匹配，解决服务分散问题，实现服务物联。小当家在为客户提供房屋清洁、钟点工、电器清洗、家具保养、管道疏通、龙头管件、墙体打孔等服务的同时，也可根据客户的不同需求定制专属的贴心服务，让客户安心享受品质生活，主要表现为：通过打造标准化服务流程及清洁工具来确保不同员工都有统一标准的服务品质；通过研发操作便捷的公众号程序，使客户在程序前台轻松实现线上预约和支付，公司在后台进行订单管理，提高工作效率；通过所有服务定价公开化、透明化，使客户在各个预约场景都能享受相同的服务价格；通过细致入微的培训及考核机制，确保员工服务品质能够得到不断提升；通过完善的售后服务体系的搭建，保证客户投诉全程追溯，直至客户满意为止。

主要做法

1. 搭建线上平台，拓展线下业务

（1）建立内部办公平台。公司内部采用企业办公自动化系统（OA系统），通过流程审批、协同工作、资源共享、员工管理等模块的导入，大大缩短了各项审批程序的时间，降低了公司的运营成本，提升了员工的工作效率。

（2）优化订单管理系统。公司对所接订单全面实行线上系统管理，通过小当家微信公众号界面的客户前台下单和公司后台管理两步走，实现订单的快捷响应和CRM管理。

小当家微信公众号界面的前台包含账户信息查询、微信充值、订单预约、微信支付、服务评价等功能，为顾客提供一站式线上服务。截至2018年12月，小当家微信粉丝累计近5000人，并以每月1.5%的增长率不断上升；净增关注人数平均每月为100余人，平台发布信息的图文阅读量占比为10%，微信下单转化率为5%。

微信公众号的后台订单管理系统涵盖了接单、派单、一线服务人员管理、营销等模块，各模块间实现了统筹联动。其中，在一线服务人员管理中增加并持续更新阿姨管理模块，增加订单日历表、阿姨动态管理、阿姨排班表，通过查询比对阿姨排班表，派单员可一目了然地掌握每位阿姨的作息时间，从而实现高效系统化的派单管理；同时，在一线服务人员管理中增加员工评比和薪酬核算模块，通过客户服务评价进行员工评比，对员工评比结果进行薪酬核算，从而节省管理人员人工成本实现一体化管理。

（3）400服务热线开通

为满足快速解决售前售后需求，小当家开通了服务热线随时接听咨询、预订、售后、回访等业务，一对一解答，详细、贴心、便捷。通过开通400服务热线，小当家不仅为不会使用线上预约的老年人和有定制服务需求的客户提供了快捷的预约、咨询和售后通道，同时，还通过定期回访第一时间了解客户对服务的真实评价以及一线员工服务的整体水平及优势不足，及时总结工作成效，并针对优劣之处对应更新培训内容，确保了小当家逐步提升服务品质和客户满意度。目前，小当家 400 热线呼叫量约300 余次/天，真正实现了客户服务线上线下无缝连接。

（4）优化升级客户管理模块。管理人员可通过系统统计查询到每个客户的基本信息（如客户地址、联系方式、客户等级、账户余额、账户优惠券）、使用频次、使用项目、使用时间和客户的使用感受和评价，通过对客户信息的系统化管理分析，公司能够清楚了解到工作中的不足，从而有针对性地提高和完善服务。

2. 丰富服务内容，优化产品类别

小当家不断致力于充实服务内容和研发清洁产品。服务项目从最初的5 项基础清洁服务发展到囊括家庭清洁、电器清洁、家居保养、除尘除螨、龙头管件、开关插座、卫浴洁具、墙体打孔、墙面地面、管道疏通等在内的五大类 28 项专业化家政清洁服务、四大类 17 项专业化公建清洁服务、六大类 21 项专业化家庭维修服务项目。

在研发和改善服务产品的过程中，小当家不断进行技术革新。最具代表性的是油烟机深度杀菌消毒服务。将油烟机清洗从开始的熏蒸式清洗方式（每台清洗时间在 3 小时左右而且清洗不彻底），改进成现在的拆卸式清洗加全面杀菌消毒（每台清洗时间缩短至 2 小时左右而且清洗得干净彻底）。同时，小当家还研制了油烟机清洗专业车，将清洗抽油烟机的所有用具都集合在一起，包括车体和清洗工具箱，清洗工具箱固定于车体后机架上，清洗工具箱包括箱体，并且能够进行在室外清洗，提高清洗的效率。小当家的此项发明成功取得了《实用新型专利证书》和《外观设计专利证书》两项专利。

3. 严格培训考核，提升员工素质

为了确保品质，服务好每位顾客，小当家产品研发部门制定了逐级培训计划，每位员工必须接受正规系列培训才能上岗。第一节，心理疏导课程，帮助员工克服家政服务门槛低的心理障碍，同时，不定期地与员工进行沟通交流，及时了解员工心理活动，解决员工所遇问题；第二节，人文关怀课程，让员工通过了解企业文化、行业规划和发展空间，实现团队认同和融合；第三节，理论强化课程，教授员工服务礼仪、规章制度、作业标准和沟通技巧；第四节，考核筛选，通过笔试、技能、模拟情景和礼仪考核，实现员工筛选，保证员工服务品质，最后通过各种组合模式进行实战演练，实现新员工独立出工；第五节，安全培训课程，为了确保安全生产，小当家颁布了《小当家安全生产规章制度》，并及时对员工进行安全生产规范培训，从制度约束到耐心讲解，让员工发自内心认识到安全服务的重要性。

4. 培育企业文化，增加员工认同感

一是在物质层面，小当家注重公司品牌形象的塑造，打造 VI 体系，工服、作业工具、门店、礼品、手提袋、会员卡、表单、名片、宣传物品等都配备公司统一的、标准化的形象标识，让客户的每一次接触都能感受到小当家的专业和用心。

二是在精神层面，小当家秉承以人为本的原则，服务好客户的同时更要服务好公司员工。一是公司致力于营造互相尊重的良好氛围，不仅局限在下属对于上级，更体现在上级在日常工作的点滴中对于下属的尊重。例如，公司开展人文关怀课程，管理人员和员工面对面地交流为人处世、企业文化、行业前景和未来发展空间，消除员工对于家政服务的偏见和防备心理，让员工感受到公司对员工的重视以及公司的发展与其提供的劳动息息相关，帮助员工树立信心和企业自豪感。二是公司努力打造和谐大家庭的良好形象，鉴于大部分员工是外来务工人员，经常是逢年过节无法与远在异乡的家人团聚，公司会主动为员工送上关怀，如员工生日、中秋节或者春节等重大节日，在成本可控的前提下进行团队建设，拉近员工间关系，让员工感受到如家般的温暖。

三是在制度层面，小当家在各个管理维度都注重做好规章制度建设，包括但不限于员工管理手册、库存管理制度、客户服务手册、职能部门管理制度等。同时，小当家鼓励员工积极参加公司制度建设，提出合理化建议，为公司建设增添一分力量。

经验效果

一是依托创新渠道促发展。通过搭建订单管理系统，前台可为客户提供微信下单、派单、短信提醒、微信支付、微信充值、查询账户信息等功能，满足了现在智能、快节奏的生活需求。后台系统可为管理团队提供系统化服务项目查询管理、服务人员管理、服务区域管理、订单管理、客户管理、数据分析管理等基础管理使用，从而实现系统化管理。

二是完善服务体系立品牌。通过 CRM 后台系统和客户电话回访反馈，一方面，更加精准地了解客户需求情况，及时调整产品策略，增加产品技术革新，使产品和服务更加清晰直观，方便客户选购，便于一线员工系统培训；另一方面，更加准确地评定员工服务情况，便于筛选优质员工，激发员工积极突破创新，更好地确保服务品质。

三是根植企业文化聚人心。公司针对家政行业特点，重点突出企业文化中"尊重"的成分，尊重不仅体现在对员工身份的认可，同时体现在对员工生命安全的高度重视。通过培育企业文化，公司在物质层面和精神层面为员工树立了自信心，增强企业文化认同感和归属感。

小当家始终秉承让品质体现价值，让劳动获得尊重的信念，自成立以来，以"小当家，方便你我家"为服务口号，实实在在地做好服务，通过提供优质的服务让客户放心选购；通过客户不断回购服务让员工实现自身价值；争取做到客户、员工、服务的良性沟通和循环，实现小当家的长远发展，成为具有代表性的家政服务企业标杆。

| 案例 40 |

黑龙江省哈尔滨爱月宝聚焦家政母婴服务
精准发力，月嫂行业走出创新路

基本情况

哈尔滨爱月宝母婴服务有限公司（简称爱月宝）成立于 2014 年 8 月，以月嫂服务为主营业务，专注于 0~3 岁母婴产业价值链开发的连锁企业，提供孕、产、康、养一站式解决方案。爱月宝以改变中国母婴服务行业为使命，创立了母婴顾问服务模式，是典型的互联网月嫂公司。爱月宝以哈尔滨为中心对外加盟，2016 年获得商务部特许经营备案资质，目前已在全国 70 多个城市开设线下门店，黑龙江省除鹤岗市以外的所有地级市都已开设爱月宝门店，黑龙江省内加盟门店达 14 家。爱月宝为了保护加盟商利益、有效维护品牌形象，始终坚持"一城一家"的理念，让加盟商短时间实现盈利。在业内爱月宝以专业化、标准化运营著称。

主要做法

1. 创立了母婴顾问的服务模式，有效地控制了人员的流动性，服务人员的素质显著提高

这种服务管理模式将公司、母婴顾问、月嫂三者的利益与信用有效绑定，同存亡、共发展，每一个月嫂有一个专属的母婴顾问对其负责，母婴顾问关心她的成长与收益；反之月嫂发展得好也会成为母婴顾问的"摇钱树"，母婴顾问会自主地控制好月嫂的流失。同时公司针对接三单以上无投诉的月嫂，进行五维（经验、评价、技能、资质、态度）的评估，通过

评估的可以成为爱月宝的签约月嫂，针对签约月嫂进行准员工式的管理。同时公司针对育婴师流动大、好的育婴师被雇主长期留用，企业不会产生后续效益；不好的育婴师被退回，育婴师成为行业"鸡肋"的现状，进行改革，创立了"育婴师分段服务法"，将育婴师按照服务婴儿的月龄分为：小龄、中龄、大龄，每一个月龄段又分为初级、中级、高级、金牌四个级别，育婴师合同签约不超过六个月，所有育婴师须经过育婴师基础培训与育婴师月龄分段培训两步培训后才可上岗，上岗后每月都有育儿专家再上门回访，对宝宝的生长发育与智力发育进行评估并给出科学的指导方案，对于雇主而言充分满足其三方面的需求（保育、康育、教育）；对于育婴师而言，因为专攻分段的月龄婴儿，保证了其专业化，有效避免了因服务时间长、跨度大，无法达到雇主需求而产生的退单现象。

2. 建立母婴生态圈，提高企业的综合收入

之前家政行业很难诞生像肯德基一样标准化装修、标准化运营的连锁。剔除其他因素，家政行业产出低、没有利润投入就是一个重要的制约因素。而通过建立母婴生态圈，一个产妇在爱月宝可得到三个方面的服务：生产后的月嫂服务、满月后的育婴服务、月子后的产后恢复服务。这样的好处是可以提高企业的产出，原来一个产妇家庭在爱月宝只雇用了月嫂，企业只能赚取月嫂佣金收益，而现在同样一个产妇家庭，用完月嫂可以用育婴师，然后又可以订购产后恢复项目，企业获得的收益则为月嫂佣金收益、育婴师佣金收益、产后恢复服务收益，企业收益大幅上升，有了这些收益企业就可以投资扩大规模，提高服务质量。此外，当企业想获取客户的"终身价值"时，就不会抱着掠夺的心态去做"一锤子"买卖，爱月宝称现在的这种经营方式为"农耕式母婴服务经营业态"，这种业态的特点是，不在于我们拥有多少客户，而在于我们能服务好多少客户，客户不断的在我们的服务"漏斗"中筛选，普通客户、重点客户、VIP客户，就像圈块地耕种一样，春种、夏忙、秋实、冬藏。

3. 月嫂行业与互联网结合，让客户体验方便快捷

爱月宝所有的经营活动有效地与互联网结合，建立了自主开发的母婴服务平台。雇主通过网络获取月嫂的信息，雇主可以按照血型、属相等科学匹配自己喜欢的月嫂，雇主也可以通过一个二维码了解中意月嫂的全部

信息；月嫂档案通过网络平台展示与管理，充分提高了管理的效率，让月嫂没空档期，月嫂收入有保障，同时在爱月宝月嫂之家的在线月嫂交流论坛上，月嫂既可以展示自己的风采也可相互学习进步；学员每周六晚八点准时通过爱月宝母婴公益大学在线平台学习，不花钱就能学习到行业专家专业的育婴知识，使其服务技能快速提升，为其接更高的订单奠定了基础。

4. 服务是我们的产品，完善质量控制体系，才能建立客户的口碑

爱月宝将月嫂服务与育婴师服务从接单到服务结束，分别分解为14个板块，每一个板块又设置了3~10个质量控制点。母婴顾问与月嫂、育婴师按照标准的模块与控制点展开工作。例如单纯月嫂上户这一板块就分为：上户前导、上户前准备、上户回访、上户检测、上访回访反馈五个关键控制点。所有上户人员须参加岗前培训，不培训不能上户；每半年组织一次母婴服务人员评级活动，每次评级都是一次去粗取精、去伪存真的服务队伍精化的过程；对于服务引发投诉事件，组织召开新老月嫂交流会展开学习讨论，总结成功经验，分析失败的教训，对于品德有问题的服务人员在内部平台公示的同时在行业联盟群中公示，让失信者受到惩罚。同时为了避免出现索要红包、受贿、歧视派单情况的发生，爱月宝特建立廉洁自律公约，人人可以监督和举报不良行为，举报经核实给予奖励，激励举报者，有效保障母婴护理师的合法利益，让其安心地做好服务和接单。

5. 变母婴护理培训为母婴护理教育

培训与教育的区别在于，培训只提供一次性的技能包装的武器，而教育更关注家政人员技能的提升与人格的成长。2017年7月爱月宝创办了自己的职业培训学校——哈尔滨市道里区爱月宝职业技能培训学校，爱月宝为提高服务质量，培养合格的母婴服务人才，建立自己的"月嫂大学"。

首先，将"月嫂大学"定位为建设成中国专业的母婴护理服务者的学习摇篮，校训为"启航梦想，传递真爱，知识无界，大爱无疆"，我们要重新激发出学员人生二次转折的梦想与投身母婴服务行业的激情。

其次，培训科目按照社会所需分为三大板块，第一块是以月嫂服务为轴心的，包括母婴护理培训、营养配餐培训、催乳培训、产后恢复培训；第二块是以育婴师为轴心的，包括育婴师培训、婴幼儿辅食培训、早教开

发培训、分段育婴精英培训、小儿推拿培训；第三块以在岗人员再提升为轴心的回炉再造培训，包括精英月嫂训练营、精英育婴师训练营等。

再次，将母婴培训分六步打造为母婴教育，第一步，各科目的系统培训，让学员用专业技能武装自己；第二步，对服务人员进行针对性的岗前培训，让母婴护理员清楚地知道如何做好工作；第三步，对人员推介实习就业，让人员用专业与爱心服务赢取尊重与财富；第四步，就业回炉答疑，有问题别担心，爱月宝和你在一起；第五步，组织学习沙龙，建立以老带新机制，通过传帮带，让人员能力快速成长；第六步，让学员应用"爱月宝母婴大学公益学习平台"，把一次的学习变成终身教育。未来母婴护理行业的发展方向将是职业化、专业化、年轻化。

最后，为了让更多的母婴护理师得到不断地提升和学习，爱月宝设立爱月宝学习基金，鼓励现有的母婴护理师不断地学习、不断地提升自己的技能，从而为客户提供更好的服务，提升整个家政行业的服务质量。

6. 三个"成功脚印"的造血方式，让加盟商有效地复制爱月宝的标准化操作模式

对于每一个爱月宝加盟商，第一个脚印是，对加盟商进行七天的经营培训，教授加盟商经营的技能：如何建立月嫂团队、如何拓展客户、如何进行标准的管理以及如何招募学员等；第二个脚印是，让加盟商的店长与店员参加五天的销售沟通培训，让其学会与雇主、学员沟通，学会操作流程与关键点控制；第三个脚印是，爱月宝派驻市场督导对加盟商驻店进行指导，扶上马送一程，保证对操作模式的有效复制。

经验效果

一是有效带动了社会人员的就业。截至目前，爱月宝及加盟门店已经培训母婴护理师、育婴师等母婴护理相关职业人才达数万人；爱月宝平台登记母婴护理师、育婴师等近 2 万人；爱月宝毕业的学员就业率达 80%以上。

二是实现了规模化的产出。一个店面的收益可以达到传统五六个店面的收入之和。每个有爱月宝的城市，爱月宝都能在短时间内迅速发展成为当地的佼佼者。例如，以哈尔滨为例，爱月宝成立之初妇产医院周边大大

小小的月嫂公司 70 多家，到目前为止所剩无几，爱月宝成立的第二年就发展成为当地行业的佼佼者，无论是规模与口碑都得到称颂。2016 年，哈尔滨爱月宝在"黑龙江卫视组织的龙江力量"评选中光荣上榜，并做了专题报道；鸡西、七台河、双鸭山等地爱月宝加盟店成立半年就发展得如火如荼，并且有效带动当地家政市场的规范化、标准化运营。

三是控制了人员的流动性。建立签约月嫂机制与质量控制体系后，投诉率大幅降低，以哈尔滨爱月宝门店为例：2017 年营业规模是 2016 年的两倍，但因为严格执行质量控制关键点，2017 年投诉数量反而降为 2016 年的一半，按照投诉数量与销售额的比值来算，2017 年的投诉率降为 2016 年 1/4。严格执行爱月宝管理方式的店面没有发生一例因为人员离职而引发家政人员跟随的"翘行"现象。爱月宝因良好的口碑，诚信经营，2017 年获得了"家政服务行业诚信联盟单位"称号。

四是爱月宝以教育的心态对待母婴服务培训，使培训的满意度与就业率大幅度提升，同时学员的上户满意度也大幅提高爱月宝与当地知名的月子会所、妇婴医院、婴儿游泳等机构建立长期的合作关系，只要是爱月宝毕业的学员就会成为用人机构的抢手人才。用人单位的评价是：爱月宝的学员心态好、素质高、上手快。

五是加盟商有效复制爱月宝的操作模式，店面盈利能力远高于其他同类品牌。对于异地开店，能让加盟商赚钱才是硬道理，一般月嫂品牌加盟商的加盟周期为一到二年，加盟商从加盟品牌处学会技能之后，当品牌方准备收取年度管理费时，加盟商觉得品牌方对自己已经没有帮扶时，会直接停止合作。而爱月宝品牌的加盟商几乎是没有放弃的，而且爱月宝的加盟商都是因口碑相传而加盟的，爱月宝并不做专门的招商加盟广告。

六是爱月宝的母婴生态圈建设。雇主可以在爱月宝享受一站式的母婴护理服务，而且可以得到非常优惠的会员服务价格。爱月宝目前已经形成了、针对母婴服务的"爱月宝"品牌、针对母婴服务培训的"月嫂大学"、针对产后恢复的"知月鸟"品牌的母婴护理服务品牌矩阵。

案例 41

山西省红马甲集团股份有限公司努力探索发展新思路，砥砺前行精心谋划新成就

基本情况

红马甲集团股份有限公司始创于 1995 年，2016 年 3 月，公司更名为红马甲集团股份有限公司（简称红马甲），注册资金 5000 万元。公司目前拥有在册受聘员工 1000 余名。

经过 20 余年的倾心打造，红马甲业已成为山西省家政服务行业众所周知的家政服务品牌。2013 年、2016 年红马甲两度荣获山西省著名商标；2014 年，红马甲获得了山西省人社厅颁发的《劳务派遣经营许可证》；2017 年 7 月，红马甲又获得了山西省人社厅颁发的《人力资源服务许可证》，加盟连锁和劳务派遣范围从初始的省内城市，扩展到了目前的北方大中型城市。近年来，公司业务日益扩大，红马甲家政服务品牌广为人知。2014 年，红马甲荣获"太原市诚信企业"称号；2016 年荣获山西省"诚信经营示范企业"称号。2011 年、2012 年、2015 年：在"全国千户百强家庭服务企业"评比中，红马甲先后三次被评为全国百强，是山西省内唯一荣获三次百强的家庭服务企业。2017 年，红马甲被太原市妇联授予"巾帼建功先进集体""巾帼创业、创新、创优示范基地"，山西省家政协会"家政服务先进集体"等称号；被山西省卫计委、扶贫办定为"精准扶贫定点培训机构"。2018 年，红马甲被山西省人社厅授予"省级品牌"称号；被国家工商联、人社部、总工会授予"全国就业与社会保障先进民营企业"称号。

主要做法

一是走出去。近几年来，红马甲在主打保洁、家政服务的同时，不断拓展和延伸业务，加盟连锁和劳务派遣范围从开始的太原、晋中、汾阳、孝义、石楼、离石、长治等省内城市，扩展到了目前的北京、天津、青岛、呼和浩特、鄂尔多斯、包头、西安、石家庄等北方大中型城市。目前，公司以太原为中心，发展连锁加盟店达 16 个。2018 年按照"百城万村"家政扶贫和"全民技能提升工程"的要求，红马甲职业培训学校的足迹已踏遍山西 45 个县区，208 个乡、镇。

二是请进来。为了家政行业的健康发展，为了企业自身发展的需要，2014 年，红马甲成为山西省妇联巾帼创业基地和省内家政行业首家民营家政服务的定点培训机构；2015 年，山西省妇联确定红马甲为"晋嫂"家政就业创业示范基地；2016 年，山西省家政服务协会确认红马甲为首批"山西省家政服务协会培训基地"；2016 年 12 月，红马甲被吕梁市委、市政府确定为"吕梁护工第二联络部"和"吕梁山护工实训基地"。为了不断总结经验，红马甲集团每年要召开两次座谈会，把相关市、县领导，护工代表，客服对象代表，受训学员代表请到公司征求意见，并完善教学和服务质量。

三是认真履责。积极承担社会责任。解决大学生就业难的问题不仅关系到大学生的切身利益，而且也关系到社会的稳定与和谐。自 2016 年以来，红马甲根据省市人社厅（局）、省市商务厅（局）的安排，多次参加人才市场的招聘会，把愿意并适合到公司工作的大学生请进来。两年来，红马甲共吸纳大学生 300 余人，经过短暂的培训，把他们安排在公司前台客服接待、办公室、档案室、财务室工作，表现突出的让他们做业务主管，为他们提供锻炼、提升自己的机会。这样，不仅对初出校门的大学生成长十分有利，新鲜血液的输入也对企业今后的发展十分有利。

四是不断探索发展新路径。红马甲是山西省最大的家政服务企业，2016 年初，其在原山西红马甲家政公司正常运行的情况下，又在太原市迎泽区桥东街租赁了 2650 平方米商铺，投资 900 余万元进行了装修和设备购置更新，与山西省家政服务协会协商沟通取得一致意见后，把山西省家政服务便民市场引入红马甲集团有限公司，太原地区 20 余家家政服务公司入驻企业。同时，红马甲注册成立了红马甲职业培训学校，创建了红马甲企业孵化园。2016 年 11 月，吕梁护工第二联络部、吕梁护工实训基地等也相继在红马甲挂牌入驻，并于同年 12 月正式开班培训吕梁山护工。红马甲设有"吕梁山护工联络部办公室"、家政职业培训学校、小微企业孵化管理办公室等，还有大小会议室、学员教室实操实训室、食堂、员工宿舍等，可同时容纳 20 余家小微企业办公、200 余名学员食宿和培训场地。

经验效果

吕梁山护工培训工作是省、市、区三级政府实施"精准扶贫"的重大举措。红马甲立足吕梁贫困山区实际，从 2016 年 12 月开始，依托太原市红马甲职业培训学校进行"吕梁护工"培训试点工作，截至目前共举办吕梁护工培训班 20 期，培训护理人员 3217 人，共有 2000 余名护工与太原、晋中、天津、北京等地的家政公司签订了就业协议。

此外，红马甲以太原为轴心，把原有的家政服务做大做强。从 2016 年至 2018 年，红马甲在太原及其加盟店举办室内外保洁、保姆、月嫂、病患陪护、钟点工、育儿嫂等各类家政人员培训班 60 余期，累计培训 1.6 万人。

红马甲集团股份有限公司业务涉及的种类有：家政服务、养老服务、社区照料服务、病患陪护服务、保姆月嫂、家庭保洁、高空清洗、工程开荒、家具维修、楼体保洁等多项服务。目前，公司有 16 个加盟店分布在太原市 6 个城区，并辐射吕梁、古交、清徐、阳曲、娄烦、晋中、石家庄、内蒙古等地。另有 5 家分店集中在山西省中部临汾、侯马、永济等地区。公司高空清洗部"红马甲蜘蛛人"以优质的服务、良好的信誉，得到了广大合作单位的认可，也为公司创造了可观的经济效益。红马甲还积极参与街办、社区组织的便民服务、公益慈善、福利救助活动，得到了社会的广泛认可。

2017 年 12 月，经省家协推荐和专家审查，红马甲集团被国家标准委确定为"国家级服务业标准化试点单位"（2017 年 12 月 ~ 2019 年 12 月），是山西省家政行业唯一一家被确定为服务业的试点单位。为推进服务业标准化试点工作的深入开展，红马甲积极开展相关的专业培训，特别是山西省家政服务四个地方标准颁布后，红马甲公司积极组织学习培训，落实规范要求，先后制定了公司各类家政服务工作人员的《工作要求》《服务流程》《服务内容与质量》《回访与跟踪服务信息反馈》《岗位职责》《公司管理制度》等工作标准，认真执行《山西家政服务合同》（2015 年版），并把《山西省家政服务公约》《山西省家政服务承诺》《十要十不要》等基本管理制度悬挂在墙上，时刻警醒和约束员工的行为，从而有效推进了标准化管理工作的开展，提高了企业经济效益，提升了红马甲家政服务品牌的质量和效益。

红马甲家政服务从业人员文化程度普遍偏低、就业流动性很大，客观上对家政企业管理、人员培训、优质服务、安保维权等方面提出了很高的要求。为此，红马甲集团股份有限公司坚持以市场需求为导向、以强化培训为抓手、以提升服务质量为目标，辅之跟踪回访、依法维权等措施，确保红马甲品牌的建树和影响。

案例 42

江苏省九如城集团社区助餐助力养老服务，平台联动新概念家政助推幸福家庭

一 基本情况

九如城集团，是将医、康、研、养、教、旅相融合的养老服务综合运营商。集团起步于 2009 年，从运作"尊老社"项目开始，深耕康养行业近十年，用标准化的体系提升服务品质。

九如城集团目前项目落地长三角、珠三角内 20 多个重点城市，在北京、武汉、长沙、成都、郑州等中心战略布局，于大连、海南、昆明等地构建旅居体系。九如城集团已连锁运营养老、医疗机构及日间照料中心 100 余家，员工人数逾 3000 人，总床位数为 30000 张，每年服务居家长者达 100 余万人。

九如城集团坚持"品质与爱同行"的服务理念，坚持"以良知唤醒孝道，以能量创新产业，让长者安享幸福晚年"的企业使命，以孝爱家为核心，以"九如城"幸福体系为保障，打造以心养老、以爱护老，以家为老的新型养老模式。在行业内首创"四级养老服务体系"，以城市养老综合体为资源载体，城市养老院为运营核心，将服务延伸到社区和家庭，满足一定区域内全部长者全生命周期的养老需求（两全养老模式），以专业之道，怀大爱之心，安长者之福。多年来，"九如城"坚持"连锁化、品牌化、智能化、融合化"的"四化"发展路线，以独特的运营模式和服务特色，致力成为中国养老产业的开拓者和领军者。

2019 年起至未来 3 ~ 5 年，九如城集团将精耕长三角，布局珠三角，

进军北京、武汉、长沙、成都、郑州等中心城市及青岛、海南、云南、重庆等旅游城市及区域，设立 1000 家机构，进入 10000 家社区，成就百城战将、千名院长、万名站长、十万员工，居家服务惠及千万长者，良知孝爱利益亿万家庭！

二 主要做法

（一）合理降低助餐成本

1."一对多"的群体化送餐方式

老人送餐"一对多"的群体化送餐方式，即若干位老年人同时提出送餐需求，居家养老中心送餐员按区域人员分配同一时间出发，按照既定路线，挨家挨户逐一送餐，当送达过后，整个送餐过程完成，其所需时间短。助餐过程中，助餐点会对配送路线进行优化，减少配餐时间，让老年人更及时地吃上热菜热饭。

2.严格执行送餐车定期维修保养

送餐车定期维修保养，不仅可以保证送餐人员途中的安全，保护老年人的餐食完好无损，让老年人及时吃上助餐的餐食，同时也能降低送餐车使用成本。

3.依托机构厨房做餐减轻成本

"九如城"在宜兴市运营 11 个助餐点，助餐服务隶属于居家养老部门，但居家养老部门不设立厨房，助餐服务的餐食全部是由无锡公司下属的机构厨房制作，机构本就需要设立厨房，需要配置厨房相关的工作人员及相应的设施设备，厨房工作人员实行的是绩效工资，增加居家助餐服务，虽然增加了工作量，但也因此提高了他们的工资和工作积极性；机构承接助餐工作可以提高营业收入；居家部门也因此减少了设置厨房的成本费用，减轻了助餐工作的投入压力，这是机构居家互惠联动最好的体现。

（二）精细管理，提高助餐质量

1.严选供应商

挑选绿色配菜公司，集约式采购菜品；统一每日采购新鲜菜，以保证安全卫生；严格挑选供应商，降低采购成本，让老年人享受优惠的同时，确保食材新鲜及用餐安全。

2. 高标准的厨房，安心的餐食

"九如城"拥有的规格标准可以媲美中央厨房的中心厨房，厨房严格遵循市场监督管理局制定的食品管理制度、规范和流程，设有专门的食品快速检测室，对每天的菜品进行检测，直接上传数据至苏州市场监督管理局。厨房相关从事人员均需取得食品级从业健康证，并且严格进行规范化的岗前培训。做好安全防火工作，定期进行安全检查，消除火灾隐患。每日下班前，进行各项卫生大扫除。工作人员对水、电、煤气、门窗等设施进行安全检查，并对有问题的及时进行处理或报修。做好人员往来的管理工作，严防陌生人随意进出仓库，严禁无关人员进入厨房。严格执行国家的卫生、防疫、消防等方面的规定和要求，为老人提供配餐服务。老人堂吃中心认真做好各项安全工作，定期检查。掌握老人的生活习惯健康状况精心为老人准备可口饭菜。

3. 实行政府考核与满意调查双轨制

"九如城"的助餐服务实行社区、政府考核与用餐居民满意度调查机制双轨并行。每两个月为一个考核周期，由社区、政府对助餐服务进行考核，并且考核的分值将直接影响拨付运营补贴费用，考核范围包括用餐服务满意度、用餐环境满意度、餐品质量满意度三方面；"九如城"不定期对用餐服务对象进行满意度调查，与每一位用餐服务对象面对面沟通，听取反馈意见，根据大多数服务对象的需求及时适时进行调整，争取用餐服务对象满意最大化！

（三）延伸助餐服务，推进融合发展

1. 助餐与日照功能相融合

"九如城"所设立的所有助餐点都是以日间照料中心为依托，长者除了可以在助餐点用餐之外，还可以在日托中心参加文娱活动。来这里的长者助餐之余可以参与各类活动：棋牌、戏曲、养生、保健、观影、书画等。"九如城"会不定期举行各类节日庆祝活动：春节、中秋、元宵等，或不定期举行康复义诊和健康义诊，不仅能满足长者用餐上的需求，还可以丰富长者的精神生活，更能满足长者健康方面的需求。

2. 助餐与残疾人助餐相结合

"九如城"的助餐点,不单单是提供老年人助餐,更为社区的残疾人群提供助餐,残障人士是弱势群体。"九如城"在助餐站点设立残疾人之家,通过开展各类生存能力体验课程与生活能力教导课程,增强他们的生活与生存能力,使他们能够更好地融入家庭与社会中;"九如城"还为他们提供辅助性就业的机会,让他们能够取长补短相互依靠,可以依靠自身的力量来创造价值,创造财富。残疾人群在助餐点不仅解决了吃饭问题,还能获得精神支持,更能获得经济收入,从而提升自信心,提高家庭与社会地位。

(四)搭建智慧平台,精准高效服务

以"九如城"昆山区域为例,厨房严格遵循市场监督管理局制定的食品管理制度、规范和流程,设有专门的食品快速检测室,对每天的菜品进行检测,数据直接上传至市场监督管理局。厨房相关从事人员均需取得食品级从业健康证,并且严格进行规范化的岗前培训。同时搭载了周市镇智慧养老大数据平台,平台提供全面的数据调取、查阅、统计和汇总,让机构管理人员、服务人员、政府监管人员更加及时、高效、精准地对各类养老服务、助餐服务进行跟踪。智慧平台的老年人档案包括老年人的基本信息、子女信息还有他们的身体状况的动态追踪,该平台的存在对养老服务和助餐工作的指导以及部署安排提供了强大的支撑。2018 年的 5~12 月,周市镇助餐人数达到 371 人,助餐数量达到 65896 份。

综合来看,"九如城"用专业人员从以下几点做好服务工作。

一是加强宣传,不仅仅针对社区长者,同时对社区工作人员、社区群众进行助餐宣传,提高知晓率,进行相关需求的深度统计。

二是需求对接,优化服务。"九如城"通过举行座谈会、问卷调查、试吃活动等,加强社区居民与助餐点的需求对接,进一步改进服务,努力提升服务品质。

三是长远打算、提升硬件。考虑到为老服务综合助餐点建设,"九如城"打造相对舒适的就餐环境,使一部分身体健康的老人能够愉悦的在助餐点就餐。

四是发展社区志愿者，激发他们的余力，鼓励他们做好为老服务，提供高龄困难长者送餐上门服务。志愿者们形成习惯，把每一位老人当作自己家人对待，每天关心高龄独居老人，及时发现突发情况，了解群众的需求，使餐食既有"饭菜香"又有"人情味"。

三　成效经验

（一）成效

以 2018 年"九如城"上海区域数据为例：尊老社 6 个点助餐 62098 份，千灯镇 7 个点助餐 41888 份，周市镇 8 个点助餐 65896 份，凤溪阳光之家助餐 2961 份，小昆山综合为老中心助餐 1999 份，小昆山日间照料中心助餐 4335 份，大港日间照料中心助餐 2024 份，苏州北桥 2 个点助餐 20518 份，凤栖日间照料中心助餐 957 份，金山石化助餐 4314 份，南园助餐 768 份，淀山湖福利院助餐 15293 份，总计 223051 份。

2018 年"九如城"社区助餐量达到 100 万份，预计 2019 年将超过 300 万份，2020 年将会达到 600 万份。会有这么大的增长量，主要是因为"九如城"已经打造一个从机构到社区到居家的完整的养老服务体系，作为服务中的一环，"九如城"的助餐服务依托现有的智慧养老服务平台、志愿者平台、人才体系以及丰富的资源的支撑，实现了可复制、可智慧化、可定制化。

依托自身的社区机构，九如城集团为居家的老年人提供生活照料、家政服务、康复护理和精神慰藉等方面服务。通过志愿者平台、智慧养老平台、长者学院、孝道学堂等一系列平台，"九如城"将家政养老融合服务真正利益到家庭，将阳光照进了长者心田。

（二）经验

1. 多平台联动，全方位满足居家长者的服务需求

"九如城"针对社区居家养老特点，搭建适合家政服务介入社区居家养老服务的信息网络服务平台。以信息服务网络建设为依托，整合社区资源为核心功能，推进社区家政服务介入居家养老服务信息平台建设。打造设施配套、服务健全、方便快捷、惠及广泛的家政服务居家养老的智慧平

台，确保信息共建共享，有效调节供需信息。"九如城"通过街道（乡镇）布阵，以社区为布点，即每个街道（乡镇）成立一个居家养老服务分中心，每个社区成立一个居家养老服务站点，积极构建覆盖全区域的居家养老服务网络。以手机 App 应用、扫描二维码为依据，一键式管理，实时关注老人的服务动态，定制个性化的养老服务。同时，"九如城"有成熟的居家养老呼出系统，客服人员预约服务时间，追踪服务品质，实现居家养老服务的主动性和服务质量的可控性。

为充分发挥志愿者的力量，"九如城"开创了志愿者服务平台，通过线上和线下的培训学习和交流，使居家服务能更通用化、更普遍化。"九如城"成立了长者学院、孝道学堂，致力于提高长者生命质量，唤醒子女心中孝道，从精神层面关爱长者。

"九如城"以智慧养老平台提升服务水平及质量，以志愿者平台扩大服务范围及服务周期，以长者学院提升长者晚年幸福指数，以孝道学堂助力幸福家庭建设，从简单满足生理上的需求，到满足心灵上的圆满。

2. 建设专业化高水平家政养老服务队伍

我国的专业养老服务人员相当缺乏，服务人员大都没有接受过专业知识的学习与培训，缺乏从事养老服务的专业知识与技能。在居家服务不断发展的今天，老年人对各项养老服务的需求越来越高。专业化、高水平的家政服务队伍是做好居家养老服务的重要前提和保证。

"九如城"树立"以人为本"的人才培养理念，在企业中营造尊重人、理解人、关心人的氛围，建立员工幸福体系，吸引高素质管理人才，着力抓好家政服务介入居家养老服务的人才培养发展战略规划，分层次、针对性、系统化的进行家政服务员居家养老服务的教育培训，注重居家养老服务技能培训与家政服务员职业道德素质培养，使家政服务员逐步提高居家养老服务技能。

3. "家政 + 医疗服务"，品牌化的运作模式

"九如城"突破传统的价值理念和服务内容，针对长者换季整理、购物、洗浴照顾等提供定制服务，同时提供 24 小时医疗顾问，接受病情和用药咨询，定期体检和上门医疗服务，动态监测长者身体健康。提供"六助服务"（助餐、助浴、助洁、助医、助护、助急），将生活照料、医康护

理、精神关爱等服务全面辐射到各年龄段的老人群体中，为市场提供更多更高品质的服务产品。

"九如城"始终跟随习近平总书记的指示，一定要以人民幸福美满的生活为目标。未来，"九如城"将会紧跟党的步伐，紧随政策的导向，用更好的家政服务和助餐服务去践行使命，让阳光照进长者心田，让更多的爱心能汇聚到一起，去利益亿万幸福家庭！

案例 43

安徽省马鞍山市赛瑞斯家政公司建立 "家庭服务员互助基金" 模式 破解育婴行业责任风险分担难题

基本情况

马鞍山市赛瑞斯家政服务有限责任公司（简称赛瑞斯）创业于 2009 年 3 月（注册于 2013 年 7 月），为马鞍山第一家专注于 "母婴护理和育婴服务" 的企业，是马鞍山市母婴护理行业中专业化程度最高、团队规模最大、影响力最大的家政公司之一。2017 年，赛瑞斯服务新生儿家庭数达 2570 个，约占市区年度新生人口的 1/4，在同行业中市场占有率达 50% 以上。公司先后获得全国家庭服务业千户百强单位、安徽省放心家政龙头企业、安徽家庭服务业先进企业、安徽省家庭服务业员工制认定企业单位等荣誉，是安徽省家庭服务业协会首届副会长单位、市妇联 "皖嫂" 基地、巾帼脱贫示范基地和女大学生创业就业见习基地。

主要做法

针对行业经营过程中客观存在的市场监管不到位、客户索赔多元化、各类保险限制多等因素，导致从业人员心理负荷逐年加大、影响企业规模化运营等问题，公司管理团队在借鉴汽车交强险的管理方式基础上，于 2017 年 7 月在公司内部成立 "小荷会家庭服务员互助基金委员会"。其范围涵盖公司所有在岗的会员制员工，含月嫂、育婴员、陪护及管理人员，采取以互助基金委员会为组织，以互助基金管理制度为支点的方法，秉承

"人人小负荷、解决行业最痛点"的专项基金管理精神,启动员工与员工之间、员工与企业之间的互信互助,化解因员工工作失误致使儿童生病、意外等需要本人承担相应赔付等实际困难和职业风险,缓解月嫂育婴行业从业者入职的心理压力,建立共同抵御风险、战胜困难的良性工作机制。

1. 成立专项基金管理委员会

(1)管委会成员组成:品行端正、经验丰富、服务口碑良好、团队内个人影响力大、沟通技能强的一线母婴护理员和育婴师,公司管理者,律师、医生、护士等其他行业志愿者。

(2)管委会负责基金的统筹、管理和调配工作。专款专用。

(3)管委会负责以第三方志愿者身份参与客户投诉的收集、取证、评定与协调沟通和最后赔付方案的确定。

(4)管委会负责基金管理制度的修订与完善、管理流程的优化,以及索赔案例的公开与公示,并将案例汇总登记成册。

2. 明确基金来源

(1)员工自筹。以交强险的模式强制性缴纳一定的基础费用,对于当年出险者,来年提高互助费用以示约束;反之,不出险者来年降低互助费用缴纳以示鼓励。

(2)公司等额配给拨付。

(3)其他社会募捐。

3. 设定互助人员加入条件和退出机制

确定参加互助人员的资格和时限,并建立退出机制和时限。

4. 明确互助项目和互助标准

根据公司和项目风险的需要,确定相应的互助项目以及对应的互助资金拨付标准。

5. 规范处理流程

案件启动、调查、磋商等各流程的人员配备和处理过程的记录和公示极为重要,决定着案件处理的合理性及警示教育意义。明晰互助基金申报的资金管理流程和文书表格,确保专款专用。

6. 设定违约和免责条件

打击恶意申报和欺诈行为,保障资金安全与合理使用。

7. 建立长效工作机制

建立案件复盘机制和管委会成员的定期培训机制，整理汇总案件解决方案，为企业管理与培训提供重要的信息支持。

经验效果

互助基金管理模式在公司内部执行一年来，广受好评，有针对性地降低了求职者的择业心理压力，让越来越多的失业者愿意参与学习培训并从事育婴事业，让越来越多的在职者不再担心一朝不慎一年辛苦一场空。同时，由于第三方多类型志愿者的介入，客户、服务当事人都更加注重案件取证的合理性与诉求的合理性表达，各方当事人也能用积极的心态面对取证和沟通过程，从而将矛盾与冲突化解到最小，实现阳光、透明、高效的目的。

案例 44

福建省福州市瑞泉护理服务有限公司创新 "医院整体循环护理模式"

基本情况

福建瑞泉护理服务有限公司（以下简称瑞泉护理）成立于 2013 年 5 月，是一家专门为患者提供非医疗性康复护理与陪护服务的专业型护理服务公司。瑞泉护理以"做患者家属的放心后援"为企业使命，致力于为患者提供专业、优质的护理服务，着力培养职业化的护理员队伍。当前，公司业务遍及国内 17 个省市，旗下拥有 20 余家子公司，合作医院超过 150 家，专业护理人员达 5000 多名，每日护理患者近万名。

2016 年 6 月，瑞泉护理成为《中国护理管理》期刊常务理事单位，同年 12 月成为中国生命关怀协会理事会员单位，2017 年 3 月成为福建省家庭服务业协会理事单位，2017 年 5 月成为福建省健康服务职教集团成员企业。

瑞泉护理专耕生活护理服务领域，创业之初就始终将医护行业的发展变化与难点、痛点看在眼里。这些问题主要有以下几点。

1. 市场缺口大，出现供需失衡

近年来，许多医院的病患出现了"零陪护"现象，即亲属不在身边，而采取雇佣护工陪护的形式。另外，随着社会老龄化程度的加深，市场上对生活护理人员需求也日渐增多。据了解，目前生活护理服务的供应有近千万人的缺口。但与日益增长的需求相比，整个市场的发展不尽如人意，取得职业资格的仅有几万人。尽管陪护业在不断发展，但速度与广度相对于需求的增长而言，仍是杯水车薪，市场还需要更为庞大数量的护理员支撑。

2. 行业不规范，护理员水平参差不齐

因为行业发展缓慢等，目前整个行业没有国家标准，职业没有规范制度，人才没有稳定成型，缺乏统一的管理和监管，服务质量无法保证。据调查，生活护理从业人员几乎都是来自农村的 40 岁左右的闲置劳动力，多是未体检、未甄选便直接上岗。部分人员长期盘踞科室、破坏医疗环境；搬弄是非、制造医患纠纷、影响医疗秩序；恐吓患者、索要红包、坐地抬价、拉帮结派，医院方与患者方对"护工乱象"早已深恶痛绝。

3. 现有"一对一"24 小时的陪护方式存在弊端

在 24 小时的陪护过程中，护理人员有大量的空闲时间，有些甚至一天只需要为患者服务一至两个小时，使生活护理员全天候休息无规律，造成资源浪费并给护工带来潜在的身体伤害。此外，不管患者病情等级如何，"一对一"的价格很难下调，节假日甚至出现无序涨价，易对患者及家庭造成经济压力。

主要做法

面对陪护行业乱象丛生，瑞泉护理响应有关政策精神，从零开始，致力于生活护理行业规范化、标准化建设。公司创建"以科室为单位的整体循环护理服务模式"，以实际行动将改革进行到底，针对陪护行业痛点"对症下药"。从 2013 年 6 月第一个瑞泉生活护理服务项目正式入驻福建省人民医院开始，瑞泉护理就坚持统一管理、统一服装、统一收费标准、统一标识、统一调派的"五统一"管理，对陪护行业的模式、品质、价格、监管等进行了创造性的变革。

1. "多对多"陪护模式，保证服务质量与效率

"循环护理服务模式"是一种"多对多"的服务模式，避免了原先"一对一"模式下的资源浪费、陪护人员职业健康危害、病患陪护安全隐患等，强调护理员以科室为单位，形成互助小组作业，昼、夜轮班，无须家属替班，出现问题可投诉。在每个科室相对稳定的护理员中，推选出科室组长，确保生活护理服务质量管理落到最基层。护理员相对固定，有利

于跟科室医生、护士和家属进行良好的配合，同时保证护理员的工作与休息时间，确保服务质量、效率及职业健康。

2. 根据病情等级定价，坚持惠民原则

"整体循环护理服务模式"针对患者生活护理服务需求程度明确定义，从病患和家属对服务项目数和服务需求量，依次分为 C 级、B 级、A 级、特级四种服务等级，并对应不同的服务价格。分级收费后，客单价比原先"一对一"时下降了 30% ~ 40%，且对年节期间的无序涨价进行了有效控制。

3. 实行规范化、标准化、制度化、信息化管理，完善监督

一是人力资源管理规范化。公司始终严格要求，护理员年龄限制为60周岁以下，上岗前能提供健康证明材料，具备一定的文化水平并要求能看懂护理资讯，优先挑选具有亲和力、工作勤奋、有爱心的人进行服务。二是护理员培训标准化。护理员培训注重理论与实践的结合，前期参考相关教材制定教学标准，后期协同福建卫生职业技术学院开发内部教材，同时结合合作医院的护理专家指导意见，进行实地学习演练，并综合考核。此外，公司还搭建"瑞友会"网络微课平台，集在线教学、在线自测、宣传先进楷模等功能于一体，帮助学员强化训练，提升水平。三是医院服务现场管理制度化、信息化。公司自主开发运维平台，实现客户订单和结算网上办理，并对各科室配置呼叫系统，做到即时响应，以信息化助力服务效率与质量的提升。公司自主拍摄教学视频并由瑞泉护理管理学院编订21项基本动作操作要求与评价标准，对护理员现场作业给予标准化、专业化指导。四是质量监督管理常态化。实行标准的服务管理流程，将满意度调查、科室投诉、例行检查、患者投诉四方面信息汇集到项目处，由项目处负责跟进，提出改进措施，并跟踪验证、反馈结果。此外，公司还制定瑞泉护理核心文化"十不准"作为日常行为管理规范。

经验效果

"整体循环护理服务模式"已得到广泛认可，获得了超95%的客户满意度，四年来收获感谢锦旗超2000面，并得到环球时报、新浪网、福建日报、新华网等主流媒体关注。同时，瑞泉护理涌现出了许多优秀团队与个

人，出现了义务为急救病人输血、主动捐款、鼓励患者积极接受治疗、关怀患者身心健康等诸多感人事迹，瑞泉护理团队以真诚与真心收获了众多信任。

1. 以"标杆"效应有效助推家政服务业（陪护行业）提质扩容

凭借创新的管理模式、优异的服务质量，瑞泉护理和众多三甲医院签订合作协议，进驻全国 17 个省份的 150 多家医院，业务规模在国内生活护理服务领域处于领先地位。

2. 推动家政服务（陪护行业）向专业化、规模化、标准化、规范化发展

面对健康照护行业缺乏国家标准、职业规范制度、先进管理经验与监管流程的现状，公司大胆探索，制定出医院生活项目服务管理规范，制定出培训标准、分级护理标准、日常管理标准、监督反馈标准等，同时和保险公司合作推动生活护理责任险，降低了医院、病患和护理员的风险和压力。

3. 提高了从业水平，增加了护理员收入，走出了精准扶贫助贫新路子

培训上岗，提升了护理员群体的整体素质，也提升了其收入水平，使其由不固定收入变为持续稳定收益，利于农村富余劳动力收入稳定。从 2016 年起，瑞泉护理和山西吕梁、安徽阜阳、福建南平、湖南常德、广西桂林等地扶贫管理部门，共同开展就业扶贫培训；2017 年还与南平市政府、福建卫生职业技术学院合作，为南平地区贫困家庭子女专设中职护理专业扶贫委培班（三年制），学成后为无法自主就业学生提供就业岗位，助力贫困家庭脱贫。

4. 为行业人才培育提供了示范

瑞泉护理与福建省卫生职业技术学院合作，参与福建省职业教育集团组建工作，并在学院护理专家指导下，成立"瑞泉康养照护学院"，共同制定教学规范和编写教材，共同开展"延续护理项目研究"，搭建"瑞友会"网络微课堂等学习平台，有利于促进护理行业企业规范化培训发展。

5. 践行以民心民生为本的发展思想

据统计，瑞泉护理推行新模式后，其所服务的医院的患者生活护理成本下降了 10% ~ 50%，公司每月可为患者家庭节省超过 300 万元的开支，

极大减轻了患者家庭负担，真正做到惠民利民。

目前，瑞泉护理每天为近 10000 个家庭提供生活服务支持。随着瑞泉护理服务管理平台的不断完善，在我国人口老龄化日益严重的情况下，有更多的老龄化家庭、需要生活支持的失能人员及家属会享受到整体生活护理服务的福利。未来，瑞泉护理将结合实际，不断完善家庭健康生活照护环境建设新模式，为老龄化社会医养治疗提供全面服务支持。

江西省东堃家政服务有限公司以标准化培训
促家政服务线上线下协同发展

基本情况

江西东堃家政服务有限公司（简称东堃家政）于 2016 年 4 月成立，是一家以家庭生活健康管理为入口，集家庭生活护理、月子机构运营管理、养老机构运营管理、老年人健康管理、医院非诊疗护理服务于一体的大健康产业服务平台，致力于打造成为家庭健康管理服务线上线下一体化的企业。

1. 培训体系

公司于 2016 年 4 月投资新建南昌市东堃职业技术培训学校（简秒东堃学校），学校拥有以第 39 届南丁格尔奖获得者章金媛校长为首的专业护理教学团队，有高级职称教师 6 人、技师型教师 3 人、一体化教师 8 人等专业师资队伍。2017 年 10 月，公司董事长参加了人社部举办的首期全国家庭服务师资培训班，并获师资证。学校目前在江西省景德镇、高安、奉新等地建立了 10 家加盟分校，每年培训人数达 12000 余人。学校建筑面积为 3000 平方米，能同时容纳 350 名学员的教学与 100 名学员食宿。学校设有母婴护理实操室、医疗陪护模拟室、养老护理实操室、婴幼儿智力开发室、小儿推拿实操室、催乳师培训教室、月子餐实操室、教研教室、多功能教室等。学校本着"教学质量是学校的生命"的办学理念，对学员进行服务意识、服务技能、基本要素、法律常识等专业化、系统化、规范化的培训，实行"理论＋实训＋考核＋实践＋跟踪＋岗位指导"相结合的一体化教学模式。学校成立不到 2 年，共培训各类再就业人数达 1800 人；作为南昌市职业技术鉴定考点，考证合格率达 100%，学员推荐就业率达 100%。学校以专业的态度，搭建了省内首个第三方高品质、订制式家庭护理人员输出端口，与省内著名三级甲等乙等医院、妇产医院、养老机构、月子中心等机构达成合作，输出的人才得到用人单位的一致认可。2017 年 11 月，学校顺利通过了南昌市高技术人才培训基地评审；2018 年 12 月，被南昌市人力资源和社会保障局授予"高技能人才培养示范基地"。

2. 就业输出平台

东堃家政"以服务健康，精心呵护"的服务理念和"私人订制"的服务模式，迅速将"东堃"这一家庭生活服务品牌在省内叫响，成为江西省家政协会副会长单位、南昌大学江西校友企业联合会副会长单位、商务部"百城万村"家政扶贫参与企业，目前在全省已有加盟分店 42 余家，拥有家政人员 3000 余人。

2017 年 11 月，东堃家政与北京惠佳丰产业集团合作共同出资兴建了江西省惠佳丰健康产业有限公司，以投资医疗辅助服务、医院后勤服务、居家养老服务为重点业务。2017 年 12 月，东堃家政与江西省人民医院正式签订医疗陪护业务合作协议，目前正在试点运行服务的医院共 4 家，医疗陪护人员 180 多人。

东堃家政以客户需求为导向，严把从业人员素质，建立了自己的家政从业人员的考核体系，做到客户满意度 100%。公司目前已与北京惠佳丰、管家帮、好慷在线、腾讯、58 到家等省内外知名家政企业达成战略合作，呈现再就业岗位类别多样、岗位区域分布广泛、岗位工资待遇丰厚等特点，并以"绿色护理、人文护理、科技护理、善行护理"的经营理念为广大家庭服务。

主要做法

1. 建立统一行业标准模式，自主研发家政行业新技术

面对家政市场需求广阔，服务从业人员素质参差不齐，服务标准无统一化的现象，东堃学校做如下努力。一是在加强新技术研发和创新上下功夫。组建了一支由 8 名护理学院毕业的专业医疗护理师组成的团队，自主

研发完成了三大护理体系（母婴护理、医疗陪护、养老护理）18个科目的课程研发。二是在加强新技术的应用和实践上下功夫。学员通过"理论＋实操＋实习＋考核"的学习模式，在医疗知识、专业技能、职业道德、行为规范等方面得到全面提升。学校对学员文化程度、年龄阶段、性格特点等方面进行差异化分析，合理做好职业引导，给予标准化、职业化、流程化精准培训，并专业评估其学习成效，极大提高了学员上岗就业率。三是在加强新技术的推广和服务上下功夫。坚持产教融合、校企合作，大力开展订单式培训和在职培训等，与省内20多家医院、月子会所合作提供护理服务，目前已成为省人民医院护工定点培训基地。学校积极参与精准扶贫工作，2017年参加全省脱贫攻坚"百日行动"，与修水、永修、都昌、樟树、新余等地签订扶贫计划，完成扶贫培训人数达600人次；2017年10月成功举办了南昌市"洪城杯"职业技术大赛。同年11月东堃家政派出9名优秀家政员代表南昌市参加江西省"振兴杯"职业技术大赛，表现突出，各项赛事均获奖项，为南昌市历史上获得的最好成绩，并荣获"最佳组织奖"。2018年7～8月东堃学校分别承办了南昌市总工会主办的"南昌市母婴护理职业技能大赛"和江西省总工会主办的"江西省母婴护理职业技能大赛"。东堃学校目前在全省10个县市建立了分校，为家政新技术推广、脱贫人员就近学习创造更好的学习条件。

2. 建立统一规范运作模式，制定从业人员管理新机制

目前南昌市的家政行业大多利用传统的中介制运行模式，为广大家庭提供家庭保洁服务，而随着社会需求的不断增长，更多的家庭对于家庭服务种类的需求越来越大，管家服务、定制式服务也应运而生。东堃家政建立了"一人一卡一库"的从业人员管理新机制，真正将习近平总书记对家政服务"坚持诚信为本，提高职业化水平，做到与人方便、自己方便"的指示精神落到了实处。"一人"，即东堃学校从源头为家政从业人员建立学员学习档案，通过综合评价体系考核后，对学员进行星级评定和待遇评定，并在网上对学员的学习成绩、所学科目、从业资格、健康证明、征信证明等从业信息进行公示。"一卡"，即根据学员工作履历建立从业信息卡，信息卡采取滚动式管理模式，特别针对客户反馈信息进行登记，有效遏制了"黑保姆""黑护工"进入家庭。"一库"，即建立了家政服务人员

人才储备库,对从业人员实行轮动管理,实时掌握在岗人员去向,有效防止了节假日"用工荒""招工难"等问题。截至目前东堃家政人才库在册登记从业人员有3000多名,下一步东堃家政将向全社会开放人才库的查询系统,让全社会都来监督和使用,实现信息资源共享。东堃家政通过实行"一人一卡一库"的数据库管理后,科学地细分了各个职业工种,通过精准培训不断提升各工种的服务技能,针对不同类型的客户,制订相应的家庭服务整体解决方案,将各专业工种有机结合,真正做到"安置一个人,温暖两个家",从而加快了"家政服务+互联网""家政服务+人工智能"的进程。

3. 建立统一企业发展模式,探索家政企业发展新理念

家政服务业作为第三产业的新兴主力军,具有极大的市场发展潜力。近年来,南昌市虽然家政服务业发展迅速,但是仍存在企业门槛低、技术含量低、无行业壁垒、市场秩序混乱、服务欺诈和劳务纠纷等现象,严重影响了家政服务业的健康发展。面对种种现象,东堃家政不断探索新形势下家政企业的发展前景,根据国家发改委等17家单位共同印发的《家政服务提质扩容行动方案(2017年)》文件精神,探索了一系列新经济形态下家政行业发展的新理念。新经济形态下家政企业承载的职能已悄然转变,家政行业正在向一站式生活健康解决方案的新理念方向不断探索。东堃家政在服务内容上做好了细分各项"非诊疗护理",整合上下游服务产品,构建家庭健康服务产业生态链的家政行业新业态模式。东堃家政新业态生态链以三大基础生活护理为中心,围绕康复护理扩展,逐步形成一站式家庭健康生活全生态链,从而完成整个家庭服务产业提质扩容,实现服务就业、服务家庭、服务社会。

经验效果

1. 制度——管理科学化

规范管理是公司发展的保障。东堃家政在成立之初,遵循市场经济规律建章立制,制定了15项管理制度,以公司自发展和合作共赢的发展模式走出了一条实体发展化、经营市场化、管理规范化、服务社会化的路子,推行资格审查、岗前培训、岗中辅导、岗后回执、优胜劣汰的管理制度。

招聘家政服务人员"三合格",即品行合格、体检合格、培训合格;服务质量"两制度",即回访制度、回执制度。公司还设立了质量回访监管制度。

2. 投入——设施现代化

先进的培训教学设备是东堃家政一流服务品质的支撑。东堃家政投入大量的资金,引进医疗陪护、母婴护理、养老护理、产后康复、家庭保洁等新型设备,为培训提供最前沿的培训保障,为客户提供更优质的服务保障。

3. 素质——培训常态化

客户满意的关键在于服务的质量,而服务质量的好坏取决于员工队伍的素质。东堃家政将家政人员的专业能力作为公司的发展点,常抓不懈。引入医学护理培训的继续教育理念,把完成培训积分作为上岗证年审的考核标准之一,公司定期定批安排契合市场需求的专业知识以线上、线下结合的培训方式进行系统、规范的继续教育培训。常态化的培训方式,可不断提高家庭服务人员的素质,从而改善行业整体的服务水平。

4. 创新——经营模式化

随着人民生活经济水平的提升,客户对家庭服务质量、品类的需求也不断增多,东堃家政为此不断细化服务类别,增加服务品类,如衣物收纳、家居保养、绿植护理、老年介护等。为了高效地利用人力资源,东堃家政搭建区域性中心配送服务团队,让一个专业的细分服务团队服务于一个区域,让专业更专业,并不断降低家政人员等单的时间,也让每个区域门店可以为周边市民提供多品类、高品质的服务,从而让市民只通过一个社区门店就可以体验到专业、便捷、高效的家庭整体服务。

5. 信誉——企业品牌化

诚信是企业之本,质量是企业生命。公司一直在不断推动家庭服务人员的信用体系建设,首先从供给侧解决企业的人员诚信问题,通过金融征信查询、信用查询、健康查询、保险查询、性格测试等多种体系为客户保驾护航,从而提高企业的整体信誉。东堃家政计划在2018年全省铺设70家加盟门店,2019年全省铺设170家加盟门店,并对每一名门店经理进行系统、专业、标准化的培训,让更多专业的管理人员服务于广大客户、广大从业人员，公司也将对每一个门店实行年检制，对不合格的门店进行经理更换或者取缔关闭，以确保品牌的社会效益。

6. 责任——服务社会化

家庭服务是民生工程，随着社会经济水平的提高、社会成员的老龄化以及政府对于扶贫工作的推动，家政企业所承担的社会责任也越来越重，让家庭找到好的阿姨，企业在不断提供匹配服务的同时，也需要通过高效的管理、创新的共享服务让供需两侧渐渐平衡。匹配好一个家庭的服务需求，也就解决了两个家庭的生活质量问题。

| 案例 46 |

广西"壮家女"家政进家庭、进社区、进医院
服务 推动家政服务业健康发展

基本情况

广西"壮家女"家庭服务有限公司（简称"壮家女"公司）是一家专业的家庭服务机构，是广西家政龙头企业之一。2011年，公司在国家工商行政管理总局注册"壮家女"商标（商标号8577840）；公司设有八部一校：母婴护理服务部、家政服务部、养老护理服务部、保洁服务部、产后康复部、医院病患陪护部、社区服务部、婴幼儿早教部等八个部门，以及广西"壮家女"家政职业培训学校（简称"壮家女"学校）。

"壮家女"公司的家政服务点多面广、质量高，在南宁市、北海市、防城港市、柳州市、崇左市、百色市、贺州市等建立了7个子公司，并在广西区妇产医院、广西区妇幼保健院设立了母婴陪护服务中心，以及在广西江滨医院、广西工人医院、南宁市职工疗养院、崇左市人民医院设立了病患陪护服务中心，在南宁市江南社区、萝菠岭社区、南建社区、金洲社区和柳州市的龙擎苑社区设立了社区养老服务中心，形成了进家庭、进社区、进医院的服务特色。

"壮家女"公司还大力开展家政培训，是自治区、南宁市、柳州市、北海市、崇左市等人力资源和社会保障局的定点培训机构，同时承接了扶贫办、商务、工会、妇联等区直部门的公共服务培训项目。15年来，"壮家女"公司共培训了14.6万名育婴师、月嫂、母婴护理师、家政服务员、养老护理员、病患陪护员、保洁员、烹饪师、面点师、茶艺师等专业的家

庭服务人员，13.7万名获得了人力资源和社会保障部颁发的职业资格证书。通过"壮家女"学校常态化、专业化、系统化的职业培训，一批批适应市场需求的"壮家女"家政生力军源源不断地输入家政市场，满足了广大客户的不同需求。

十多年来，"壮家女"公司以其"诚信守信、专业专注、爱心到家、服务到家"的服务理念和服务绩效，赢得了很好的效益和荣誉。2012年，"壮家女"家政入选《引领劳务经济的"就业名片"——全国劳务品牌建设成果实录》一书；2016年，广西壮族自治区商务厅认定"壮家女"家政为广西家政服务品牌；发展家庭服务业促进就业部际联席会议办公室授予其"全国家庭服务业千户企业"称号；全国妇联授予其"巾帼文明岗"称号等。

主要做法

1. 进社区服务，推动社区居家养老服务发展

"壮家女"公司于2015年通过投标承接了南宁市江南社区、菠萝岭社区、南建社区养老服务项目，创建"养老不离家庭，照护不离社区"的社区居家养老服务模式。以社区孤寡、残疾、空巢、困难老年人为主要服务对象，开展不同形式、不同内容的服务。坚持每天为困难老人提供爱心午餐服务，定期提供上门护理、保洁、理发、测血糖、量血压、健康养生知识讲座等服务；端午节、中秋节、重阳节、春节前夕，组织老人在社区开展丰富多彩的活动。

2016年，"壮家女"公司承接了柳州市鱼峰区龙擎苑社区老年人日间照料中心（简称日照中心）。日照中心原是柳州机械厂医院一栋住院部大楼，有1000多平方米，由柳州市鱼峰区民政局出资改建成日照中心。利用社区有利条件，实行医养结合模式，将"养"放在龙擎苑社区老年人日间照料中心，"医"则利用柳州机械厂医院现有的医疗资源，给老人提供基础医疗措施。日间照料中心分日托、夜托、全托三种形式为老人服务。柳机医院设置护理床位，接收半自理和不能自理的老人。日照中心集助餐、助娱、助乐、助医于一体，打造医养融合的环境，实现社区、居家联动养老。

2. 进医院服务，促进医院陪护规范化管理

"壮家女"公司从 2012 年至今，先后跟广西江滨医院、广西工人医院、南宁市职工疗养院、崇左市人民医院、广西妇幼保健院、广西妇产医院合作成立了病患陪护服务中心、母婴陪护服务中心。实行医院陪护的统一化、规范化管理，为医院创造有序、整洁、安静的病房环境，为住院患者提供安全、舒适、贴心的服务，让广大病患家属放心地把病人送到医院治疗康复。

（1）抓规范管理，促陪护工作有序开展。长期以来，江滨医院的陪护工作处于自然开展的状态。自 2012 年 7 月"壮家女"公司入驻江滨医院设立江滨陪护服务中心以来，院领导高度重视，护理部、保卫处和后勤等部门积极配合，医院陪护服务中心从无到有，陪护管理逐渐走向统一化、规范化。陪护服务中心的工作主要包括：全面采集、核实陪护员信息，建档，与公司签约，陪护员入职指导、考试，统一着装，周例会督导，主管监督、跟踪、回访，每季度科室满意度、患者满意度、家属满意度调查等。为保障陪护员、患者及家属的权利义务，上岗前双方签订生活服务协议，实现陪护服务全过程的职业化、专业化，确保陪护效果。

（2）先培训，后上岗，人力变人才。"壮家女"公司在广西江滨医院、广西妇幼保健院等 7 个医院都设立了培训基地，统一教材，统一管理。不但在教室培训陪护技能实操训练，还组织学员到各病区实习，增强实际工作能力，确保学员学得好、学得精、掌握好技能。为将陪护水平推广向精、尖，2017 年"壮家女"公司成立了"壮家女技能大师工作室"，扎实开展了陪护技能创新实践，不断提升陪护技能，公司每年拿出 20 多万元经费作为工作室技术骨干人员的培训费用，到外地取经学习；近年来，选派老师参加了美国斯塔基国际管理学院和菲律宾伊米利欧学院的护理技能培训，并赴菲律宾进行家政培训考察。

"壮家女"公司的培训事业结出累累硕果，培养的陪护员参加政府、协会举办的养老护理员职业技能比赛，多次斩获头奖，连续获得广西农民工养老护理员技能大赛第一名、"五一劳动奖章"和"技术能手"称号，带动了一大批高技能人才。

（3）加强诚信体系建设，规范陪护员服务行为。"壮家女"公司把诚

信教育贯穿于陪护工作的方方面面，为每个陪护员建立完备的个人档案，包括个人身份证、户口簿复印件、体检表、培训情况、上岗协议、获奖情况等，并从招聘—培训—推荐上岗—工资变化—后续服务等环节实行动态管理。同时，通过公安部门系统连接身份识别系统，确认雇佣双方身份，为患者和护理员双方提供安全保障。在陪护工作实践中，多个陪护人员经历了患者家属设置的财物考验，面对不当得利不动心、不伸手，赢得了患者家属的信任，获得了良好的信誉，事迹感人。

（4）建立陪护工会工作站，有效维护陪护员的权益。陪护人员来自农村，在城里没有家。2013 年，"壮家女"公司成立了"陪护工会工作站"，引导陪护员加入工会组织，让他们有家的归属感，感受到党和政府对农民工的关怀和温暖。每年"五一"国际劳动节，"壮家女"公司都表彰一批优秀的陪护员，颁发荣誉证书，给予物质奖励。为农民工陪护员申请了 80 多万元的生活困难补助、医疗救助、金秋助学等困难补贴，帮助他们解决实际困难。给陪护员农民工购买互助险和家政职业责任险，为陪护农民工提供保障。每年定期给陪护员农民工进行健康检查，建立健康监护档案。

（5）提质扩容，不断进取。顺应老龄化社会的发展需求，"壮家女"公司加入广西江滨医院智慧居家养老平台，以广西江滨医院、广西工人医院、南宁职工疗养院、崇左市人民医院、南宁市江南社区、菠萝岭社区、南建社区、金洲社区和柳州市的龙擎苑社区等医院和社区养老服务中心为线下服务站，合力打造广西区内居家养老、医养结合一体化服务平台。线上线下平台和服务站相互联动、互为补充，不仅给居家老人提供了生活的便利，也是大数据时代下家庭服务行业适应信息化发展的大势所趋，在平台上，孤寡老人只需一个电话就可以得到陪护服务，成为老人的贴心依靠。

经验效果

1. "养老不离家庭，照护不离社区"的社区居家养老服务模式，让老人更满意

养老护理员根据老年人需求开展活动，如针对老年人开展的健康养

生、家庭保洁、中秋送温暖、重阳节敬老等活动，满足了老年人的需求，增加老年人人际交往。两年来，"壮家女"公司为南宁市江南社区、菠萝岭社区、南建社区、金洲社区老人开展清洁卫生、文体娱乐、生理康复、精神抚慰、日间照料等服务2852人次；针对老年人开展的小组活动315节次；为特殊老年人提供居家养老定制个性化服务289人；提供有关咨询940人次。专家评估组调查显示，居民对我们服务的满意度达93%。

2. 医院陪护的统一管理，让患者、家属更放心

"壮家女"公司在医院运营陪护管理初期，大多数陪护员不服从管理，甚至散布谣言、聚众闹事。实行统一管理之后，公司和医院方一起，对陪护农民工进行教导、技能培训。同时，教育陪护农民工，只有自身的素质提高了，才能提供优质的服务，也才能稳定自己的工作。经过有效的工作，陪护农民工有了质的转变：工作自觉、操作规范、对待病人有礼貌；有事提前请假；不随意跳单、不乱发脾气。由于陪护管理服务中心统一收费、统一管理，病患家属也不用担心收费过高、被坑、被宰等现象发生。很多病患家属了解情况后，非"壮家女"公司的陪护员不请。

目前，"壮家女"公司已经得到了有关部门及社会的普遍认可，2015年7月，全国总工会党组书记纪检组组长、书记处书记王瑞生同志一行四人到"壮家女"公司调研，高度赞扬了江滨陪护先进的管理理念。同年10月，全国总工会副主席、书记处书记、党组成员陈荣书一行到"壮家女"公司陪护工会工作站调研，也给予高度评价。近年来，区内外十几家医院到江滨医院陪护服务中心参观，学习交流陪护服务管理经验，肯定了江滨陪护服务中心的服务工作，构建了病患陪护员、病患家属和医院的和谐关系。

3. 以品牌和信誉谋发展

15年来，"壮家女"公司已取得家政业良好的品牌和口碑效应，公司以此帮助了13万名贫困妇女、失业妇女、进城务工妇女在家政服务业中创造新岗位。"壮家女"公司家政品牌下的陪护员农民工凭着良好的职业素质和职业技能，获得稳定的工作、稳定的收入。如今，"壮家女"公司家政已服务到中国深圳、香港，新加坡，马来西亚，美国等地，为20多万客户提供服务。目前，家政人员在南宁工作的月收入为3000~13000元，在

深圳工作的月收入为 5000 · 20000 元，在香港工作的月收入为 13800 港币，真正实现了"短平快"脱贫。

4. 党旗领航，助力扶贫，实现脱贫增收梦

"壮家女"公司是南宁市两新组织党建工作示范单位。公司号召全体党员认真学习习近平总书记重要讲话：共产党员要为人民谋幸福，积极主动参与扶贫攻坚。共产党员邓源俭原是广西灵山县檀圩镇四联村农民，在家养猪、种田，收入低微，2005 年丈夫病逝，她一人抚养三个孩子，生活很困苦。她进城参加"壮家女"家政培训后，一直坚持在家政岗位上工作。她技能高，人老实诚恳，干活认真卖力，深得雇主认可，工资也越涨越高。由于邓源俭工作出色，2008 年她获得"优秀农民工"称号，被评为"全国五一劳动奖章"，并有幸去北京参加在人民大会堂举行的颁奖大会。之后，她回到家乡带领 30 多个姐妹走上家政岗位，家乡父老都夸她是家乡的领头羊，带领姐妹脱贫致富。邓源俭从一个贫困农民到一个优秀家政员，而且作为一名共产党员，她的榜样力量是无穷的。

老共产党员华红勤同志一直坚持家政岗位 15 年，开了 50 多万公里的车，送专家、老师到贫困村开展家政培训，以华红勤同志先进事迹拍摄的专题片《五十万公里的告白》荣获广西优秀党员教育电视片特等奖第一名。陪护服务中心经理、共产党员冯燕把贫困农民组织输送到医院做病患陪护工作。妇幼保健专家、共产党员黄品莲为百名"壮家女"家政员回家乡创业的小老板满怀热情地传递产后康复、乳房护理等技术。公司党支部全体共产党员充分发挥先锋模范作用，帮助贫困农民工实现创业梦、就业梦、致富梦。

| 案例 47 |

四川省德阳家道家政服务有限公司首创
"月子会所＋上门"服务模式，高质量
推动母婴护理行业发展

基本情况

家政服务业中母婴护理具有庞大的市场需求，尤其是全面实施"二孩"政策后，更是出现母婴护理人员供不应求、待遇水涨船高的局面。但由于服务人员个体差异和企业管理短板，家政服务业发展较为滞后。为进一步提升服务品质，减少投诉，稳定、扩充队伍，德阳家道家政服务有限公司（简称家道家政公司）在全国首创"壮家女家＋母婴专护师驻所（驻家）"服务新模式。通过扎实的实训以及专家队伍团队服务与诚信管理体系建设，开启"高端专护师"市场蓝海，"母婴专护师"将是一个全新的"月嫂升级版"工种。

家道家政公司总部位于四川省德阳市，18 年深耕家庭服务，现已成为四川全产业链布局最完善的家政领军龙头企业之一。公司直属及关联子公司有 5 家，直属门店有 40 余个，管理团队班组长以上管理成员 110 人，一线员工 1200 余名，其中家道体系 400 余人，服务全川 10 余个城市；主要业务有家庭保洁、钟点工服务、居家养老、育婴早教、产后康复、家电清洗（维修）、互联网中央洗衣工厂（用户在线洗衣＋工厂上门收送＋洗衣物流跟踪系统）、月子会所、家政职业培训。近些年，公司主要在母婴护理板块上发力，提供月嫂、育儿嫂、母婴专护师、产后康复等工种服务。

主要做法

家道家政公司根据市场发展趋势，瞄准高端市场，开办月子中心，推出"一对一"专护服务，并采用"会所+上门"模式，实现"服务不封顶"，取得良好成效。

目前，新生儿母婴护理市场分为两个板块，一是月子会所提供集中服务；二是家政公司的月嫂提供上门服务。月子会所收费价格相对较高，但环境好，团队服务实行标准化管理。相关服务人员、标准培训专护师按照团队标准化服务流程既可在月子会所服务客户，又可根据客户需要提供驻家服务。2017年3月，家道家政公司投资400万元开设了德阳首家"弥月湾月子会所"，在硬件达到五星级条件的酒店，由具备妇产、儿科、护理、资深星级酒店管理等专业背景的人员组成管理团队，为客户提供产后康复服务。开业仅一年即被市场逐步接受，目前即使提前6个月也很难预定上。

1. 提供续单上门服务

月子期满后，对专护师的服务感到满意的客户，公司可提供继续签单上门服务。这样既可腾出房间给新客户，又把同样标准优质的服务（包括妇产、儿科的专家上门巡查，膳食厨师提供配餐方案等）送进了家庭。客户的服务品质得到了保障，同时也提升了护理人员的上岗率。

2. 开设"家政精准扶贫"培训班

公司旗下的家道职业培训学校同德阳卫生职业院校联合办学，并与辖区有关职能部门开设"家政精准扶贫"培训班，开辟专护师和月嫂的学习通道，有效促进上岗人员年轻化、高学历化，形成了良好的人力资源梯队，并解决了部分就业问题，目前已解决就业数百名。

3. 输送合格人才

月子会所近年来发展迅猛，"家道母婴专护师"经过培训、实训与考核后，根据个人就业意愿，再向其他大城市的月子会所输送合格人才；目前已经和广州、上海、南京、成都等地签订了人才输送协议。

4. 加强品牌建设

企业统一采用VI系统设计与应用，实现店面门头标准化、服装工具标准化；并推出面向全国的品牌加盟输出。目前成都、绵阳、重庆、宜宾、攀枝花、广安、广元等城市均有家道家政公司的加盟合作商户。

5. 创建家务帮网络服务平台

积极推进O2O（线上线下结合）等家政服务新业态，形成大数据精细化管理，加快信息流通，提升行业效率。

经验效果

通过开办月子会所，开辟一对一母婴专护师服务，公司获得全市首个服务业知名商标，原本存在的问题正一一得到解决。

1. 队伍稳定性更有保障

通过改善工作环境、推行轮岗制、提高待遇、购买保险等，公司实现家政服务技能专业化、队伍年轻化，从业人员趋于稳定。

2. 客户满意度大大提升

客户对公司专业人员给予充分的尊重与感谢，客户主动推荐新客户已成常态，形成了良好的口碑效应。

3. 企业成绩被广泛认可

企业的社会影响与行业地位得到充分认可，多次被省相关部门评为优秀培训机构，获得市级先进商贸服务企业等称号，并获得商务部家政行业龙头企业及"千户百强"单位称号等。

4. 发展模式受广泛关注

企业的规模与创新模式，受到多家投融资机构关注，其将与国内较大规模的月子会所连锁机构洽谈有关股权并购合作事宜。

第八章　提升家政人才培养

案例48

北京市易盟天地信息技术股份有限公司大力开展职业技能培训，助力家政精准脱贫

基本情况

管家帮隶属于北京易盟天地信息技术股份有限公司，成立于2006年，集团总部位于北京，在上海、深圳、广州、天津等120个城市设有分支机构，拥有会员家庭400余万户，服务人员64万余人，在全国设有200余个门店，北京设有40余个门店；2012年正式成立北京市石景山区现代服务职业技能培训学校（管家帮商学院），目前在全国拥有上百所分院，依托线上线下相结合的培训方式每年培训5万~6万家政服务人员，覆盖月嫂、育婴师、家政员、养老护理员、保洁员等工种。

管家帮利用O2O运营模式，依托互联网信息技术打造一站式会员制家庭生活服务平台，在各级政府的大力支持和指导下，获得"全国家庭服务

业百强企业""北京市敬老爱老为老服务示范单位"等多项荣誉。在海外拓展方面，管家帮积极参与国际合作，目前已在菲律宾、日本、加拿大等国家开拓海外家庭服务业市场。

为深入贯彻落实《家政服务提质扩容行动方案（2017年）》（发改社会〔2017〕1293号）、《关于在打赢脱贫攻坚战中做好人力资源社会保障扶贫工作的意见》（人社部发〔2016〕71号）和商务部等四部门联合开展的"百城万村"家政扶贫工作的要求，充分发挥家政服务业吸纳贫困地区富余劳动力强的作用，管家帮提出"安置一个人，幸福两个家"的口号，在四川、湖南、贵州、甘肃等省份大量招收家政服务人员，帮助贫困群众培训服务技能、拓宽就业门路。2017年6月，管家帮入选人力资源和社会保障部及国务院扶贫办发布的"全国就业扶贫基地"名单。

主要做法

一是线上利用自主研发的家政家园以及家政查系统，引导贫困地区家政服务人员进行在线学习、征信查询、服务保险、服务咨询以及快速接单；二是线下依托管家帮商学院进行课程培训，用技能解决就业。以上方式既能帮助农村贫困家庭解决就业困难，也能帮助城市家庭解决"老有所养，幼有所育"的现实困难，一举两得。

1. 管家帮商学院基础工作

管家帮商学院是北京市人力社保局批准的养老、育婴职业技能鉴定考点，石景山区民政局养老护理员合作培训机构、石景山区妇联合作培训机构，于2017年获得北京市人力社保局颁发的"北京市民办职业技能培训A级机构"。现管家帮商学院共有三大家政培训基地，分别坐落于北京石景山区、丰台区和朝阳区，设有标准宿舍、理论教室、教学实验室、体验馆、食堂、路演厅等，能同时满足2000人的学习和生活需求。

2. 培训质量保障措施

严控招聘入口，选拔适合岗位的服务员；师资力量雄厚，教学资源丰富，教具种类齐全；充分利用丰富的实战及教学经验，根据客户需求，服务流程标准规范、实操技能手法统一，切实将标准化落地执行；家政技能培训全面精细，含专项培训基地；为服务员做好职业发展规划，制定公平等级晋升制度；三证齐全，人员与服务更可靠；拥有专业服务员督导团队，全程保障服务质量；实行人文关怀，赠送服务员家政险，解决三方后顾之忧。

3. 诚信记录查询及评价

"家政查"是管家帮自主研发诚信记录查询及评价系统，包括从业者基本的身份验证、负面社会安全记录、法院失信记录、金融风险记录、健康状况记录、从业资质以及服务水平、服务态度、服务评价等，让雇主挑选时能提前了解服务人员的情况，保障家庭安全。同时，平台也可以对雇主进行信誉评价，如果雇主存在随意用工、辞工、私签、支付意愿不足等现象，服务人员在选择时也将其作为考虑的要素。

4. 招工培训相关工作

管家帮的招工方式，一是通过政府对接协助招工，二是自主招工。培训方面则是从北京总部委派骨干师资力量驻扎各地区管家帮商学院分院，并在当地招收、培训当地的师资力量，包括线上线下培训O2O、标准化理论教学、实操教学等。

5. 全国安置就业

管家帮在全国铺设就业网，快速解决贫困人口就业难的问题，实现培训脱贫、就业致富、经济发展、社会稳定的目标。

经验效果

近年来，管家帮在国务院各部委及各地政府的大力支持下，先后在全国100多个县市区开展招工工作。截至目前，管家帮共招工、培训贫困群体2万余名，63%实现就业。

1. 贫困县签订对接协议

管家帮与贫困地区地方政府、办学机构（技校等）达成协议后开展招工宣讲，由贫困地区输送学员，管家帮进行标准化培训、评级、认证，培训合格者就业输出。目前，管家帮已分别与四川仁寿、山西吕梁等地区卫校、技校建立合作，并于2017年与四川仁寿县政府达成协议，建立基地，计划三年内向管家帮输送5000名学员，培养实用型、技能型家政人才。

2. 联合培训

管家帮与当地政府合作，外派培训师至当地指定学校进行家政技能培训，如与甘肃定西理工中专建立"校校合作"联合办学模式，由定西理工中专负责提供场地和实训基地，管家帮提供师资培训，为家政服务业长远健康发展夯实基础。

3. 联合办学

贫困地区政府提供办学场地、负责招生，管家帮负责培训学校的建设、运营、管理及师资，对学员进行培训、考核、就业输出。如在贵州桐梓、龙里、织金等地开设家政培训学校，其中桐梓分校已开班 8 期，共培训 1400 余人，龙里分校的建设也已完成，第一期开班培训近 300 人。

4. 动员、激励贫困人口进城务工

全国设立招工体系，各省、市、县、乡镇精准摸底，重点对贫困地区进行宣讲，招生招工；对贫困地区群体实行初级课程培训免费、吃住免费、推荐就业免费的优惠政策，充分调动其积极性；对家庭异常贫困的服务人员，为其垫付交通费，使其进城务工。目前管家帮已经到重庆万州、辽宁铁岭、河北石家庄、河北遵化等地宣讲招工。

5. 全国安置就业，全程保障护航

全国铺设就业网，向 120 个城市、200 余家门店输送培训合格的家政服务人员，对贫困人员可优先向北上广等大城市输送，亦可照顾家庭就近安排。同时建立服务员之家，设人文关怀、家政保险、互助基金、法律援助等，成为贫困人员在他乡就业的坚实依靠。

2017 年以来，管家帮精准扶贫工作取得突破性进展。为实现"2020全部脱贫"的目标，管家帮将进一步扩大已合作地区的扶贫规模，同时总结成功模式和典型经验，在其他贫困地区进行推广，效仿实施，实现家政扶贫、就业致富、经济发展、社会稳定的目标！

案例 49

吉林省小棉袄家政集团有限公司健全职业培训制度，打造"四位一体"家政服务发展新模式

基本情况

吉林小棉袄家政集团股份有限公司（以下简称小棉袄）成立于 2004 年，注册资本 1830 万元，2016 年 12 月新三板挂牌。至今，小棉袄已经发展成为集物业、家政、保洁、保安、劳务派遣、居家养老、电子商务、职业技能培训、健康产业为一体的综合性服务企业，下辖延边和泰职业技能培训学校、延边和泰保安服务有限公司、延边和泰拍卖有限公司、延边支边村食品有限公司、延边福泰养老有限公司、家巧连锁便利有限公司等 10 余个子公司，先后在长春市、吉林市、四平市、辽源市、公主岭市、白山市等地建立 134 家分公司和连锁店，是一家拥有 400 多家合作物业单位、300 多名管理人员、6800 名合同制员工的物业家政行业龙头企业。14 年来，小棉袄先后安置下岗职工和农村剩余劳动力就业 1 万多人次，免费培训近 40000 人次，每年新增就业 2000 多人。

小棉袄从成立之初就申请成立了延边和泰职业技能培训学校，家政服务人员的技能提升是家政企业信誉的根本保障，培训一直是小棉袄经营中最核心的一环。管理体系的实施需要一线员工落实，没有健全的培训体系对一个家政企业来说管理就成了空谈，小棉袄员工要经过岗前培训、在岗培训、复训、技能提升、个人技能评定、职业指导、生涯规划等一系列的个人能力培训及评定，从而保证服务水平和质量。小棉袄培训在做好内部培训的同时还取得了较好的社会效益。学校是吉林省劳动和社会保障厅指

定的 SIYB 创业培训机构，是商务局指定的家政服务员培训机构、延边州总工会指定的农民工培训基地、共青团延边州委指定的创业实训基地、共青团延吉市委指定的创业实训基地。多年来，小棉袄以解决大中专院校毕业生、城镇下岗失业人员和农村富余劳动力就业为己任，成为集培训、鉴定、颁证、推荐就业、后续服务为一体的专业技能培训学校。

办学十四年来，延边和泰职业技能学校共组织开展"安全培训""SIYB 创业培训""农业实用技术培训""育婴师培训""家政服务员""服务礼仪"等培训 270 余期，为社会输送各式技能、技术人才近 14000 余人，并积极安排就业、协助创业，得到各级政府、主管部门及联合办学单位的好评。

主要做法

小棉袄始终坚持高起点谋划、高标准运作、高品质服务的发展理念，探寻"七化"发展之路，把小行业做成大事业，回顾 14 年历程，发展"七化"主要有以下做法。

1. 企业发展集团化

从最初的家庭保洁起步，不断挖掘客户潜在需求，围绕家政服务拓展保安、物业、人力资源托管、食堂外包、技能培训、养老等 10 余个方面的多元化业务，成立和泰职业技能培训、保安公司、福泰养老等 10 多个子公司。2009 年，小棉袄升级为家政集团公司，并借助自身品牌优势，在吉林省地级以上城市建立连锁公司，通过直营、加盟等模式对连锁公司实行"保姆式"扶持，统一标识、统一装修、统一管理，实现了小棉袄运作模式在全省各地的完美复制，带动了全省家政行业的规范化发展。

2. 企业管理信息化

小棉袄在连锁管理的过程中不断强化对信息技术的利用、管理和发展。2009 年，小棉袄自主开发了 OA 自动化办公管理系统，整合和运用了集团财务和人事管理系统，并运用开发了远程会议系统和过程监控系统等高科技设备，方便各个连锁店之间信息的及时沟通。自 2015 年起，小棉袄开始将自己本身的系统形成统一的平台，建立自己的 ERP 系统云呼叫中心，并将其推广到行业，真正实现服务业的"互联网＋"。

3. 企业运作品牌化

小棉袄名字的命名，寓意让每一个享受小棉袄服务的客户都体会到多了一个女儿的温馨和体贴。多年来，小棉袄始终秉承这一品牌理念，公司成立之初，就聘请专业公司对小棉袄的标识、网站、品牌定位做了全面的设计宣传，并注册商标，在行业发展各个维度打造"小棉袄"的驰名商标，把"小棉袄"的品牌效应发挥至极致。

4. 企业服务专业化

公司始终坚持"1 + 1 > 2"的经营理念和"1‰ = 100%"的服务理念，于 2008 年通过了 ISO9001：2000 国际质量管理体系认证，随着企业的发展又相继通过了环境、安全管理体系认证，是吉林省较早通过三项管理体系认证的物业及家政企业；同时建立健全企业内部管理制十本手册，形成了小棉袄集团专业化体系；采用阿米巴经营的方式将各业务打造成专业而独立的单元。在做强服务队伍的基础上，小棉袄利用客户管理系统、呼叫管理系统等现代化的设备和管理手段，形成一支外松内紧的高效运营团队。

5. 企业战略多元化

集团公司成立后，在致力于开展传统业务的同时，横跨餐饮、培训学校、养老、家政 O2O 连锁经营、电子商务等多个领域，服务范围覆盖医疗系统、金融系统、通信系统以及百货商场等，并以养老服务为基础，借助自有的电子商务公司及其成熟的开发团队，完成了小棉袄养老服务平台的开发并取得软件著作权。通过各项服务的交叉以及与产品的有效融合，小棉袄实施蓝海战略。

6. 企业管理规范化

为了保证公司的长远发展，小棉袄致力于构建一个完善周密的管理体系。围绕"诚信方可成人"这一小棉袄企业文化内涵，从员工的业务培训到价值观的树立，从财务管理、人事管理到成立党组织、工会组织，逐步探索逐步完善，基本形成了健全的企业管理模式。小棉袄还倡导打造"家文化"，提出了"快乐工作、快乐生活"的理念，常态化开展慰问贫困一线员工、助学助医等帮扶活动，同时还设置了帮扶基金，利用这个基金帮助家庭生活困难，家中有突发事件的员工，利用集体的力量帮助他们渡过难关。

7. 规模扩张资本化

公司在新三板挂牌后，借助资本的力量，采用参股、收购、并购、投资等方式，整合同行企业，抱团取暖，共同发展，实现业务方面的快速增长，争取三年内由新三板转板进入创业板。在市场资本的支撑下，小棉袄将在门店数量、家政服务员规范、高端运作等主营业务方面实现全面突破。同时各跨界业务也将取得实质性进展。

公司 2019 年已经实现对白山一家政公司、长春一家政网络公司、一家二级物业资质公司完成收购，新收购业务营业收入达 4000 多万元。

经验效果

1. 取得的成果

经过 14 年的发展历程，如今的小棉袄先后获得全国家庭服务行业知名品牌单位、全国优秀民办职介机构、中国清洗保洁十大标兵企业、吉林省十大服务业名牌、吉林省守信用重合同单位、吉林省驰名劳务品牌、吉林省诚信维权先进单位、吉林省消费者满意单位等荣誉称号。2011 年、2012年、2016 年小棉袄多次被评为全国家庭服务行业百强企业，全国家庭服务行业百家诚信企业。2016 年小棉袄被评为吉林省十大服务业名牌企业，同年 12 月 29 日，顺利通过股转系统审核，成为吉林省第一家家政服务业新三板挂牌企业。"小棉袄"商标于 2014 年被国家工商行政管理总局认定为中国驰名商标，是全国家政行业中第三例被认定的驰名商标，吉林省唯一一个家庭服务业驰名商标，2017 年，集团全口径业务应税收入实现 2.6亿元。

小棉袄党支部成立于 2008 年 9 月，自党支部成立以来始终注重党务和业务同部署、同落实、同检查、同考核，以此增强集团职工的凝聚力和战斗力，实现社会效益和经济效益双赢。2017 年 10 月，小棉袄党支部升格为党委，是延边州非公经济组织里第一家成立党委的企业，集团上下高度重视党建工作，充分发挥党员的先锋模范作用，有利于更好地助推企业发展。

企业不断发展壮大也不忘回馈社会，近年来，小棉袄各项捐助费用累计近百万元，每年拿出 5 万元专项资金参加街道开展的微心愿认领、助学助困等各项公益活动。通过街道的推荐，小棉袄长年为 6 家残疾人家庭提供免费家政服务。集团多年来还致力于公益性的居家养老服务，与延吉市公园街道居家养老服务中心合作的养老服务项目，单在人员工资、午餐补助这一块每年集团给予补贴 20 万元左右，还免费为延吉市 300 位老人安装"居家养老一键通"。"一键通"具有呼叫服务功能，一旦有人呼叫，在"小棉袄集团"的呼叫平台上会显示呼叫老人的姓名、年龄、家庭地址、病史、亲属联系电话等，小棉袄员工根据老人的不同需求，上门为老人服务。

2. 致力打造"四位一体"家政服务发展新模式

（1）打造家政超市，实现标准化、仓储化、体系化的家政服务创新。

（2）O2O 模式实现"互联网＋"线上线下一体化的经营。

（3）2018 年底将创办东北第一家民营综合人力资源市场，实现岗位开发、招聘、培训、用工、人力资源管理一站式服务。

（4）通过"集嫂网"网络服务平台建设，实现多元化、碎片化的服务信息整合。

小棉袄成立之初就把天鹅作为公司的吉祥物，且有一段关于天鹅的语句作为小棉袄人的格言：在湖中优雅的天鹅，水面上看起来一片祥和，水下的双脚却在拼命划动，以使前行。古有"鸿鹄之志"之说，小棉袄做的是小家政，立下的却是"鸿鹄之志"，在未来的日子里，小棉袄将借着全国家政服务提质扩容的强劲势头，进一步扩大产业布局，让小棉袄品牌走向全国。

上海市富宇家庭服务有限公司探索组织化引进"黔女"入沪,形成合作、就业、扶贫一体化的家政就业扶贫模式

基本情况

上海富宇家庭服务有限公司（简称富宇家政），专业从事母婴护理、育婴、居家养老、涉外家政、钟点工等服务，是集培训、推荐上岗、后期管理为一体的家政公司，现有直营店 16 家、加盟合作门店 42 家，遍布上海大街小巷。自 2004 年成立至今，服务了近万个家庭，服务范围立足上海，遍及全国，并进入国际市场。富宇家政隶属于新户家集团。新户家集团是多方位投资、多元化发展的综合性实体企业，集团旗下有 7 家公司（从事劳务派遣的上海松宇人力资源有限公司、从事家政及养老服务培训的上海仁济专修学院、从事家政服务的上海富宇家庭服务有限公司、从事居家养老服务的上海白玉兰居家养老服务中心、从事心理咨询服务的上海白玉兰心理咨询服务中心、从事居家保洁服务的上海富强保洁服务有限公司、运营"e 家人"网络平台的新户家（上海）网络科技有限公司和 9 家护理站，现已形成招募、培训、就业、全过程的运营管理闭环产业链。

富宇家政积极响应上海市商务委家政就业扶贫工作，主动到遵义务川试点建设"黔女"家政就业基地，探索组织化引进"黔女"入沪，助推遵义贫困家庭脱贫。在推进"黔女"入沪工作中，遇到了"黔女"走出大山难、融入上海难、上岗就业难的一系列客观困难。富宇家政公司，高度重视，知难而进，专门成立"黔女"扶贫工作小组，由董事长任组长，组织

团队推进项目落实，对"黔女"入沪工作真金白银投入，对"黔女"真心真意关心，对家政就业扶贫真抓实干，计划在 2020 年之前完成 1200 名家政人员培训和提供 600 名就业岗位的工作目标，确保"一人就业，全家脱贫"的愿景实现。

主要做法

1. "黔女"招募在合力上下功夫

（1）寻求当地政府支持。在务川当地领导的大力支持下，对接各部门：在当地顺利成立子公司；由政府免费为学员提供培训期间的食、宿，并提供培训人员引导费和培训期间的误工费；免费为公司提供场地及相关办公设备；免费提供学校培训场地、实训设施设备及经费支持；提供县、乡镇街道、村的对接人员，点对点对接，责任落实到个人；政府各部门一同参与监督，从招收、培训、就业全过程管理。

（2）依靠当地村干部支撑。每个就业援助员负责两个乡镇，与驻村扶贫干部一起走访"建档立卡"的每户人家，深入了解每个家庭的具体贫困原因，帮助他们一起搬走压在身上的"贫困大山"。目前培训人员大都依靠乡镇发动召集。

（3）设立子公司推进。招聘当地人员进行公司管理、运营。公司职能部门包括培训部、就业援助部、财务部、行政部，其中就业援助部下安排 8 名就业援助员，负责分管务川县的两个乡镇或街道，并对管辖区域内"建档立卡"户人员进行信息的摸排，与乡、镇、村扶贫干部实现点对点对接，施行片长制网格化管理。

（4）制订个性化脱贫方案。每个就业援助员进入建档立卡户家庭后，宣传家政行业发展趋势和就业前景，引导其就业意向，并根据每户具体致贫原因制订相应的脱贫解决方案；2017 年，对务川培训的 420 名"黔女"建档立卡户 418 人。

2. "黔女"培训在实效上求突破

（1）输出上海家政。借助政府提供的场地、资金设立培训学校。先期派上海仁济专修学院的老师前往当地，配合当地的助教老师，逐步培养务川当地师资力量，降低企业成本，增加当地就业，将上海仁济专修学院比较成熟的家政培训经验引入到当地，并结合目前市场需求，设立母婴护理、催乳师、育婴师、早教师、养老护理员、家政服务员等专业学科。

（2）做到因人施教。针对年纪偏大、学历不高的人员，实施家政、养老护理培训；针对已婚已育的妇女，进行家政、母婴、育婴师培训；对未婚、有一定学历的人员，采取早教、小儿推拿等相对高端培训；针对个别男性成员，组织养老护理培训。

（3）注重上岗培训。一类是当地基础培训，主要是普通话、上海话、礼仪礼节、职业道德、上海文化等通用技能。另一类是专业技能培训，主要涉及家政服务、保洁、家电维修、母婴护理、催乳、育婴师、早教、小儿推拿、养老护理等。

（4）重点带教实习。养老护理专业培训结束后，需安排 7～10 天的养老机构实习，将所学理论知识用于实践。

3. "黔女" 就业在精准上求实效

培训结束后及时对培训人员进行意向调查，把握就业意向。

（1）当地就近就业。对不愿走出家乡的 "黔女"，联合当地企业予以解决。

（2）外出工厂就业。对部分不愿从事家政服务的 "黔女"，但愿意走出大山工作的，由集团所属的松宇人力资源公司负责，安排进入工厂，从事生产服务就业。

（3）上海家政就业。主要将 "黔女" 引进上海，从事家政服务业。有的直接到富宇家政就业；有的经过培训、考核合格后进入集团下属护理站工作；有的 "黔女" 信息录入集团的 "e家人" 网络平台，通过平台拓展就业。

（4）上海拓展就业。依托上海家政扶贫联盟，支撑拓展就业。结合入沪人员就业意向，联合上海知名家政企业、养老院、护理院、护理站、居家照料中心、餐饮企业、生鲜配送企业、知名快递公司等多家企业资源共享，促进 "黔女" 就业。

4. "黔女" 稳定在保障上做工作

（1）建立保障机制。入沪前与该公司签订劳动合同，购买相关保险，提供为期 3～6 个月的带教与辅导，解决后顾之忧。

（2）建立沟通机制。"黔女"入沪后，每个"黔女"都配一名师傅，实施"一对一"带教，确保"黔女"在沪遇到的问题能够及时得到协调解决，注重人文关怀。重要节假日，企业负责人邀请政府主管部门，共同慰问走访"黔女"。

（3）建立托底机制。公司做到并承诺："黔女"入沪就业个人不出一分钱，吃、住、行有保障，正式上岗前有基本工资。

5. "黔女"推进在典型上做引领

"黔女"入沪，是家政就业扶贫工作的探索创新，没有成功的经验模式可供学习借鉴。在实际工作中，注重培养树立"黔女"典型，推动引领面上工作。2018年9月，将首名"黔女"舒继兰引进到上海，作为家政就业带头人重点给予培养。入沪前，公司与她签订正式劳动合同，来沪车费、体检费、保险全部由公司报销，承诺上岗就业前的过渡适应期底薪不低于3500元，并提供免费包吃包住等多方面的经济保障。入沪后，首先，公司安排她参加上海市政府实事项目家政持证上门服务培训，做到持证服务，打牢在沪从事家政的基础；其次，寻求市商委、区民政局的工作支持，安排其到养老院进行为期6个月的培训实习，同时安排参加上海养老护理（医疗照护）培训。2019年3月，经考试舒继兰获得上海医疗照护类养老护理员证书，顺利到上海富宇护理站从事养老护理工作，工资现近8000元。如果特别能吃苦，下一步薪资可达10000元。"黔女"舒继兰，现已成为家政就业扶贫工作的星星之火，起到了引领示范作用。

6. "黔女"持续在基地建设上求深化

为进一步扩大覆盖范围，提高"黔女"输出质量，公司在遵义市红花岗区职教园内设立贵州省富宇职业培训学校，建设"沪遵商务就业扶贫培训基地"，作为"黔女"输出的"孵化器"，紧紧依托沪遵两地商务系统、人社部门、上海援黔干部的支持，扩大精准扶贫服务范围，基地建设辐射遵义市2区8县，重点帮扶易地扶贫搬迁户未就业劳动力和"建档立卡"贫困户。

经验效果

1. 打造了"务川家政就业扶贫模式"

经过近一年在遵义务川扶贫工作的开展，公司探索出一套可复制可推广的"务川模式",即"精准对接、按需培训、择优引进、就业扶贫",就业、扶贫一体化的家政就业扶贫模式,为家政就业扶贫工作做了积极探索。

2. 培养了一批家政就业带头人

舒继兰、敖素英等"黔女"作为"家政就业带头人"示范引领作用明显,成为家政就业扶贫的星星之火。

3. 探索了家政就业扶贫的有效渠道

"沪遵商务就业扶贫培训基地"的建设,打造了上海遵义推进家政就业扶贫的工作平台,成为商务领域推进家政就业扶贫的工作抓手和载体。

| 案例 51 |

安徽省合肥市安心家政公司强化家政扶贫培训
打造家政扶贫劳务输出基地

基本情况

合肥市安心家政服务有限公司（简称安心家政公司）是商务部安徽放心家政试点企业、全国家庭服务业百强企业、安徽省家庭服务职业培训示范基地、安徽省农民工定点培训机构、安徽省家庭服务业协会会长单位，也是全省第一家使用自主研发业务派单系统的家政公司、全省第一家通过ISO9001质量体系认证的家政企业。公司现有员工1000多名、3800平方米的星级酒店客房作为家政服务人员的实操基地、3500平方米的家政服务人员烹饪实训基地、1500平方米的多功能教学基地，以及资深培训师，累计为合肥客户提供超过10万次的保洁、母婴、保姆、养老护理等服务，打造了"安心"专业家政服务品牌。

主要做法

1. 积极响应号召，助力家政脱贫攻坚

安心家政公司积极响应各级政府部门号召，将家政扶贫作为企业发展的主攻方向，全力以赴参与推进家政扶贫攻坚工作，积极履行社会责任，更好地发挥家政企业的社会价值，多次赴上海等地学习家政扶贫工作的先进经验，积极推动合肥市吸纳省内革命老区、贫困地区人员就业，同时加强与北京、上海等输入地城市对接，积极输出贫困地区经培训合格的学员。2018年，公司在六安市霍邱县、裕安区和阜阳市阜南县、临泉县开设四期脱产家政技能培训班，主要培训家政服务员和育婴师，共培训贫困县妇女 148 人。

2. 精心配备师资，严格家政培训标准

安心家政公司严格按照国家规定的服务标准，围绕家政扶贫培训，配备了一批富有实战经验的专业师资队伍，组织进行授课。公司现有专职教师 15 人，特聘行业一线家政讲师 20 多人，并邀请安徽省妇幼保健院、安徽省儿童医院等相关专家定期培训指导，邀请安徽师范大学、合肥工业大学、安徽大学等高校心理学教授定期授课。结合就业实际需求，根据学员实际情况，量身制定培训课程，确保培训实用有效。建立健全服务标准、培训标准和认证标准，确保培训质量。

3. 不断扩大合作，统筹安排促进就业

安心家政公司依托集团母公司强大的产业链，并与上海好慷家政服务有限公司签订战略合作协议，对接北京、上海、杭州、武汉等地家政扶贫就业需求，定制并实施培训课程和计划，引进输入地的师资共同参与培训，确保学员符合上岗要求，帮助培训合格人员实现就业，达到稳定脱贫的目标。

经验效果

1. 积极调研对接，掌握就业动向

深入调研当地劳动力就业情况以及建档立卡人员就业意愿、需要解决的困难、需要学习的技能，摸排人员层次结构，积极宣传家政扶贫政策。

2. 认真开展宣讲，广泛组织发动

在对贫困县区进行为期一个月的调研后，专门制订宣传推广方案，积极与相关部门进行对接，利用会议等契机，对扶贫办人员和乡镇干部进行宣讲，派发宣传单页和宣讲家政行业发展与脱贫致富案例。同时，利用包村干部一对一介绍、短信群发和张贴海报、网站推送等多种形式不断扩大宣传覆盖面。

3. 分类组织报名，灵活开展培训

根据乡镇提供名单，扶贫办人员对培训对象进行认真分类筛选，根据报名人员的年龄结构、文化程度以及就业行情等不同情况，开设不同的育婴员和家政服务员等培训班。选择具有实战经验的师资团队，采取灵活的培训方式，选取实用的培训道具，灵活运用培训场地。统一安排食宿，组织安排购买保险，确保培训期间学员安全。

4. 精心做好准备，确保培训实效

分别在霍邱、阜南、裕安、临泉 4 个县开办 4 期育婴员培训班。每次培训前精心安排专业助教人员，提前落实培训场地、食宿场地、培训教材、学习用具等，努力为学员提供良好的学习环境。在每场培训开班仪式上，邀请相关部门参加开班仪式，明确培训要求，鼓励学员认真学习家政服务技能知识。为强化培训质量，认真制定相关培训制度，并在每期培训结束后安排理论与实操考试，由相关部门对培训进行监督考核，确保每位学员都能学到本领、掌握技能。

5. 签订就业协议，积极促进就业

对于培训合格的学员第一时间安排就业，输送到本地家政公司、合肥家政公司或者上海、杭州、武汉、南京等地就业。与暂未实现就业学员保持联系，并在一年内陆续安排就业。同时，鼓励学员自主创业，开设家政公司带动当地更多人就业。

| 案例 52 |

河南省郑州市阳光家政创新培训模式，
助推精准就业

基本情况

郑州阳光家政服务有限责任公司（以下简称阳光家政）成立于1998年，是一家集家政服务、家政培训、社区居家养老、清洗保洁、劳务派遣、物业管理为一体的社区生活服务集成商。阳光家政现拥有钟点工、养老、月嫂、育婴等家政人员1200余人，清洗、保洁、绿化、安保人员1600余人，加盟连锁及直营店21家，企业通过质量管理体系、职业健康安全管理体系、环境管理体系认证，是河南省成立较早、服务较规范、影响力较强的家政服务企业。

1. 服务体系完善

阳光家政以商务部"家政服务体系建设"和创建"巾帼家政示范基地"为契机，创新家政培训服务模式，大力促进城镇下岗失业职工、农村转移劳动力培训、就业和创业，致力于家政就业扶贫脱贫。阳光家政累计投资450余万元，完善社区家政服务网络和培训场所，公司加盟连锁店、直营店遍布郑州多个社区，扩大了阳光家政的市场份额，公司的培训能力、吸纳就业能力显著提升。

2. 服务功能较强

阳光家政实行精准订单培训，先为城镇下岗失业职工、农村转移劳动力签订就业协议，后培训上岗，做到培训、就业一站式服务。公司培训中心有理论教室及各类模拟实训操作室800平方米，专兼职教师近20名，长期免费开办"育婴师培训""家政服务员""养老护理员"专业课程，学员经过培训合格后获得郑州市家协发放的《培训合格证书》，考试合格后颁发国家认可的技能证书。培训合格就业的学员，保证其月收入不低于3000元，高的可达8500元，"一人就业，就解决了一个家庭脱贫"。

3. 服务信誉良好

阳光家政推行市场化运作、企业化管理、品牌化经营、规模化发展战略，公司运行机制完善、服务制度健全、管理规范、诚信经营、信誉度高，实现了家庭服务目标管理、标准化作业流程和人员素质系统培训。为了规范管理，科学培训，公司先后编写了《家政服务规范》《客户必读》《家政精准扶贫100问》等教材，规范了公司培训工作。2018年，阳光家政被河南省商务厅、省人社厅、省妇联认定为重点家政服务品牌机构、被河南省商务厅授予河南诚信建设守信"红名单"。

主要做法

阳光家政在新形势下不断发展壮大，取得一些业绩，主要得益于公司创新服务模式，创新家政培训供给侧，培育家政服务发展新动能，提出"我们是社区生活服务集成商"的定位，为传统家政企业转型升级探索出一条持续发展、示范引领之路。

1. 创新培训模式，提升家政从业人员队伍素质

阳光家政有一只过硬的培训师资团队，老师具有多年教学经验和专业家政实操技能，为让一批批学员能够听得进、坐得住、掌握得牢、转换得快，善始善终完成好60课时培训计划，公司培训师资团队在教学模式上反复推敲、不断创新，最终找出较有效、适用的教学方法。首先由老师对家政、养老、母婴等专业知识进行讲解，让学员能掌握基础的理论知识，经过理论考试合格后，由授课老师手把手亲授学员，提高学员的实际操作技能和工作能力。同时把团队建设、拓展训练、才艺表演等与教学培训有机结合。

2018年，阳光家政共开展家政扶贫培训班26期，培训学员1360人，每举办一期培训班，都会把一个班级分为几个组，选好组长，由组长带领负责管理，从考勤纪律、课堂互动、课后分享、团队项目PK等方面比拼，

比拼结果计入团队学分,从而提升了团队的凝聚力,严肃了课堂纪律,活跃了教学气氛,锻炼学员敢于展现的勇气。在每一期的结业仪式上,阳光家政都会选出优秀团队和优秀学员并为他们颁发荣誉证书。通过一系列教学创新,郑州阳光家政与学员建立了良好关系,从而达到非常好的培训效果,实现"培训一人、输出一人、就业一人、脱贫一家"的目标。

2. 强化技能培训,助推家政精准就业

一是培训是前提,就业是目的。阳光家政有着 20 年的家政服务经验,在社会上有着良好的口碑和社会影响力,同时依托公司家政服务、物业管理、清洗保洁、劳务外包和养老服务等就业平台,为安置学员就业打下坚实的基础。对有就业意向的人员提前签订《就业保障协议》,承诺培训结业,只要不挑不拣,一周内保证安排就业,保证购买社会保险,保证工作完成按时拿到工资。为了安置就业工作顺利完成,阳光家政还在公司总部建了学员宿舍及免费的就业指导培训。通过动员宣传,2018 年公司已安置城镇下岗失业人员及农村转移就业人员 1200 余人就业,其中建档立卡人员3 人。

二是承担政府购买服务,助推精准就业。阳光家政把供给侧结构性改革作为破解公司发展难题的重要手段,创新家政服务模式,大大增强了公司实力、竞争力。2017~2019 年阳光家政连续 3 年经过公开竞标成功进驻郑州市社会福利院,负责郑州市社会福利院 648 名养民护理服务,为他们提供饮食起居、日常照料、精神慰藉、心理指导、特殊教育、特殊护理等服务工作,在为公司带来收益的同时,还解决了 100 余名城镇下岗失业人员和农村转移劳动力长期的就业问题。

三是打造社区生活服务集成商,拓宽家政精准就业渠道,为社区居民及单位提供家政服务、清洁服务,开展社区配送、绿化、保洁、养老、垃圾清运三十余项家政及清洁服务,为社区和家庭两方面提供精细化、品质化、便利化服务,每年能解决上千名下岗职工、农村贫困劳动力就业问题。昔日农民工、今日新市民的田麦花,来自河南省鹤壁市鹤壁集乡南杨邑村,她于 2011 年到阳光家政参加了"清洗保洁"专业培训,通过 15 天封闭式理论学习和实操模拟培训,服务技能、服务质量和服务水平,都有了很大的提升,培训结束后公司给安排了工作。在她的辛勤努力下,2018

年田麦花在郑州市第八届家政服务技能竞赛上获得专项保洁一等奖、2018年被郑州市委、市政府评为2013～2018年度郑州市劳动模范，实现了自己的人生价值。

3. 建立服务评价制度，打造培训就业可追溯体系

公司对所有就业学员都建立完整的"家政服务员信用档案信息表"，表内涵盖了学员基础信息、身份证明、体检证明、培训证书、就业协议，并对建档立卡人员通过家政服务管理系统，按要求上传家政服务员信用采集表，协调雇主为以上人员购买商业保险，并对每月的服务做出评价。通过上述一系列的行动，1000余名员工走上了家政服务的工作岗位，也涌现出一批责任心强、专业突出、工作稳定、收入较高、雇主反馈良好的优秀人员，公司把这些人员的事迹进行收集、整理，不断通过微信、网站、企业公众号宣传，让他们成为家乡家政脱贫的代言人，从而带动更多的乡亲走上家政脱贫致富之路。

经验效果

在新常态下，新旧动能转换、供给侧改革必然成为创新驱动发展战略的突破口。阳光家政着力创新供给侧，结合"互联网＋阳光家政"，提质扩容，积极做好养老、家政、保洁、培训等服务，迎来发展新机遇、新动能，取得显著成效。

一是社会效益显著提升。"家庭小事，也是国家大事"，阳光家政始终把创新供给侧、提质扩容作为公司的核心，始终把"4050"下岗失业职工、农村转移劳动力精准就业脱贫作为公司第一要务，为他们提供精准技能培训、精准就业岗位，采用先签订就业协议、后培训的模式，每年为上千名下岗职工、农村转移劳动力提供技能培训，并安置就业，就业率达96%以上，一人就业，就解决了一个家庭脱贫。二十年来，阳光家政"阳光巧媳妇好管家""阳光百爱护理员""阳光清洁卫士"等项目累计免费培训、安置下岗失业职工、农村转移劳动力23000人次，其中女性家政服务人员占80%，农村转移女性劳动力占70%，服务各阶层用户约9万余户，为近8000户家庭派去长期服务的家庭服务员，各类钟点服务累计约300000小时，公司取得了良好的社会效益和经济效益。

二是各级政府部门高度认可。阳光家政为千家万户提供安全、快捷、优质的家政服务,为政府分了忧、替百姓解了愁,为构建和谐郑州做出了应有的贡献,得到了社会各界人士的赞扬、欢迎。阳光家政取得了骄人的业绩,也得到各级政府领导的亲切关怀、鼎力支持,省委组织部、省商务厅、郑州市政协、市妇联、市民政局、管城区委、区政府、区民政局、陇海马路办事处等领导多次莅临指导。

三是社会美誉度持续提升。1999 年至今,阳光家政先后被郑州市认定为"再就业服务基地""发展非公有制先进单位""1 年 5 万就业计划先进单位""郑州市高校毕业生见习基地",被河南省总工会认定为"河南省创业、再就业示范点",2010~2014 年连续 5 年被商务部确立为"家政工程"指定培训企业,2013 年被河南省人民政府授予"河南省就业先进集体",2013 年、2015 年两次被国家发展家庭服务业促进就业联席办公室授予"全国百强家庭服务企业",2016 年被全国妇联认定为"全国巾帼家政培训示范基地",2018 年被指定为商务部"家政扶贫定点企业",2018 年被河南省商务厅、省人社厅、省妇联认定为重点家政服务品牌机构,被河南省商务厅授予河南诚信建设守信"红名单"等荣誉近 40 项。

| 案例 53 |

陕西省铜川市妇联巾帼家政服务有限公司以技能
培训为抓手 用标准引领家政提质增效

基本情况

铜川市妇联巾帼家政服务有限公司（简称巾帼家政）成立于 2011 年 9 月，注册资本 600 万元，是一家专门为城市下岗失业、农村失地、贫困妇女提供就业技能培训，安置妇女上岗就业的家政服务企业。公司已拥有 2000 平方米的理论培训教室，在市区 6 家机构建立了实训基地；有 20 多人专业的管理团队，有 40 多位理论功底扎实，教学经验丰富的专兼职培训老师，有 100 多名掌握标准技能，具有实际工作经历的母婴护理队伍。公司现拥有家庭烹饪、保洁、母婴护理、养老护理等 10 多个培训项目，累计培训学员 8947 人，有 7436 人取得合格证，其中建档立卡贫困户 1500 多人；为顾客提供钟点工、一般家政、月嫂、育婴、养老护理等 6 类服务；有签约制员工 1500 多名，挂靠公司的灵活就业人员 4000 多名。2018 年代收工资及经营收入达到 1500 万元，公司已由简单的卫生清洁、保姆陪护等一般的家政服务，发展成为以家政服务、岗前培训、月嫂服务、养老护理、教育托管为主的专业化、标准化、一体化服务实体。公司被授予省、市"妇女创业就业示范基地"，全国家庭服务"百强企业"，陕西省家庭服务职业培训示范基地。

家政服务业虽对政府而言，它是新的经济增长点；在劳动者眼里，它是新的就业机会；在用户看来，它意味着个人生活水平和质量的提高；对全社会来说，它是一个新兴产业，也是一个朝阳产业，但在其发展过程中存在诸多问题。一是从业人员素质偏低，难以提高。登记求职家政服务员中40~50岁占一半以上，40岁以下仅占20%；高中以上文化水平仅占7%，初中及以下文化水平占93%。一些家政员缺乏基本的职业道德和礼仪礼貌，许多本地家政员不会说普通话，与人交流有障碍。二是服务质量跟不上顾客要求，中高端家政服务人才少，尤其是养老护理、婴幼儿教育、营养配餐、家庭管家等人才奇缺，服务满足不了需求，服务质量跟不上。三是面临市场风险大，由于行业准入门槛低、行业监管措施跟进不及时，近几年门店增多、行业竞争激烈、利润少，许多企业仅收取少量管理费；顾客投诉后，公司要承担安全事故、毁单退费、失误赔偿等责任，企业难以担负。四是现实维权难。家政服务的对象大多经济条件好，对家政员服务要求标准高，有的甚至很苛刻，而绝大多数家政员是妇女，法律意识和维权能力较弱，遇到侵权行为往往以辞工的消极做法对待，自身权益得不到保障。

主要做法

为有效解决家政企业存在的问题，使企业开好局，起好步，顺利发展，公司多年来主动适应市场，探索培训模式，制定服务标准，解决服务路径，打造特色品牌，用规范化、职业化、标准化引领企业发展，取得了良好效果。

1. 抓好特色培训，打牢服务根基

巾帼家政成立后一直把培育有良好职业操守、熟悉操作流程、掌握一技之长的高素质家政服务从业人员作为工作的突破口和出彩点来抓。培训对象以城镇下岗职工、失地农民、进城务工人员、贫困户为主，通过免费培训为其提供就业创业机会。培训内容突出三项。一是行业职业道德培训，即个人修养、人际沟通、文明礼貌、保守客户隐私、诚实守信等，在上岗之前的考核中，把"职业道德、诚实守信、服务礼仪、沟通技巧"作为考核的主要指标，在客户满意度回访中把这些内容也作为考核的第一选项。二是技能知识培训。对初次从事家政服务的妇女，开展岗前家政初级知识培训，包括家庭清洁与保洁、家用电器的使用、烹饪知识、婴幼儿基本护理、老年人日常护理等；对正在从事家政的妇女，通过走访用户，市

场调查等方式，了解存在的问题，总结问题并定期每月召回，实行岗中技能提升培训。三是特色技能培训。针对地处贫困群众较多的实际，突出对建档立卡贫困户的培训，安排家庭保洁、家庭烹饪、养生餐的制作、母婴护理、养老护理等市场上需求旺的专业学习；培训形式不拘一格，既在教室讲理论，又在医院学护理，食堂酒店、农家院落开展烹饪的实际操作，提高培训者的适应能力。

2. 选择"一老一小"，创立服务品牌

巾帼家政选择把老年人、婴幼儿即"一老一小"作为自己的主要目标客户，及时调整思路，适应市场需要。公司对母婴护理和养老护理培训实行小额招班，每个班不超过 20 人，理论学习 20 天，实际操作 20 天，与 6 家医疗机构、敬老院签订了月嫂、育婴嫂、养老护理实训基地合同；每月举办 1 期月嫂创新技能提升培训，聘请省内母婴护理专家、金牌月嫂对学员进行场景式模拟，互动式的交流。"小芳月嫂"已经是陕西省著名商标。巾帼家政为适应人口老龄化需要，2013 年成立了老年人日间照料中心，为老年人提供有关生活照料、精神陪护、康复护理、营养餐配送等多项服务，积累了服务老年人的经验。在 2017 年，巾帼家政与铜川市耀州区民政局正式签订了"公建民营耀州区中心敬老院"协议，全面进军养老产业，将公司培训成果转化为为老年人服务的实际行动。

3. 实行标准引领，规范服务流程

巾帼家政把管理规范化、职业化、标准化作为家政企业向中高端迈进的有效路径。2014 年，公司申请并成功通过了 ISO9001 质量管理体系认证，2016 年成为陕西省家政服务业标准化试点单位，开展了标准化试点工作。根据企业发展，公司进行了标准化管理体系一系列标准的修订工作：其中制定了 40 多条企业服务标准和规范，订立各项制度 20 项，根据家政行业服务所发生的问题，公司制定了"四不七统一"制度，即不培训不上岗、不查体不进家、不签合同不派工、不买保险不入户，统一岗位培训、统一医院查体、统一收费标准、统一持证上岗、统一服务标志、统一定期回访、统一购买保险。招聘家政服务人员实行"三合格"，即品行合格、体检合格、培训合格，有效杜绝了无证上岗、身体不合格问题，实行了家政员、顾客与家政员和公司签订三方居间合同制度，没有简单地采用中介或员工合同，建立了顾客与家政员的契约关系。在合同前款增添了家政员须知、顾客须知，合同后详细规定了家政员的服务范围、类型、收费标准、雇主和家政员与公司三方的责任和义务，登记了顾客信息、家政员信息、顾客评价，使合同内容更完善、更具约束力。公司出台了《居间合同规定》《小芳月嫂评定办法》《业务部绩效考核办法》《客户、家政员回访制度》，建立了自己的月嫂登记评价体系，组织了月嫂星级评定，通过个人自荐、工作年限、业务单数、获得奖项等方面综合考察，评定出星级月嫂、金牌月嫂。

4. 细化过程管理，提高服务质量

制定了公司部门及员工绩效考核标准，将所有管理人员与业务对接，与培训任务、服务投诉挂钩，设定了员工公共绩效、部门绩效及个体考核标准。在家政员的管理中，把服务优劣作为终极目标，强化质量意识。服务质量实行"两制度"，即回访制度、回执制度。在客户回访中，针对每一个客户，每月电话回访不低于 3 次，把客户对家政员的评价和满意度调查表作为给员工发放工资和调薪、评星定级的一个重要依据。坚持家政员工资由公司统一发放，入户服务期间公司将定期进行客户回访，服务结束需由客户签署服务评价，并出具考勤，公司以服务评价及考勤为考核依据，足额核算家政员工资并予以发放。对服务中出现投诉的家政员给予处罚；对服务态度好，客户满意度高，向公司送来表扬锦旗的家政员给予一定的奖励。建立服务上门回访制度，在做好日常回访的基础上，家服部每月对服务顾客上门回访 10% 以上，掌握服务第一手资料，以便制定整改措施。强化风险意识，建立重大事项报告制度，对未按时签订合同、费用及工资不能按时缴纳、家政员擅离职守、服务出现不安全事故、雇主与家政员产生纠纷等情况，立即应对处置，造成损失的由当事人承担责任。目前，公司通过申请加入家政行业诚信联盟，积极与同行业之间建立信息往来，进一步规范家政行业健康持续发展。

经验效果

1. 社会效益显著

巾帼家政经过多年发展取得了良好的社会效益，赢得了行业认可和顾客赞许，是陕西省龙头家政企业。家政员服务意识的不断增强，顾客的满意度不断提高，累计收到客户送来锦旗 80 多面，感谢信超过 1000 多封。公司先后有 6 名管理人员被陕西省家协评为先进工作者，有 13 名家政员被陕西省家协评为优秀家政员，多人被省家协评为省级服务明星，10 人在全省"秦嫂杯"家政技能大赛中累计获得一、二、三等奖。员工的收入有了显著的提高。普通家政员的月收入从 800 多元涨到 3000 元不等；月嫂的收入从 3000 元涨到 6000 多元，最高达到 8000 元；公司评定出星级月嫂，年收入平均在 5 万 ~10 万元。公司被铜川市工商管理局授予"重信用、守合同"企业，连续 6 年被省家协评为"陕西省家庭服务诚信服务先进集体"，2017 年被省家协评为"陕西省家庭服务知名企业"，2018 年被评为服务明星企业。

公司积极响应中央脱贫攻坚的伟大号召，发挥企业优势，倾力扶贫帮困。对建档立卡贫困户培训 1100 多人，组织承办了 2 期以贫困户为主的脱贫攻坚技能大赛；结合项目实施，开发服务岗位 100 多个，优先安排贫困妇女就近就业，增加收入。2017 年 12 月，公司被省妇联、扶贫办评为"全省三秦巾帼脱贫先进集体"。《陕西日报》《铜川日报》等报纸、陕西电视台、铜川电视台都多次报道推介了巾帼家政发展模式，著名作家和谷撰写了报告文学《小芳创大业》，公司总经理魏晓芳女士荣登"中国好人"，成为陕西省诚实守信道德模范，企业社会影响力不断扩大，巾帼家政、"小芳月嫂"品牌名扬铜川。

2. 发展前景广阔

家政服务业是满足人们美好生活需要，解决城乡不平衡，下岗、失业和贫困人口就业不充分的有效举措和现实需要。巾帼家政几年来立足于本土实际，以城镇失地农民、进城务工人员、贫困户为主体，以家政职业技能培训为手段，以企业发展为平台，以为顾客提供优质服务为目标，以实现创业就业，增加收入为目的，走出了一条培训－实习鉴定－安置就业－增收脱贫致富的家政服务新路子，特别是家政职业技能培训、"小芳月嫂"品牌、困难群体就业、主动融入精准扶贫、构建日间照料居家养老模式等，得到相关部门的充分肯定。现在，市场需求旺盛，政策支持明确，社会各方期盼，大力发展家政服务业正当其时，大有可为。

3. 行业借鉴意义

一是多元化、多渠道建设和加强家政服务行业培训基地。人力资源和社会保障、商务、教育等部门给予政策扶持，加快家政服务师资培训，建立家政服务师资库；设立专门的家政服务培训资金，开展订单式和定向式培训。二是大力培育家政服务龙头企业，进行资金和政策上的重点支持，促其更快更好地成长。三是政府加强行业监管，统一行业标准。四是大力传播家政服务业的正能量，开展最美家政员、榜样雇主、优秀家政企业评选活动。

案例 54

甘肃省"陇原妹"巾帼家政公司积极建设校企合作机制，大力培育发展社会帮扶平台

基本情况

"陇原妹"家政品牌由甘肃省妇联创立于 20 世纪 90 年代初，至今已茁壮成长 20 余年。2016 年 3 月，甘肃"陇原妹"巾帼家政服务有限责任公司（简称"陇原妹"巾帼家政）成立，旗下拥有甘肃巾帼职业培训学校和甘肃艾优护科技公司两个全资子公司，"陇原妹"和"金城大姐"两个家政服务品牌，推出月嫂、育婴、厨嫂、养老护理、病患陪护、整体保洁等六大服务。公司下设家政门店 4 处、陪护中心 4 个，现有服务大厅 400 平方米、培训场地 1000 平方米，登记注册家政服务员 2000 余人，全年在岗家政服务员 1500 余人。两年多来，在省直有关部门的大力支持下，公司积极投身社会帮扶工作，紧紧围绕省委、省政府脱贫攻坚总体安排部署和"陇原妹走出去"就业扶贫举措，坚持以打造"陇原妹"品牌为核心，充分发挥公司服务的优势资源，不断拓展培训方法，挖掘就业途径，探索出一条校企合作的发展路子，为促进妇女和贫困地区群众就业创业，推动家政服务业规范化、职业化、信息化发展提供了新的思路。

主要做法

1. 提升政治站位，强化责任担当

坚持以习近平新时代中国特色社会主义思想为指导，认真贯彻落实党的十九大精神和习近平总书记"家政服务大有可为，要坚持诚信为本，提

高职业化水平，做到与人方便、自己方便""家政行业是朝阳产业，既满足了农村进城务工人员的就业需求，也满足了城市家庭育儿养老的现实需求，要把这个互利共赢的工作做实做好，办成爱心工程"的重要指示精神，全力落实甘肃"千企帮千村"精准扶贫计划，把帮扶重点向深度贫困地区倾斜，放大扶贫效应，投身社会帮扶，为助力打赢打好脱贫攻坚战做出贡献。

2. 加强宣传动员，激发脱贫愿望

通过播放公益广告、运用新型媒体、制作专题片、张贴宣传标语、举办咨询活动、下乡走村入户等多种有效形式，广泛宣传输转就业对于促进贫困家庭脱贫增收的重大意义，特别是针对有就业意愿的建档立卡贫困群众及时讲解家政政策和扶持项目，宣传家政、医护、养老、厨艺等服务类行业的广阔前景，营造良好的社会环境和舆论氛围。同时，组织已在城市稳定就业生活的"陇原妹"脱贫典型重返乡村巡回宣讲，以身边人的鲜活经历，激发贫困群众脱贫致富的内生动力，吸引更多贫困群众转变就业观念，积极主动加入"陇原妹"队伍。

3. 精心组织培训，注重就业服务

在培训端，充分发挥学校培训资源优势，组织优秀管理团队、专业老师，科学制订培训计划，合理安排培训课时，在保证培训时间、培训内容、培训效果的前提下，综合运用一对一面授、手把手实操，集中授课、网络教学等多种培训方式，使广大学员"会操作、会使用、会服务"。在劳务输出端，充分依托公司资源优势，秉承"输转一人、增收一户、脱贫一家"的宗旨，通过衔接用工单位，采取集中输转和分散输转相结合的方式，广泛拓展就业渠道和就业岗位，用爱心、热心和诚心，为广大贫困家庭人员提供培训、输转、就业、管理、维权等全程服务，确保贫困家庭学员学得好、留得住、干得顺。同时，坚持"我们用心、让您放心"的理念，为用工家庭和单位提供家政服务人员公安系统背景可查询、服务人员证书认证可查询的"双查询"溯源服务，建立客户赔付保险体系，确保了每个用工客户的服务安全。

4. 打造线上平台，实现同步发展

积极创新服务方式，运用"互联网＋家政"模式，着力构建"陇原妹"服务网站、"e家e友"家政服务微信公众号、"e家e友"App移动终端"三位一体"的综合信息服务平台，为用户提供在线派单、实时支付、及时评价等功能，让企业和家政服务人员即时掌握需求和被需求信息，实现O2O安全上门服务，在用工端和劳务输出端之间架起了一座沟通交流的桥梁，促进了家政管理不断科学化、快捷化、透明化发展。目前，"e家e友"App已成为甘肃省家政服务行业协会战略合作官方指定平台，试运营期每月订单数达到200单。

5. 成立行业协会，建立行业规范

2018年6月，在甘肃省民政厅、商务厅、人社厅、扶贫办、工商联、妇联、总工会等部门的大力支持下，公司联合省内7家家政机构，共同发起成立了甘肃省家庭服务行业协会，旨在对家政服务机构进行资格认定，建立基本行业规范和服务标准，不断规范家政服务行业市场秩序，树立家政企业良好的社会形象，促进行业健康发展。同时，积极组织开展不同层次和多种形式的家政服务管理、法规、标准、认证、技术、职业资格等方面的教育培训，通过"企、校、会"联动，拓展"公司＋学校"外延，逐步形成"公司＋学校＋协会"全新机制，为家政服务标准、规范化发展注入了新的力量。

6. 开展多样活动，凝聚企业正能量

以"把开展家政脱贫工作，打造陇原妹巾帼家政品牌，作为帮助贫困妇女'拔穷根'最直接最有效的措施"为主题开展各项活动，以活动传递公司的发展理念，传递政府为贫困妇女脱贫致富出台的优惠政策和服务措施，激励"陇原妹"的自信心，带动更多贫困妇女加入家政服务行业中，尽快脱贫致富。组织员工参加了甘肃省举办的"陇原妹"就业座谈会、"陇原妹"回娘家迎新春活动、"陇原妹"首届家政职业技能大赛，开展了中秋节"陇原妹明月心联谊活动"等，表彰了60名年度优秀"陇原妹"。2019年"三八"前夕，公司邀请资深老月嫂进行座谈，就家政行业的未来发展前景及如何加强自身技能和素质开展座谈交流。通过丰富的企业活动提高了"陇原妹"的大局意识，树立了"陇原妹"的团队精神，激发了"陇原妹"工作的热情，引领了更多的贫困妇女信心满满地走向家政行业。

经验效果

1. 家政企业市场化运作，扩大了"陇原妹"品牌的社会效应

"陇原妹"公司开发了"互联网＋家政企业"运营模式，并在第二十二届兰洽会国际会展中心主展馆投入 40 余万元，设立"陇原妹"巾帼家政展示馆，全方位展示了"陇原妹"巾帼家政企业未来发展的网络服务模式。完善了家政员的信息注册、等级认定、服务保险、健康安全、身份验证，以及客户的健康和身份认证等营运模式，通过手机 App 可以全面反映、查询家政服务员和客户基本信息，所有家政服务人员均持有公安机关开具的"无犯罪记录证明"。公司要求每位家政工作者持续培训，并设立了严格的升级制度，例如，做够 10 单育婴嫂方能承接月嫂业务等。截至目前，公司有在岗月嫂 780 余人，育婴员 450 余人，其他服务员 270 多人。2018 年，全年累计服务客户 3000 多家，创经济纯收入 1200 多万元，基本揽盖了甘肃省月嫂、育婴嫂市场。

2. 家政培训规范化运行，拓宽了"陇原妹"品牌省外市场

在甘肃省妇联等相关部门的大力支持下，转变培训模式，扩大培训范围，充实培训内容，向规范化、专业化、规模化发展。启动实施"陇原妹走出去"精准扶贫行动，在甘肃省内外创建了"陇原妹"家政输出及巾帼家政示范基地 36 个，先后出资 100 多万元，培训了 2000 多名贫困地区群众，分别输送到北京、天津等城市就业。在输转培训工作中，加强与甘肃省内外企业对接，根据输转人员的年龄和学历结构的不同，有针对性地开展工作，加强家政礼仪辅导。截至目前，"陇原妹"公司下属子公司甘肃巾帼职业培训学校共培训学员 23000 名，安置就业妇女 7000 多人，其中回乡后再就业人员 3200 名，许多妇女因为从事家政服务业而获得社会肯定。2018 年 3 月，国家发展改革委在杭州召开"《家政服务提质扩容行动方案（2017）》实施经验交流现场会"，公司作为甘肃企业代表，在全国家政行业领域做了交流发言，介绍了推进家政服务高质量发展的创新经验和典型做法。2018 年 9 月，公司承办了全国"家政培训提升行动"第三站活动。

3. 家政学校按需施训，保障了贫困群众就业增收

实践证明，要使贫困人口摆脱贫困，实现稳定增收，在市场中有一技之长是立足根本。甘肃中国职业培训学校在充分调研市场需求的基础上，科学制订培训计划，在月嫂、育婴嫂、酒店服务等社会需求量较大的领域为学员提供精准化、差异化培训，为贫困地区学员进行免费培训，提高贫困群众就业竞争力。同时，积极联系用工单位，对接用工需求，保障学员毕业后顺利就业。2018 年 6 月，学校承接实施了联合国开发计划署、商务部、甘肃省商务厅联合开展的"百城万村"家政扶贫试点示范国际合作项目，来自甘肃庄浪、静宁、靖远、环县、宁县等贫困地区的 308 名贫困群众，经过为期 9 天的针对性专业培训，迈入了新的就业岗位，开启了全新人生。同年 7 月，学校承接了甘肃省工商联开展的"建档立卡贫困户增收免费技能培训项目"，帮助全省 23 个深度贫困县区在第 24 届兰洽会上成功签约，为 2000 名贫困群众提供了专业家政技能培训机会，给他们掌握技能、就业创业、脱贫增收提供了有力支撑。

案例 55

青海省格尔木健鑫环卫物业公司注重培训，打造家政服务品牌

基本情况

格尔木健鑫环卫物业有限公司成立于 2011 年 9 月，固定经营场所约 360 多平方米，分为办公场所及保姆、月嫂等员工职业技能培训基地，注册资金 1008 万，现有员工 2000 余人、管理人员 100 余人，其中：家政保洁 1000 余人，医院陪护 50 余人，保姆、月嫂 50 余人，保安 700 余人。公司以创业带动就业，吸纳下岗再就业人员千余人，现有轿车 8 辆、双排车及工具车 8 辆，是全市规模较大的一家集家政服务、保姆、月嫂、钟点工、医院陪护、搬场搬运、物业管理、保安公司等于一体的综合性的物业管理服务企业。公司先后在德令哈市、大柴旦行委、天峻县、都兰县、茫崖市等地区成立分公司，为数十家机关单位、小区提供托管服务。

主要做法

1. 加大投入，设施现代化

近几年来，公司投入几十万元，引进了一批家政保洁服务的新设备、新工艺、新材料，有先进的石材、木地板保养翻新打蜡抛光晶面处理设备，有先进的布艺清洗设备、先进的电梯维护保养设施，开通了家政服务网站，为客户提供更详细、更丰富、更及时的信息服务，及时并准确地掌握客户需求。

2. 提升素质，培训常态化

公司始终认为，客户满意的关键在于服务的质量，而服务质量的好坏，取决于员工队伍的素质。公司始终将增强员工专业技能作为公司发展的立足点，在培训中坚持"三基本一突出"，即坚持家政服务基本知识、基本技能和基本素质培训，突出技能培训，重点做好业务培训、特色培训和创业培训工作。

（1）加强业务培训。开展岗前家政初级知识培训，包括家庭清洁与保洁、家用电器使用、烹饪知识、婴幼儿基本护理等技能以及礼仪和服务职责；对正在从事家政的工作人员，通过走访用户、市场调查等方式，及时加强岗中培训，不断提升其业务素质和服务水平。

（2）开展特色技能培训。开展月嫂、老年护理、居室保洁等各类培训，打造月嫂、护老和保洁服务队，形成了独具特色的服务品牌。公司推行"送出去、请进来"的原则，邀请专家指导，改进管理制度，不定期地为女员工开展法律课堂授课，通过活动增加员工尤其是农村劳动力的集体意识、自我保护意识。

经验成果

1. 开拓创新，经营多元化

公司要成长，必须满足客户不断增加的需求，立足市场开拓创新。目前，已为企事业单位和家庭提供了 20 多项服务，业务主要涵盖三个层面：一是简单劳务型，如家庭保洁，护理员等；二是专业保洁型，如承接单位外墙清洗、空调养护、大楼整体保洁等；三是中介服务型，如月嫂、保姆、家教等中介服务。

2. 注重信誉，工作品牌化

诚信是企业立足之本，质量是企业生命之源。几年来，公司家政服务一直秉承便民、利民的服务方针，服务千家万户，让更多的用户享受到诚信、规范的服务。

3. 履行责任，服务社会化

随着事业不断扩展，公司家政服务更加重视自己的社会责任，并热心于社会公益事业。近几年，公司家政服务员工为贫困地区捐款捐物达 6 万元。为有效缓解"就业难"的压力，公司主动与妇联、劳动就业等部门联系，合作培训了1000多名农村妇女和失业人员，帮助城镇失业人员、无业人员和农村失地农民实现了重新就业。有30多名员工通过各渠道的培训就业，实现了由打工妹向小老板的转变。

4. 因地制宜，实施品牌战略

依托全省妇联系统统一打造家政品牌，用连锁经营模式打造"特色鲜明"的家政服务品牌，实行"三统一"。一是统一标识，进行商标注册，并在全市妇联家政服务机构统一使用标志。二是统一宗旨，"用专心做家务事"的服务理念，以"一切为了客户"为宗旨，体现妇联组织为下岗失业妇女服务、为家庭服务、为党和政府分忧的工作目标的一致性。三是统一共享资源，发挥各地妇联组织的网络优势，做到信息共享、资源共享、市场共享，不断推进家政服务业发展壮大。

第九章　推进家政服务标准建设

| 案例 56 |

吉林省天瑞英杰完善标准体系建设，
打造品牌家政

基本情况

长春市天瑞英杰是吉林省家庭服务业协会理事单位、吉林省居家养老协会副会长单位、长春市家庭服务业协会副会长单位，公司创始于2005年，前身是长春市英杰家政服务有限公司，13年来，始终秉承"服务小家庭，贡献大社会"的宗旨，以社区为纽带，面向居家百姓、服务机构及政府部门提供家政、保洁、居家养老、物业、培训等业务，服务覆盖吉林省的标准化家政服务机构，相继被评为"吉林省大型家政龙头企业"、"全国家庭服务业百强企业"、吉林省"省级标准化试点单位"、长春市"守合同重信用单位"等诸多荣誉。

随着全面"二孩"政策的实施和老龄化问题的凸显，家庭服务需求呈现爆发式增长，以"养老看小"为主的照料正成为刚性需求。但从家庭服务业发展现状来看，家政服务存在缺口大、收费高、不专业的问题，严重缺乏职业化、规范化、标准化和高质量的服务人员，这也是公司发展的问题和瓶颈所在。如何解决当前制约公司发展的瓶颈问题，成为公司可持续发展的关键所在。

主要做法

1. 提质扩容，以培训为基石夯实基础

随着物质生活的极大丰富、社会分工的细化，家庭服务成为现代社会的奢侈品，更多的从业人员涌入家庭服务业，人员的综合素质及职业技能成为公司良性发展的一大痛点，为更好地加强人员培训力度，提高从业人员的综合素质，提高服务质量，使企业进入标准化、规范化的良性运营状态，给家政服务公司提供充足的人力资源后备，2009 年，公司成立了长春英杰职业培训学校，该校具备国家职业资格认证培训资质。学校广泛吸纳专业人才，关注师资团队的培养和引进工作，严抓教学质量，突出就业效果，组织一支具有专业教师资格和实战经验的讲师团队，以服务为基础研发课程、制定课件，形成了一套完整的教学体系，在精心的准备下，面向城镇下岗失业人员、农村剩余劳动力及失地农民等群体，开展以家政从业人员为主的家政服务员、育婴师、养老护理员及按摩师等创业就业培训，年培训 2000 余人。

2. 筑基谋远，完善标准体系建设

大众对家庭服务的巨大刚需，带来了家政服务业井喷式的发展，然而行业规范和技术标准的缺失和不统一，成为制约产业发展的主要问题和瓶颈。行业标准的制定，意味着一个行业的规范与成熟，并为行业的发展提供了不可或缺的依据。

在公司快速发展脚步中为不断壮大自我，组建标准化起草小组，在运营中找不足，完成企业标准三大体系建设 86 项：其中《服务通用基础标准体系》41 项、《服务保障标准体系》23 项、《服务提供标准体系》22 项，为吉林省及长春市地方标准化建设提供了一定的支撑。

3. 多元发展开创居家养老新篇章

随着老龄人口的不断增长，养老问题备受关注，新型养老模式和与之配套的养老服务体系建设，已列入国家民生大计的重要一环，面对"银发人群"爆发式增长带来的市场需求，在新理念、新生活、全新人居理念引领下，2014 年长春市出台政府购买居家养老服务政策，公司将养老服务从家政中剥离，成立长春市天瑞英杰居家养老服务中心（简称养老中心），依托家政服务基础将服务触角延伸至居家养老，抓住时机实现发展多元化，在出台政府购买居家养老服务政策伊始，长春市南关区作为长春市政府购买居家养老服务第一个试点城区开展政府购买居家养老服务 200 元服务券，养老中心勇当先锋承接艰巨任务，在服务中秉承关爱我们身边的每一位老人，联动社区，有爱无碍的理念，构建 7Z 服务管理体系：一是服务透明化；二是服务首问制；三是文明服务承诺制；四是一次性告知制；五是服务日回访制；六是周调整制；七是月总结制。体制的建立使服务质量得以保障，让老人享受亲情般的服务，用真心走进老人的身边，使老人感受到社会所给予的关注。

四年的服务，养老中心以卓越的成绩得到长春市政府相关部门及社区老人的肯定，被评为"3A 级社会组织"，在长春市政府购买居家养老服务评估中名列前茅。2016 年，在"互联网 +"的浪潮下，养老中心开发"我家老人"智慧养老服务平台，平台突破以网络研发为主的搭建模式，改变方向以服务需求为主线搭建平台，更有效地促进了平台的实施与应用，通过 ERP 进行大数据管理，结合线下的居家养老服务中心开启智慧养老新生活，助力居家养老产业的快速发展。

经验效果

人才培养以培训学校为基础，以"宽入严出"为培训宗旨，逐步形成了需求→报名→培训→考前辅导→统一鉴定→统一考试→颁发证书（国家职业资格证书）→岗前培训→就业→后续服务一体化现代职业培训模式，为服务夯实基础。公司以"创业促进就业"为指导方针，带动一批有能力的学员创办自己的企业，学员实现直通就业，形成了"进口畅、出口旺"的良性运转，使家政培训和家政服务相得益彰，进而提升家政服务业整体发展水平和服务质量，得到了省、市各级相关部门的高度认同，被吉林省人力资源和社会保障厅评定为"吉林省家庭服务业职业培训示范基地"；被吉林省人力资源和社会保障厅评定为"吉林省家庭服务业用工规范企业"；被长春市民政局评定为"4A级社会组织"等诸多荣誉。

企业标准化体系的建立，对企业品牌建设起到了重要作用，使企业影响力快速提升，得到省、市级领导高度关注，被吉林省质量技术鉴定局认定为省级标准化起草单位，被评为省级服务业标准化试点单位，并相继承担吉林省《家政服务家居保洁服务质量规范》编号 DB22/T 1843 - 2013、吉林省《家政服务母婴护理服务质量规范》编号 DB22/T 1844 - 2013、吉林省《养老护理培训规范》编号 DBXM162 - 2016 三项地方标准的起草工作。2016 年，长春市天瑞英杰家政服务有限公司通过 ISO9001：2015《质量管理体系认证》，是目前吉林省家政行业中唯一一家通过质量管理体系认证的服务机构。

居家养老的开展，养老中心以夯实的服务，让更多的群体对居家养老有了更全面的认知，在政府的关注下，养老中心相继承接了长春市宽城区、朝阳区、二道区政府购买的居家养老服务，使天瑞英杰的品牌有了更进一步的提升，使企业社会效益、经济效益快速增长。

经过不断的实践创新，天瑞英杰打造的融合家政、培训、居家养老的"家培养"新型服务体系已形成规模化，并取得丰硕的成果，得到了各级党和政府、社会各界的充分肯定和高度评价。天瑞英杰用我们的爱心、善心、孝心、感恩心、平常心、勤劳的双手，服务千家万户，让每一个家庭更加幸福，让我们的社会更加和谐，肩负起英杰人"服务小家庭，贡献大社会"的责任和使命。

| 案例 57 |

江苏省常州市枝秀家政公司实施标准化管理，
推进品牌化发展

基本情况

常州枝秀家政服务有限公司（简称枝秀家政公司）于 2006 年 8 月在江苏常州注册成立，全线发展家庭服务业和养老产业，立志成为中国领先的社会化家庭服务、养老服务品牌；目前业务主要涉及家庭服务、居家养老服务、社区养老服务、社区文化建设、社区健康管理与服务、居家养老健康管理、养老技能和护理培训、慢病预防和调治、养老辅具租赁、家居适老化工程改造及机构养老建设、养老项目咨询及托管等一系列相关业务。经过 12 年自强不息的努力，枝秀家政公司打响了"枝秀服务"品牌，"江苏枝秀"各类服务立足于常州市，延伸到江苏全省，迈步走向了全国。

目前枝秀家政公司除了在常州、溧阳成立项目分公司外，从 2013 年起，在张家港、镇江、南京、徐州等地区成立分公司，业务范围从单一的家政服务扩展到与家庭服务有关的方方面面，从单一的居家养老发展为集居家养老、社区养老、机构养老、中央厨房、居家适老化改造等为一体的综合性企业。目前枝秀家政公司旗下有 6 家公司、1 家培训学校、6 家居家养老服务中心、约 50 个社区服务站点、3 家养老机构、2 家中央厨房，在全省服务着 6 万多户家庭。

虽然员工制被视为家政服务企业的发展趋势，但受家政服务门槛低、手续简便、标准不健全等因素制约，至今，没有有效的方法和社会环境推动家政行业员工制、标准化发展，家政行业企业化、市场化进程缓慢，多数家政服务公司走的仍然是中介服务的路子，企业呈现出小型化、胡同化、零散化的特点，从业者随意性很大，远没有形成规模经济和品牌效应，不能适应市场经济发展的要求和社会发展的需要。家政行业待解决的问题主要体现在以下几个方面。

一是专业服务的员工队伍建设难，缺乏统一、规范化、标准化的人才培育及人才阶梯的培训和建设机制。对于家政行业来说，普遍社会认可度不高的问题，影响了家政服务团队的积极性；从而导致人员流动性强，能够在行业中长期工作的人才太少，因此，能把理论和实践相结合的人才难以培育，核心团队不能有效建立。

二是家政行业的微利现象限制了企业的发展，员工制成本太大。家政企业需给员工提供系统化的职业培训，还要依法缴纳社保等，同时还需要承担经营和服务过程中的各种风险，从而使家政企业发展困难，抗风险和生存能力受到制约。而政府相关优惠政策，包括各种补贴、税收优惠等，还没有完全落实。

三是行业标准和规范不健全，导致家政服务公司运作不规范、服务质量不高，市场运营缺少后续服务，也容易发生家政服务员与客户之间的矛盾；同时，也导致家政行业内部矛盾，不规范经营的中介公司更能以灵活的形式恶意竞争抢走客户，使真正的员工制的家政公司发展举步维艰。

主要做法

针对行业中存在的问题，枝秀家政公司在经营发展中勇于创新，为了扩大企业经营、稳定员工队伍、提升企业的竞争能力，枝秀家政公司主要从以下几个方面进行运营管理。

1. 建立并完善企业管理体系和服务体系，注重服务品质的提升和服务内容的多样化

公司模块化管理和"菜单式""团队式"服务的推广，受到服务对象及政府的一致认可，使公司很快在家庭服务业市场上站稳脚跟，并稳步发展。根据员工的工作能力及特点，适当分配各自的任务模块，合理分配各个任务模块的资源，合理调配人力、财力、物力；同时对项目进程进行跟踪，及时解决各个环节遇到的问题。枝秀家政公司服务内容分为四大类

127 项，能够让客户在我们的服务"菜单"中自由选择需要的服务；在上门服务时，实行 2 人一组"团队作业"，从而不仅能满足客户多样化的需求，也能够提升服务效率，保障服务安全。

2. 加强员工队伍建设，提高团队的专业化水平

首先，上到董事长下到服务员都能熟练操作服务"菜单"中的每项服务，这是成为枝秀人的基础。其次，管理人员必须能做到理论和实操相结合，是公司提升和聘用管理人员标准之一。最后，服务队伍都是 100% 持证上岗，82% 的员工有四年以上的服务经验。为提高员工素质和服务水平，公司多次派高层管理人员去中国浙江、上海、北京、香港、台湾，日本，新加坡等地区和国家深造学习。企业内部实行半军事化管理，从而使枝秀家政公司拥有了一支"团结、协作、开拓、创新"的核心团队。公司特别注重员工的职业素养和职业技能教育。依托"江苏省养老护理员培训基地""江苏省家政服务员培训基地"——常州枝秀职业培训学校通过岗前培训、在岗提升培训、技能考核等多种方式对员工进行培育，使员工的服务理念、服务技能得到很大的提升。

3. 建立企业标准体系，扩大宣传力度，以服务品质为导向，以客户的满意为目标

2010 年 1 月枝秀家政公司高层管理会议就提出了"标准化、系统化、信息化"管理，这实际上成为枝秀公司的管理转型。

（1）对外实施服务标准化：通过对服务标准的制定和实施，以及对标准化原则和方法的运用，以达到服务质量目标化、服务方法规范化、服务过程程序化，从而使客户能享受到优质服务。服务流程层面，向顾客提供满足其需求的各个有序服务步骤，服务流程标准的建立，要求对适合这种流程服务标准的目标顾客提供相同步骤服务；具体服务层面，即各个服务环节中人性的一面，在一项服务接触或"真实的瞬间"中，服务人员所展现出来的仪表、语言、态度和行为等。

（2）对内实施管理标准化：通过对内部组织的明确分工，内部员工工作内容的严格限定以及结合严谨的考评制度，达到标准化管理。工作流程包括实际工作过程中的工作环节、步骤和程序；岗位设置；职责描述，实现劳动用工科学配置；政策制度，即设定行为准则与行动目标。

4. 线上线下结合, 枝秀家政公司信息化服务平台的使用, 线上线下资源整合, 最大限度地利用了各方面的资源

线上聚集了大量的潜客户, 为公司业务拓展提供了广泛的市场, 通过线下的实际服务, 公司与客户之间形成良性循环互动, 最终形成线上消费线下体验, 为提升公司的竞争力打下坚实的基础。

5. 整合社会资源

枝秀家公司是江苏省老龄产业协会、江苏省家庭服务业协会、常州市家庭服务业协会、常州市钟楼区青商会等会长单位, 与常州慈济常青养老服务中心、常州三六九养老投资发展有限公司等形成战略合作关系, 在资源共享、紧密合作方面形成战略优势, 打造出共赢、可持续发展的新局面。

经验效果

枝秀家政公司通过12年自强不息的努力, 不断创新, 通过统一的标准化体系、平台运营机制、区块链机制, 解决行业内企业普遍存在的痛点、难点, 快速提升业务, 共享收益; 公司内部落地管家模式、培训体系, 完善运营体系, 提升客户服务满意度; 同时共享资源、提高效率。其业务以家政服务为核心, 向营养、健康、教育、人工智能等多个领域延伸, 为消费者提供家庭生活服务的整体解决方案, 所提供的家政服务员、月嫂、育婴师、保姆、养老护理等全部是枝秀家政公司培育的合格学员, 服务质量代表省内家政服务的高水准, 再辅以"东方管家"的理念, 与普通家政形成有益的补充, 让枝秀家政公司成为江苏省家政行业的领跑者。

枝秀家政公司本着"人本、诚信、开拓"的服务理念和"爱心做基, 孝心做本, 悉心做事, 慈心做人"的服务宗旨, 建立健全规范化、标准化的质量管理体系和服务体系, 得到政府、行业协会、社会各界、服务对象等的高度认可和支持。根据满意度调查, 政府和客户对枝秀家政公司的服务满意率在99.8%以上, 2012年获得"全国家庭服务业百强企业""江苏省家庭服务业百强企业"等荣誉, 2015年获"江苏省首届养老产业十大经典案例""江苏省家庭服务业教育培训示范基地""江苏省家庭服务业养老服务示范基地"等荣誉, 2016年获"江苏省优秀养老社会企业""江苏省

家庭服务业十大品牌示范形象"等荣誉，2017 年获江苏省首届"企业公民奖""常州市优秀养老社会企业"等荣誉。国家、省、市的各级民政、商务、人社等部门领导多次到枝秀家政公司参观指导，并对公司的工作给予了高度的评价。

枝秀家政公司的成功，不仅为企业发展带来更广的空间，而且有利于当地下岗职工、农民工的再就业，在为客户提供优质服务的同时，减轻家庭的经济负担，为创建和谐社区也做出了很大的贡献，在取得一定的经济利益的同时，也取得了极高的社会效益。

枝秀家政公司坚持走员工制道路，坚持规范化、标准化、信息化运营管理和服务，"线上购买＋线下服务＋体验"等方式，家政服务平台的建设推动了家政服务供给侧结构性改革，促进了家政服务提质扩容和家政服务专业化、规模化、网络化、规范化发展，通过整合社会资源，不仅促进了农民工就业、养老，也扩大了行业需求。家政服务行业转型升级比较困难，70% 的家政公司处在平静阶段，枝秀家政公司的发展历程，对解决家政行业痛点、员工流动性大、客户黏性差等问题，更好地结合家政服务新业态促进家政服务业健康发展具有战略性意义。枝秀家政公司将这种运营模式成功复制到常州、溧阳、张家港、镇江、南京、徐州等地区就是一个很好的案例，对全省乃至全国的家政服务的发展产生一定的影响和借鉴意义。

案例 58

安徽省大海家政公司坚持员工制经营模式，规范化职业化创新式发展成效显著

基本情况

安徽省大海家政保洁服务有限公司（简称大海家政公司）成立于2004年7月1日，注册资本为520万元，是由历届大学生组织的优秀服务团队，取自"大学生下海"之意。公司从成立以来始终坚持以人为本，开创了省内家政行业员工制管理之先河，着力打造家政行业品牌服务。公司现拥有管理人员50余名，固定员工500余人，年培育"45""55"家政人员近千名，拥有会员客户10万余家，年营业额达2000万元。公司曾获得安徽省"放心家政"龙头企业，连续3届获得"全国家庭服务业百强企业"荣誉称号，获得安徽省家庭服务业先进单位等称号，入选安徽省标准化试点建设单位、合肥市高校毕业生就业见习基地、中国家庭服务协会会员单位。公司创始人被评为"安徽省民营企业家"。

主要做法

1. 员工制模式

实行员工制管理模式，根据员工的年龄、学历、服务质量、客户满意度、综合考评等进行等级划分，激发员工的工作热情，激励员工做好本职工作。

2. 网络化管理

投入大量的资金进行内部管理系统研发和升级，对客户实行网络化管

理。2008 年公司研发并投入使用全省首家家政企业专用数据库和内部管理信息系统，实现无纸化办公，通过网络可以准确地知晓客户情况，实现从接收客户需求到完成服务的全程管理，提高了服务效率。

3. 智能化经营

建立家政服务官方网站，为客户提供详细、丰富、及时的服务及资讯信息。设立客服热线，在公司总部成立合肥呼叫中心，可方便快捷地服务客户。从 2008 年起公司不间断地在百度推广客服热线，同时在美团、大众点评、淘宝等网络平台进行经营，并开发微信公众号、小程序、App 等互联网下单消费模式。

4. 品牌化服务

建立严格的回访制度，专门设立品质部，通过上门回访、发放服务质量回执单、网上评价等方式，评定服务质量。设立 24 小时投诉电话，开展客户投诉有奖活动。所有员工待遇与客户投诉率挂钩，力争客户投诉率为零。坚持员工晨会制度，及时掌握员工思想状态，发现问题妥善处理。为有效服务、管理客户，公司根据客户服务情况进行 A、B、C 分类管理。

5. 标准化建设

每位员工均需通过岗前培训合格（企业文化培训、礼仪培训、技能培训、老员工带新员工实习、独自实习、经理跟踪指导）后方能上岗。每周组织一次"理论＋实操"的培训，考试检验是否合格。大力创新消费模式，推行会员制消费，对加入的会员实行"私人定制"。建立完善的客户系统管理档案，详细记录会员的基本情况。

6. 创新式发展

随着社会的发展、客户需求的多元化，服务范围与内容不断延伸，公司积极顺应市场需求，实行"大海 1 ＋ X"发展模式，尽可能地满足客户家庭日常所需，做到持之以恒、精益求精。

经验效果

一是企业发展必须坚持创新理论。家政行业就业门槛低，而且也最容易将就业转变成创业。近十几年来，公司培育了大量的大学生管理人员，其中已有上百人走上了创业之路，公司带动就业，就业又拉动创业，让更多人进一步了解家政行业，转变传统思维认知，推广成功经营思路和管理模式。同时，帮助解决农村劳动力就业困难问题，引导其进城从事家政服务，促进家政行业市场规范发展。

二是企业发展必须依靠政府扶持。家政公司的发展离不开各级政府及相关部门的支持与指导。合肥市对员工制家政企业的五险补贴，大大地减轻了企业负担。公司每年有近千人经过系统培训，就业人员500余人，社会各界对家政行业的认识有了改观，家政保洁员的地位逐步提高。通过员工制管理，公司各方面发展都取得了显著成绩，用户数逐年递增，稳定的客户群也保障了员工的收入与团队的发展。

三是企业发展必须注重舆论宣传。2015年10月30日，国务院总理李克强到合肥市人力资源市场考察就业情况时，现场与大海家政公司负责人面对面亲切交流并鼓励他争做家政中的"黄埔军校"。李克强总理对家政行业的认可，让家政公司更有信心将家政行业做得更好。全国各地政府部门、企业陆续来公司交流管理经验，对员工制管理、"大海1＋X"管理模式等都给予高度的评价。

目前，大海家政公司已经走出合肥，在芜湖、淮北等地注册公司，同时将管理模式输出到长沙、重庆等地。未来的目标是要将大海家政模式推广到安徽省各市，让全省人民都能享受到专业化的家政服务、提升生活品质，并为下一步拓展全国市场奠定坚实的基础。

案例 59

福建省厦门市小羽佳家政公司完善员工分级
管理，推动服务升级

基本情况

厦门市小羽佳家政股份有限公司（以下简称厦门小羽佳）成立于2010年7月，其前身厦门市小羽佳服务有限公司于1999年4月在厦门创立。经过19年的发展，公司已成为一家以服务企业和家庭为主线，以保洁、搬家、清洗为重点，集企业保洁、市政环卫工程、居家保洁、家庭搬迁、家电维修、管道疏通、石材养护、空气净化、外墙清洗、保姆月嫂等几十种业务为一体，全员合同制、全品类业务的综合型家政互联网企业。公司已于2015年2月正式在全国中小企业股份转让系统挂牌，成为福建省唯一一家在新三板挂牌的家政企业。目前公司拥有全职合同制员工600余人，累计服务客户达300万户家庭。

19年来，厦门小羽佳一直专注于提供专业的家政服务，通过先进的、标准化的管理，为客户提供诚信、便捷、有保障、高品质的家政服务。随着互联网的发展，公司积极转变思路，引入"互联网＋"经营理念，开拓创新，成立互联网运营及研发团队，致力于将19年优秀的线下管理经验进行线上整合、复制推广，力争打造一个全国性的家庭服务平台，同时，公司基于家庭服务的大数据，融合人工智能，整合服务资源，为家庭提供全方位、多保障的家务解决方案。

主要做法

1. 实行员工内部管理分级制的差异化管理模式

2010 年，为加强员工管理、稳定工龄长的优秀员工，让优秀的人员有更多晋升的空间并增加收入，同时让客户有更多的服务选择，公司开始实行分级制管理，分普通级员工、金牌级员工、翡翠级员工、钻石级员工 4 个级别，从服务内容、着装识别、服务单价、工具配备、培训管理等方面进行了严格区分，形成了差异化的管理方式。

2. 持续推进产品标准化进程

为提升员工的服务水平和服务能力，同时实现服务的标准化，公司在 2009 年便开始引入 ISO9000 质量管理体系认证，并持续开展认证工作，持续探索产品的标准化服务。目前，公司已经形成《保洁服务标准化流程》《搬家服务标准化流程》《技术服务标准化流程》等操作规程，对服务的预约、上门、付款、评价都制定了统一的要求和执行标准，为确保公司提供优质家政服务奠定了坚实的基础。

3. 积极创新"家政 + 互联网"

随着互联网经济的发展，为顺应家政行业互联化的趋势，公司也积极投入互联网变革，努力向"家政 + 互联网"转型，于 2014 自主研发了小羽佳家政平台。2015 年 6 月，小羽佳家政平台（家好网软件）以及家好 App（Android 版和 IOS 版）均获得计算机软件著作权认证，推动企业从传统家政向互联网家政转型迈出了重要的一步。

4. 借用资本的力量，留住并吸引关键人才

2015 年 2 月，公司正式在全国中小企业股份转让系统挂牌，成为福建省第一家新三板挂牌的家政企业。2016 年，公司完成第一轮 1200 万元人民币的融资（包含 15 名一线核心员工每人 3 万~5 万股），为吸引关键人才做出有益尝试。

经验效果

1. 全员合同制的推行，是企业发展的根本、行业规范的前提

采用合同制管理模式后，每个新入职员工都要与公司签订正式劳动合

同，公司也按规定为其缴纳"五险一金"，在对员工有约束力的同时，也使员工也有了归属感，员工队伍的稳定性得到很大提高。目前，员工的离职率每月平均都低于3%，远低于同行业其他家政企业10%~20%的离职率。随着企业员工稳定性的增强，公司内部管理方式更加严格和标准，企业提供的培训也更加丰富和有持续性。公司形成了统一的管理、统一的标识、统一的服务流程，建立了品牌，员工的服务品质也得到了极大的提升。公司通过实践发现，员工合同制是企业发展的有效手段。服务年限长且签订了劳动合同并缴纳了医保、社保的员工在购房落户，尤其是子女教育上得到了很大的帮助，20%以上的一线员工通过购房、子女读书，确立了长期、稳定的城市生活的想法和规划，成为新一代的城市人，为企业、为城市的发展持续做出贡献。

2. 员工分级差异化管理，充分调动了员工的积极性和主动性

签订劳动合同，将企业与员工双方的权利义务、劳动收入紧密结合起来，形成利益共同体，一定程度上使员工能以主人翁的热情和责任感投入工作，充分调动员工的积极性和创造性，促进企业的发展。在实行员工分级的过程中，通过优胜劣汰，员工服务能力和品质得到了不断的强化，老员工凭借更丰富的服务经验、更全面的服务技能和更好的服务品质，在个人收入上获得了更多回报。据统计，公司拥有3年以上工龄的员工达到了40%~50%，平均年收入10万以上，客户的满意率几乎达到100%。

3. 产品标准化、管理自动化，是企业实现快速复制的关键

随着互联网的发展，用户群体持续年轻化，业务订单方式也更加多样化，传统的人工电话订单锐减，取而代之的是互联网化的自主订单方式，如微信公众号订单、手机App订单、PC端电脑下单。为顺应时代趋势，公司积极投入产品研发、系统升级中，目前已实现了保洁4小时产品的标准化、搬家产品的标准化和家电清洗产品的标准化等，并在标准化产品的基础上，实现了完全无人工干预的全自动化派单，已经基本实现的产品标准化、系统自动化的运营管理模式，节省了将近80%的人员管理成本。以保洁产品为例，300人左右的全职员工用传统的管理方式需要有10名左右的管理人员负责接单、派单、员工培训、后勤管理等工作，产品标准化、派单自动化之后，仅需2名管理人员即可，大量的接单派单等工作无须人

工干预。

4. "家政＋互联网"是行业发展的必然

家政服务作为传统行业之一，存在较多行业束缚和发展问题，如行业地位低、规范性差，人员招聘困难、流动性强等，行业要改变、发展必须借助互联网的力量才能有效实现。因此厦门小羽佳一直非常重视"家政＋互联网"的建设，投入大量的人力物力，搭建了小羽佳家政平台，实现了家政业务互联网化，让传统的家政借助移动互联网技术实现自动派单，降低成本。客户有了小羽佳 App 或微信公众号，如同拥有了一个移动管家，随时随地都可以预约家政服务。

5. 核心员工持股是企业可持续发展的必要手段

家政行业一直是人才吸纳的洼地，企业要实现快速发展，必须要能够大量引进或留住专业人才。家政企业必须借鉴其他成熟行业的经验，努力实现企业的社会化，充分调动员工积极性和主动性，目前，核心员工持股是切实可行的有效手段。自 2015 年挂牌以后，厦门小羽佳招聘关注度明显增强，人才队伍进一步充实。

| 案例 60 |

山东省济南市阳光大姐打造"诚信 + 标准化"模式，推动家政服务升级发展

基本情况

阳光大姐是济南市妇联于 2001 年 10 月创办的家政服务机构，2004 年走上市场化道路，成立有限责任公司。阳光大姐寓意"让党的阳光照亮妇女的就业创业之路，把党的温暖送进千家万户"。多年来，其始终坚持"安置一个人、温暖两个家""责任 + 爱心"的宗旨和理念，"以创新带动就业创业"作为立业之本，当好人才转换器，累计培训城镇失业人员、农村富余劳动力、大中专毕业生等生活、就业困难群体 31 万人，安置就业202 万人次，先后为 195 万户家庭送去优质家政服务。

阳光大姐积极深化创新内涵，推动企业提质增效，引领行业规范发展。大力实施"家政人才升级"工程，形成了阶梯式、系列化的家政培训体系，创新"理论 + 案例 + 实训 + 情景模拟""精准培训"等多种教学形式，培养大批"知识型、技能型、服务型"家政专业人才和大批养老、育婴等家政服务人才。2015 年，行业首个国家级技能大师工作室落户阳光大姐。勇夺两届全国家政服务技能大赛总冠军，出版发行了服务员撰写的"阳光大姐金牌育儿"丛书。大力实施"服务标准化"工程。在家政行业率先引入服务标准化管理理念及方法，成为全国首批服务业标准化试点、示范单位和项目，承担全国家政服务标准化技术委员会秘书处工作。制定企业标准 1100 项，发布实施地方标准 9 项、国家标准 5 项，面向全国开办家政经理人培训班，每年前来考察学习的人员达 3000 人次，引领并带动了

全行业对服务标准化的认识和运用。大力实施"产业提升"工程。不断探索家政产业化发展之路,形成了"诚信 + 标准化"的运营模式,探索"家政服务 + 互联网""家政服务 + 人工智能"。正在建设以智慧养老为主的具有"全年龄、全时段、全功能,有温度、有活力、有作为"特点的阳光大姐智慧社区服务新模式。发起设立全国家政行业首支产业引导基金,拓展家政行业产融结合新路径。

家政服务与很多行业不同,是人对人的服务,提供的产品也是服务。如何让文化程度和技能水平比较弱的就业人员满足不断提高的家庭需求,保持企业健康发展,是困扰家政企业、行业发展的难题。经过实践,阳光大姐认为"诚信 + 标准化"模式是一种有益的探索。

主要做法

在多年的服务实践中,济南阳光大姐服务有限责任公司一手抓诚信建设,一手抓服务标准化,形成了"诚信 + 标准化"的经营模式,在社会上树立了良好的品牌形象。"阳光大姐"商标先后被认定为山东省著名商标和"中国驰名商标"。

1. 创建"诚信 + 标准化"经营模式

家庭服务业是以家庭为服务对象,通过各类服务活动满足家庭生活需求的服务行业。相对于其他产品服务,家庭服务有如下特点。首先,家庭服务产品是通过家政服务员与用户的互动产生的。其次,服务产品的提供被分散在各个不同的家庭之中,家政服务员没有统一的服务场所。最后,家政服务员完全以个体的形式独立地完成各项服务活动,某种程度上干的是"良心活"。家庭服务业的特殊性折射出企业诚信经营和诚信服务的重要性。

从阳光大姐人员构成看,5万名家政服务员队伍之和是105%,且大多为下岗女职工、农民工和外来务工等生活困难、就业困难的弱势群体,文化程度和就业技能太低。特别在成立之初,员工多半凭着自己的经验处理业务,服务员则是按照自己的生活习惯为用户服务,一人一个路子,一家一个干法,在服务理念和具体操作上的差异,透视出推行服务标准化的必要性。

基于行业特点和服务人员的素质状况，阳光大姐意识到，诚信经营、诚信服务是企业的立世之本，服务标准化和管理标准化是实现诚信经营的必由之路。要想铸就社会认可、用户信得过的品牌，必须将二者有机地结合在一起，赋予诚信以规范的手段，赋予标准化以活的灵魂。就这样，阳光大姐创建了"诚信+标准化"的经营模式。

2. 让标准制定体现诚信经营的理念

"责任加爱心"是阳光大姐的服务理念，也是阳光大姐诚信经营、诚信服务的核心内容。以此为基本导向，阳光大姐制定了"三不"（不培训不上岗、不查体不进家、不签合同不派工）、"三全"（全面熟悉服务信息、全面掌控服务过程、全面受理用户意见）、"三公开"（服务内容公开、服务标准公开、收费标准公开）、"三关爱"（关爱社会，关爱家庭，关爱环境）、"三创新"（创新管理、创新服务、创新标准），并将诚信经营的理念融于标准制定之中。

一是体现"用户第一"思想。围绕工作的每个环节、每个服务流程、每个岗位职责，包括家政服务员进家与用户沟通交流和服务结束后征求用户意见的要求与规定等，总结制定了 1100 项企业标准，分为服务质量标准、服务管理标准、工作标准，并以此为基础，建立起一整套覆盖阳光大姐管理、服务和经营全过程、全方位的标准化体系。

二是体现履行企业社会责任的思想。阳光大姐积极倡导环保低碳的生活方式，家政服务员从进家服务的点滴做起，对用户也是一种影响和带动。因此，对于用户家庭水电的节约使用、废旧物品的再利用、生活垃圾的妥善处置等细微服务内容，阳光大姐都尽可能地在服务标准制定中给出服务规范，表现了高度负责、高度诚信的品牌企业形象。

3. 把标准实施作为诚信服务的阶梯

现代家政服务的一个显著特点，就是用户的标准化要求与个性化需求并存。只有处理好两者的关系，才能赢得用户的满意。阳光大姐把标准实施作为实现诚信服务的阶梯，对自己提出"标准无限、爱心无量、服务无疆"以及"服务有标准，满意无止境"的特别要求，在强化标准化服务流程的前提下，注重满足用户个性化需求，注重追求诚信经营、诚信服务的高境界。规范化中的个性化，标准化中的人性化，成就了阳光大姐。

4. 用制度建设为诚信经营提供保障

由于社会存在利益矛盾冲突，诚信经营不可能不受到各种利益的诱惑和冲击。阳光大姐在认真执行服务标准的同时，将诚信纳入各项制度建设，充分发挥制度的约束和激励作用，使诚信经营和诚信服务成为正确处理人与人、服务与被服务关系的正能量。

最初，针对服务不规范、用户投诉多的现象，阳光大姐围绕从培训上岗到进家服务全过程，推出了"三不六统一"制度和"三全六流程"管理，明确规定了"不培训不上岗、不查体不进家、不签合同不派工"以及在"规范服务流程""控制服务过程""受理用户意见"等方面的要求和方法，使服务提供的各个环节得到梳理与规范。

在标准实施中，坚持标准修订制度，与时俱进地按照服务业组织国家标准的规定，对各岗位标准进行补充、修订和完善，提升了标准对工作和服务的规范力度，保持了标准的鲜活性和适用性，确保为用户服务不因服务员的不同或更替而影响质量。此外，不少家政服务员内熟于标准，外发于自然，在服务实践中创造出一些便捷有效的工作方法。阳光大姐都及时地将这些标准进行分解、细化和总结，并用服务员的名字加以命名。20 余项冠名"工作法"已被陆续补充修订进新的服务标准之中。

经验效果

自"诚信 + 标准化"模式推行以来，家政服务员积极讲诚信、学技能，用户满意度、信赖度不断提高。首席金牌母婴生活护理员刘东春，受聘护理一位体重 3 斤 9 两的早产儿。宝宝弱小，吸吮、吞咽能力差，每逢喂奶，不是呛着，就是哭闹，于是她就用针管代替奶瓶，每次吸入 10 毫升，一滴一滴地送入宝宝口中。她还针对宝宝的具体情况，采取少喂、勤喂、间隔喂等方法，既保证了宝宝所需的奶量，又减少了吐奶。为了防止宝宝感冒，在护理方面，她适时减少了宝宝洗澡的次数，改用温水擦拭脖子、腋下、大腿根及皮肤皱褶处，每次更换尿布，也都是提前备好用品，动作既轻柔又利索……一个月下来，宝宝体重增加到 5 斤 8 两。服务合同结束时，产妇对她依依不舍，千恩万谢，夸奖阳光大姐"责任加爱心"的服务理念名不虚传。这样的事例在阳光大姐不胜枚举。4000 多面锦旗、1

万多封表扬信是用户对阳光人姐工作最好的认可。

对于"责任"和"爱心"的关系，阳光大姐有独特的理解："责任"和"爱心"是诚信的两个方面，缺一不可。"责任"不仅是道德的预期，还包括不折不扣地执行服务标准。然而标准是死的，人是活的，如果在规范的服务中融入暖暖的爱心，那些严谨的标准也会散发出浓浓的"人情味"。

另外，为了让用户了解如何使用服务员，放心、明白地消费，阳光大姐专门设立了"用户课堂"，定期向用户介绍家政服务标准的内容和要求，使各项标准既是员工工作的"指导书"、家政服务员服务的"工具书"，又成为用户使用服务的"说明书"。公开、透明的方式，有力提升了阳光大姐的服务水平，用户服务满意率始终保持在98%以上。

围绕保持和提高服务诚信度，还制定了诚信公约、绩效考核、用户满意度调查和家政服务员服务追踪测评等制度，使"诚信＋标准化"经营模式日臻完善。如有个别服务员看到用户家里的卫生间又大又敞亮，觉得比自己家里还干净，便自动降低了工作要求，平时做清洁，看着干净的地方也不擦洗了。通过跟踪检查，公司发现了她们的问题，及时对其进行批评教育，使她们认识到，标准就是工作的"指导师"，只有不折不扣地按标准去做，才会克服随意性，保持工作不走样；诚信就是服务的"监督员"，只有胸怀诚实的心，才能做到人前背后一个样，真正赢得用户的满意。

进入新时代，阳光大姐顺应新需求，已经开发出包含家政服务员社会信用和职业信用的家政服务诚信平台，把家政服务员、用户、家政机构纳入其中，2.0版已上线运行，用新技术破解家政诚信难题。阳光大姐将牢记习近平总书记嘱托，把"诚信＋标准化"经营模式扎实推进下去，使阳光大姐传统的家政服务提升为"知识服务""诚信服务"，推动企业和行业升级发展，不断提供高质量的服务，更好地服务家庭、服务社会。

案例 61

重庆市飞驶特家政服务有限公司推进家政服务行业标准建设，抱团发展创品牌

基本情况

重庆飞驶特家政服务有限公司及所属的"渝家人"品牌是重庆市重点打造的专业家庭服务业品牌。公司通过培养行业人才、制定服务标准、运营家政云平台、发展品牌联盟、承办行业活动、承担国家试点等工作，积极推动重庆市家庭服务企业从传统业态向现代服务业态转变；从传统业态向网络化、信息化转变；从"散兵游勇"式的中介服务向品牌化、专业化发展转变。公司先后获得人社部全国家庭服务业"千户企业"（2015 年）、重庆家庭服务业"十佳企业"（2016 年、2017 年）等荣誉，先后被行业推选为重庆市家庭服务联盟轮值主席单位、重庆市人才研究和人力资源服务协会常务理事单位、家庭服务业分会会长单位。

主要做法

1. 筑牢行业基础，培育行业人才

家庭服务业发展的根基在人，从业人员服务技能水平的高低，直接决定服务质量的好坏，为严把入口关，重庆飞驶特家政服务有限公司（以下简称飞驶特家政）成立了职业培训学校，学校具有培训初级、中级、高级家政类技能培训资质，已累计培训 1.3 万余人，其中中高级占 95% 以上。同时学校还承办了重庆市家庭服务业师资技能提升服务、重庆市家庭服务业经营管理者培训等项目，累计培训师 723 人，为行业源源不断地输送人

才，筑牢行业发展基础。

2. 发布团体标准，积极开展试点

为提升重庆市家庭服务业标准化水平，飞驶特家政牵头组织市内家庭服务企业、医院医师、护师、高校教授、行业专家等起草制定了《重庆市渝家人家政服务员服务质量标准》《重庆市渝家人家居保洁员服务质量标准》《重庆市渝家人养老护理员服务质量标准》《重庆市渝家人病患陪护员服务质量标准》《重庆市渝家人育婴员服务质量标准》《重庆市渝家人母婴护理员服务质量标准》等六个标准，在渝家人品牌联盟企业内试行，并于2018年10月26日成功在全国团体标准信息平台上发布，2018年12月20日，国家标准化管理委员会正式批准飞驶特家政成为"2018年度国家级服务标准化试点项目"单位。

3. 促进抱团发展，创建服务品牌

为促进重庆市家庭服务业发展，让更多市民享受到优质的家政服务，飞驶特家政整合市内优质家服企业，采用四个"统一"，即统一店面形象、统一服务标准、统一价格标准、统一星级评价标准等方式共同打造"渝家人"品牌。截止到2018年底，"渝家人"在全市23个区县拥有38个品牌加盟店，采用"渝家人"品牌服务标准和管理模式，管理从业人员9000余名，每年为数万家庭提供月嫂、育婴师、家居保洁、家政服务、养老护理、病患陪护、家电清洗、钟点工等家庭服务。

4. 搭建信息平台，推进"互联网+"建设

2015年开始，飞驶特家政开始打造具有大数据架构、开放共享、多屏接入、安全高效、智慧等特征的重庆家庭服务云平台，为全市家庭服务企业提供信息发布、客户对接、在线交易、员工管理等服务，让市民可以通过"淘"家庭服务的形式，用最少的时间找到最合适的家庭服务项目和服务人员。平台建成以后，为保证平台商家服务质量，严格把好"入口关"，重点邀请重庆市内"千户百强"、市级"十佳"、"渝家人"加盟单位等优质企业入驻，同时从全市2000多家家庭服务企业中，实地考察并最终筛选出管理规范、口碑较好、带动力强的159家家庭服务企业及其2万余名从业人员入驻平台，为市民提供月嫂、育婴、家政、养老护理、居家保洁等十大类120项具体服务。

平台力争通过云管理、云服务、云运营成为重庆本土的家庭生活服务发包平台，打造成全市家服行业的资源平台、交易平台、客户平台。

5. 助力服务创新，运营实训中心

重庆市家庭服务业实训体验中心（简称实训中心）于 2017 年 7 月正式建成并投入使用，占地面积达 1377 平方米，分为家务助理实训室、家居美化实训室、母婴护理实训室、婴幼儿护理实训区、婴幼儿早教实训区、养老护理实训区、家庭实景体验区、咨询服务区、自助服务区、多功能会议室、洽谈区等。实训中心建设参照国内外家庭服务先进理念，以可视化、智慧化、信息化、可体验为主要建设思路，同时融入重庆特色文化元素，是全市家庭服务业职业化、规范化培训中心，供需对接平台及行业展示窗口，是市人力社保局认可的以家庭服务业培训为主的高技能人才培训基地。

实训中心自建成以来，开展从业人员精准提升班、优质师资培训班、经营管理者培训班、新市民培训、家庭服务业精品主题培训等多项培训 20 余次，承办 2017 年度全市家庭服务业"十佳百优"宣传推荐、全国农民工工作现场会、2018 年度家庭服务技能大赛等活动，承担行业展示窗口的重任，接待全国各地各级代表团考察 300 余次。

6. 大力宣传推广，塑造品牌形象

一是积极承办家庭服务进社区活动，每年开展 200 余场。公司在数百个小区、社区商圈、楼盘，组织家政企业参与活动，宣传"渝家人"品牌，开展技能展示、产品体验，普及婴幼儿科学喂养方法以及提供就业创业咨询，发放宣传资料和小礼品，进一步推介和提升全市家庭服务品牌形象。

二是积极参与人社部"千户百强"企业调查、市人力社保局"十佳百优"宣传推荐、"重庆农民工日"、"春节值守"等活动，从多维度提升"渝家人"品牌影响力。

三是"渝家人"品牌通过重庆卫视、重庆日报、华龙网、新华网、新浪网、腾讯大渝网等权威媒体进行了广泛的报道；春节前后，通过永辉超市视频广告、楼宇电梯广告、重庆电视台视频广告等媒体进行了宣传推广，不仅树立了品牌形象，也使"渝家人"引起社会的广泛关注，有力地带动和支撑"渝家人"品牌加盟企业的发展。

经验效果

1. 抓住政策谋发展

重庆市每年投入 2000 余万元用于家庭服务从业人员专项培训补贴，6 年来已累计培训 12.3 万余名员工，让持证上岗概念深入人心，行业整体服务水平持续提升，稳固了行业发展基础。同时重庆每年还投入数百万元家庭服务业品牌建设经费，飞驶特家政牢牢抓住政策优势，不断提升服务水平，积极发挥示范带动效益，迅速成长为服务口碑好、示范带动作用强的本土家庭服务品牌企业。

2. 重学习重提升

通过"引进来""走出去"的方式组织企业管理人员，先后赴山东、北京、浙江、上海、广东、广西、四川等地，与当地知名家庭服务企业和培训机构交流学习，同时也邀请北京、山东、广西等知名家庭服务企业负责人和培训专家到重庆"传经送宝"，并与一些外地著名家政品牌进行合作。品牌连锁、"互联网＋"、管家式服务、员工制管理等先进做法在企业中得到较好的运用和实践。

3. 精准定位重责任

飞驶特家政虽作为国有企业，但在自身建设上从不敢懈怠，时刻不忘承载的重大社会责任。为此，飞驶特家政主动服务行业企业，积极发挥示范引领作用，为行业的提档升级潜心打造"基础设施"，助推重庆家庭服务业进入又稳又快的"发展时代"。

| 案例 62 |

广西中阳家政理财集团有限公司构建 "五位一体" 集团化服务管理体系，打造 专业化、职业型、多元体的家政服务模式

基本情况

广西中阳家政理财集团有限公司（以下简称中阳家政理财集团）积极尝试将家政服务、社区养老、技能培训、财税管家各环节资源进行整合，秉承以家庭为核心、以社区为依托、以政府引导为载体的宗旨，为辖区周边民众提供多元化新型家政服务，建立"公司＋培训＋就业＋创业＋志愿者服务五位一体"的家政服务循环管理体系，打造专业化、职业型、多元体的家政服务模式。中阳家政理财集团现已成功以集团化服务型的统一品牌"中阳"字号运营了玉林市玉州区玉城街道胜利垌社区、名山街道的五里桥社区、南江街道的南江社区等八大社区的老年人照料中心、学生服务中心、残疾人托养服务中心、青少年学堂驿站、老年朋友健康养生用品店；以"中阳"字号的服务店在玉林市区、兴业县、容县、博白县、陆川县、福绵区等多个县市（区）的乡镇、行政村，成立了为家、为老、为残、为企业服务的项目基地，这些项目基地提供了家政服务、技能培训、就业创业、职业中介介绍等资源整合、平台共享等一系列服务内容。

中阳家政理财集团建立"公司＋培训＋就业＋创业＋志愿者服务五位一体"的家政服务循环管理体系运转良好，截至 2018 年，中阳家政理财集团已成功举办了多场招聘会，也为 5240 多人提供岗前培训考试学习机会，安置未就业和再就业取得劳务收入人员 2149 余人。集团公司人事档案

中长期备有保洁员、劳务工、派遣工、会计员、月嫂、护工168多人，临时劳务工598多人。2018年，中阳家政理财集团业务总收入达1781.76万元，比上一年增长了16%。

主要做法

1. 建立"五位一体"家政服务循环管理体系

中阳家政理财集团尝试以集团化方式将家政服务、社区养老、技能培训、财税管家等内容纳入多元化服务范围，在各县（市、区）的城区、乡镇、行政村居委会、村委会、家政服务店等地域，将与家政服务同一产业链条上的保洁、洗衣、搬家、居家护理、家庭教育等服务内容相结合，建立"公司＋培训＋就业＋创业＋志愿者服务五位一体"的家政服务循环管理体系。"五位一体"家政服务循环管理体系中，将居家服务、社区养老服务、农村托养服务、家政技能培训、财税管家理财服务、志愿者帮扶服务等借助社区、居委会、社会组织以及医院、学校、企业紧密结合在一起，形成一个资源服务整合体，提供综合性服务，让社会民众进入服务体系后，可以按家的每一个服务环节或个人的服务需求，在体系内找到与之相配的、最适合他的服务机构为他服务。

2. 建章立制，科学化管理，建立集团核心企业运营机制

规范化的管理模式是公司健康发展的重要保障。中阳家政理财集团为了自身的长远发展，遵循市场规律建章立制，在成立之初，就制定了《中阳家政理财集团员工管理手册》等十多项管理制度，在这些年的经营中未发生过任何违法违规、侵犯知识产权、重大质量和安全生产事故等事项。公司员工推行岗前培训、岗中考察、优胜劣汰的管理制度；招聘家政服务人员实行"三合格"原则，即品行合格、培训合格、体检合格；公司还做到每周必开一次例会，由各部门经理和主管汇报本周工作及所遇到的困难，及时掌握情况，发现问题，妥善解决处理问题；公司每月中旬按时发放工资，缴纳社会保险，不拖欠，不克扣，保证员工待遇和福利。

3. 加大投入，推动服务设施现代化

先进的服务设施是中阳家政理财集团一流服务品质的支撑。近两年来，中阳家政理财集团投入上千万资金，购置新的办公大楼，引进一批家

政与保洁、家政与养老、家政与护理、家政与家教、家政与劳务、家政与理财、家政与培训、家政与传承等服务相关的新设施；为各部门、各门店、各个营业点配备新的办公条件，如电脑、空调、办公用具、培训用具、办公场所等。为了更好地服务社会公众，为他们提供新的就业服务信息，拓宽面向公众的平台和桥梁，中阳家政理财集团还开通了官方网站和微信公众号及全国热线电话，为客户提供更丰富、更详细、更及时的信息，及时掌握客户所需、所求。

4. 加强培训教育，促进就业创业一体化

中阳家政理财集团始终认为，让客户满意、感到舒服的关键，在于服务的质量，而服务质量的好坏，取决于家政人员的素养和职业能力。中阳家政理财集团对初次从事家政服务的人员，进行岗前培训，包括服务礼仪和职责、家庭清洁与保洁、烹饪知识、婴幼儿及老人的基本护理等技能；通过培训，已成功打造出深受市民喜欢的"保育队"、"家教队"、"保洁队"、"护工队"和"管家队"等，形成了独具特色的中阳服务品牌。中阳家政理财集团坚持培训教育、就业创业两手抓，一体化发展，为客户提供最满意的服务，为学生提供最优质的培训，为家长提供最强大的心理保障。

5. 服务社会，建立关爱之家

随着事业的不断发展，中阳家政理财集团一直秉承服务于社会，关爱弱贫、儿童、老人的理念，积极筹建中阳福绵区助残托养服务分公司、玉州区胜利垌社区居家养老服务中心、中阳孔子学堂，同时也和容县、博白、陆川等妇联部门联系，承接12所"儿童之家"和12所"妇女之家"服务工作。截至2018年，我们连续走进玉林市玉州区、北流市、福绵区、容县、博白、兴业、陆川县等各县（市、区）开展助残、助贫帮扶服务无数次，通过标准化、职业化、专业化服务，带动玉林市残疾人、老年人、妇女儿童在生活上、个人卫生、自身发展等方面都取得了很大的改善。中阳家政理财集团每年组织员工开展"中阳杯·手拉手"关爱弱、贫、困的爱心文化活动，其中2015年7月捐建兴业县儿童之家5万元，2017年3月捐助贫困妇女儿童5万元，8月开展优秀志愿者表彰大会3.5万元、2018年8月春秋助学3万元，2018年度表彰自强自立残疾人标兵大会奖励15

万元等。

6. 推动业务范围多元化发展

随着中阳家政理财集团生意越来越红火，中阳家政理财集团的业务向更大的范围和空间延伸，先后增设了企业财税顾问、家庭理财、家族管家、技能培训、居家养老等服务，企业财税顾问、家庭理财主要为企业、个人提供财税方面的会计记账、财务审查、税务策划、资产评估等专业咨询服务；家族管家主要是劳务派遣、分包、中介等服务；技能培训服务包括会计、保育员、建筑员上岗培训考试等服务。在服务中，中阳家政理财集团做到大项目与小项目的衔接，从易到难衔接，从普通到特色的衔接等，力求做到持之以恒、精益求精。目前，中阳家政理财集团在玉林城区同类行业中服务上乘，信誉卓越，占据城区家政服务市场 60% 的业务份额。

经验效果

1. 将企业服务和扶贫脱困结合在一起

中阳家政理财集团积极发挥示范基地的作用，响应围绕国家扶贫攻坚号召，加大开展扶贫对象的培训力度，特别是注重贫困地区建档立卡的贫困妇女、农村富余女性劳动力等困难妇女群体，并且通过多渠道促进就业工作；至 2018 年中阳家政理财集团共培训和带动就业人数 5240 人，促进就业 2149 人，其中培训贫困妇女人数 632 人，扶持建档立卡贫困妇女就业 26 人，有效地通过培训促进失业人员、转岗人员就业的提高，取得了可喜的成绩。

2. 将企业服务和公共服务结合在一起

中阳家政理财集团致力于加强信息处理，提供精准服务，2018 年已成功招募和培训志愿者 200 多人，承接兴业县、福绵区"残疾人基本服务状况和需求信息数据动态更新"项目并按时完成了收集核实 27115 名残疾人的信息及需求服务信息，同时协助集团公司开展残疾人其他项目的服务工作，优质完成兴业县 2733 名残疾人基本康复服务项目、福绵区 1454 名残疾人基本康复服务项目，并按时完成达标验收；完成兴业县残疾人"阳光家园计划"项目 342 人及福绵区残疾人"阳光家园计划"项目 129 人的居家托养服务工作，其中建档立卡贫困家庭 99 户，特别困难家庭 258 户；服务 12 所"儿童之家"和 12 所"妇女之家"的妇女儿童共 2160 人。从 2016 年起，分别走进容县、博白县、兴业县、福绵区等各县（市、区）开展"家政大篷车"走进村（社区）帮扶培训教育 15 场次，共培训帮扶农村有就业需求和想创业的人员共 750 人。

中阳家政理财集团虽然成立不足 8 年，总部也只有 630 平方米的场所，但其是带领玉林市家政服务行业走向规范化、职业化、标准化服务管理体系的领头队伍，在真正意义上形成了"公司＋培训＋就业＋创业＋志愿者服务五位一体"的家政服务循环管理体系。

第四篇

行业协会或第三方机构典型案例

第十章 完善家政服务培训体系

案例 63

山西省晋城市 8881890 家政服务网络中心创造
服务新理念，打造服务新平台

基本情况

晋城市家政服务网络中心（简称中心）是商务部、财政部重点建设的民生工程，是通过电话、网络、微信等信息手段无偿为市民、企业提供供需对接服务，是晋城市唯一一家正规的非营利性的家政服务网络平台。中心现拥有集呼叫中心、机房、办公、培训、日间照料等为一体的 700 多平方米的综合办公楼和高水平高质量的信息网络系统，现有工作人员 15 名，下设办公室、财务室、接线部、执行部、运维部五部室，呼叫座席 20 个。目前，中心整合了涉及家政服务、清洗保洁、月嫂保姆、管道疏通、电器维修、订餐送餐、鲜花庆典、跑腿代送等与市民生活息息相关的各类服务资源，现免费加盟的服务商户达到了 298 家，涵盖居民生活各方面需求，免费为市民提供信息对接，实现了24小时全天候、全方位、全程式的跟踪服务。

中心于2011年10月开始组织筹建，历经办公楼的修建、装修，人员的招聘、培训，设备的配备、购置，平台的构建、安装，商户的加盟、签约等阶段，完成了平台组建和建设，中心平台于2013年3月7日正式投入运营。目前，平台累计为市民解决各类求助事项32997件，完成服务订单32950个，服务完成率达95%以上，客户回访服务满意度达98%以上，服务回访率为100%，网站点击率日均PV浏览量大约320人次。平台除为居民解决各类求助服务事项和为独居、孤寡、空巢、"三无"老人提供陪老助浴、上门送餐、送面、上门理发等居家养老服务外，还使中心的加盟商户实现良好的收入，不但为商户带来了经济收益，还规范了服务。同时为760余名失业人员提供了再就业的机会，通过培训学习掌握多种技能，提高从业人员的素质，根据需求安排再就业。我们这个平台不仅为居民生活提供了便利，还为加盟商户带来了收益，规范了整个服务市场，培育了一批品牌服务商，得到了服务居民的一致好评，取得了良好的经济效益。

中心平台的筹建及运营同时也得到了上级部门的高度重视和大力支持，先后有商务部、省民政厅、商务厅、分管副市长、市民政局、商务粮食局、老龄办、区委区政府、办事处、社区等各级领导多次莅临中心视察指导工作，并提出了合理的意见和建议，促进了中心工作的顺利运行。同时长治、临汾、朔州、阳泉、忻州、吕梁等兄弟单位前来参观考察，进行了交流、探讨。晋城市电视台、广播电台、太行日报、晚报、网站等各大媒体多次对中心进行采访、报道，产生了良好的社会效益。中心先后获得了国家老龄办授予的"全国敬老文明号""全国敬老助老爱老模范"，省老龄办授予的"省级敬老文明号""山西省敬老文化教育基地"，市商务局授予的"先进企业"，市老龄办授予的"敬老文明号""助老模范""十佳温暖老人服务机构"，市直工委授予的"文明单位"，市妇联授予的"巾帼文明岗"，家政协会授予的"特别贡献奖"等荣誉称号。

主要做法

中心全体工作人员，始终坚持"一拨就灵、用心帮您"的服务宗旨，真心实意地为居民排忧解难，工作中加强管理，培养造就了一支团结奋进、乐于奉献的服务团队。

1. 建立健全管理制度，不断提升团队管理水平

"没有规矩、不成方圆"，中心把管理制度融入日常工作中，制定了《各部门职能细则》《客户接待规范》《服务用语规范》《服务流程规范》和《服务考核标准》等制度，实行了"谁接单谁处理谁负责谁回访"的一站式服务形式，做到员工管理人性化、资料管理档案化、文明服务格式化、工作考核指标化，形成了一整套规范、科学的管理制度。

2. 建立教育培训制度，不断提高员工素质技能

中心始终坚持以打造"学习型、创新型、实干型"团队为目标，在加强思想政治教育的同时，狠抓业务学习和培训，通过对内积极开展各种培训班，如呼叫中心工作人员的岗前培训班、普通话培训班、服务窗口工作人员的礼仪培训班；对外建立面向社会闲置、失业人员的技能服务培训，针对职业道德和基本技能进行培训，同时，根据服务市场需求，不断拓展培训内容，掌握多种技能，提高了从业人员素质，不断满足居民日益增长的服务需求。

3. 建立严密、全程的监督机制

在不断运营实践和探索中，中心建立了严密、全程的监督机制，使中心平台的一切工作有序、规范运行。

（1）健全落实了企业加盟审核制度。企业加盟平台需要通过严格的资格审核，对不符合服务要求的，不能进入中心的企业信息库，不能获得居民服务需求信息；加盟企业须自觉遵守服务章程，并签订《加盟协议和服务承诺书》，确保做到诚信经营、合理收费和优质服务。

（2）建立了企业内部服务考评制度。设立考评小组，每日晨会对前日受理业务进行总结讲评；每周进行工作总结和测评，评选周冠军，进行奖励；每月进行综合测评、评选月冠军，进行讲评，并将服务意见和建议及时反馈给服务企业，不仅保证了自身服务质量和服务水平的提升，也有效促进加盟企业增强了诚信意识，实现了对加盟企业的管理，为诚信度高、服务质量好、价格合理的企业提供了良好的发展空间，有力地促进和规范了晋城市家政服务业的健康发展。

（3）健全落实了加盟企业诚信评价制度。服务企业每完成一次服务，

中心平台都要从企业的服务质量、收费标准和服务态度等方面对市民进行电话回访，按照市民对企业服务的评价，记入该企业的诚信评价，并按照诚信星级评分进行公示。市民和企业都可以在网站上查询企业的诚信记录。

（4）健全落实了服务质量保障制度。中心平台按照"最优"和"最近"的原则来推介服务企业，即诚信分值高和距离市民家庭近的企业会被优先推介。对不守诚信的加盟企业，将在一定时期内不予推介，并提出整改要求。如果企业受到三次经查实的投诉，将被解除加盟关系。这样，服务质量决定了企业的优胜劣汰，而企业服务质量的高低则由市民评价，因此赢得了民心，提高了信誉。

经验成效

1. 整合资源统一化

为适应社会发展的需求，根据商务部、财政部的相关规定，结合晋城市为规范家政服务市场、整合家政市场资源、培育家政服务示范性企业创建了家政服务网络平台，这个平台以社区为依托，整合了各类服务资源，细化了各类服务项目（涉及家政服务、维修服务、养老服务、医疗服务、物业管理、社区导购、房屋租售、人才招聘、法律服务、生活百事等全方位服务项目），目前免费加盟的服务商户达到了 298 家，为城镇居民提供了便捷的服务。

2. 提供岗位多元化

在城镇化建设中，越来越多的农村人口离开农村，进入城镇生活。那么，这部分人如何生存，就是一个社会化的问题。一方面，这个问题需要政府政策引导；另一方面，需要企业积极参与，在这中间，家政服务网络平台可以起到搭建桥梁的作用，通过家政技能培训，提高零散就业人员的各项专业素质，积极引导他们再就业。中心的这个平台累计为 760 余名失业人员提供了再就业的机会，通过培训学习掌握多种技能，提高从业人员的素质，根据需求安排再就业。

3. 对接服务信息化

21 世纪，是信息化的时代。居民需要服务时更倾向于利用信息化，在这样的需求中家政服务网络平台就发挥了这样的作用，为城镇居民与服务企业之间提供了很好的对接，居民需要服务时可以通过该网络平台的电话、网络、微信、短信等多种形式提出需求享用便利服务。我们一方面为城镇居民的生活提供便利，另一方面为服务商户创造收益。对通过网络平台享受到的服务，实行全程跟踪回访制度并适时对服务商户进行监督评价，不仅能为市民提供安心便利的服务，还能促进服务商户及时提高服务水平，充分发挥了网络平台的信息化作用。

4. 居家养老现代化

预测显示到 2020 年，我国 60 岁以上老年人人口比重超过 17%，养老服务能否做好，事关城镇化建设的速度，事关经济的可持续发展。所以，如何做好养老工作就成为一个重点和难点。中心家政服务网络平台在原有信息化平台的基础上拓展了居家养老系统，开通了 12349 民政公益服务热线与 8881890 服务热线相融合，开展以服务热线、服务门户网站为纽带，通过与系统匹配的移动和固定智能根据老年人生理、心理状态等特点为老人建立健康档案，开展包括"紧急救助、日常照顾、家政服务、法律咨询、精神慰藉"等在内的助餐、助浴、助洁、助急、助医等各类服务项目，实行了 24 小时全天候、全方位、全程式的跟踪服务，为构建"安全、便捷、周到"的健康养老服务奠定了一定的基础，实现了老人足不出户就可以享受便利服务的新型居家养老模式。

5. 享受服务高效化

城镇化建设中，居民需要服务的效率要求越来越高，原来传统的服务模式和形式已远远满足不了现代的需求，但网络平台的出现解决了这样的问题，不仅实现了需求与服务之间的"零距离"，而且减少了居民在市场上盲目寻找带来的成本支出，避免了服务纠纷，既省时省力又高效快捷，完善、周到的服务让居民和企业真正感受到了家政服务网络平台的高效化。

案例 64

浙江省金华市家政服务业协会整合资源开展组团式培训，引领家政服务培训市场健康发展

基本情况

为了应对金华市当前家政培训市场杂、散、乱的局面，引领家政行业规范培训，提升从业服务整体素质，2017年7月，市家政服务业协会牵头成立了"金华市家政服务业协会培训联盟中心"，通过整合市区原有的培训机构面向社会统一操刀组织家政技能培训，实施统一宣传、统一师资、统一课程、统一培训、统一收费的"五统一"运作，有效提升了家政服务业从业人员培训效率与技能水平。培训联盟中心也被市人力社保局核准为全市家政行业唯一具有家政技能人才自主评价单位。截至目前，培训联盟中心共举办母婴护理、催乳培训等各类培训班12期，培训人数达400余人，培训成效广受市场好评。

在当期金华家政服务培训行业中，有资质的家政培训机构有30多家。客观地说，市面上的家政培训可谓五花八门、参差不齐，有政府就业政策的免费培训，有为企业内部员工提供的免费培训，有代理上海、北京某培训机构拉大旗做虎皮的有偿培训，也有纯粹以逐利为目的高学费培训等。由此不难看出市面上培训的"六不一"现象：收费不一、课程不一、师资水平不一、考核标准不一、发放证书不一、培训质量不一。

在纷繁复杂的培训市场面前，需求者到底选哪家培训机构最为放心，确实能学到真技能，心里基本没谱。因为家政培训机构大多是民营企业，各自怀揣不同的培训目的，因而，令家政企业最担心的是推送准员工到培

训机构培训，这些员工却被培训机构挖走了；令需求学员最担心的是付了钱没学到标准技能，有朝一日上岗却遭客户不认可的投诉。

为应对当前金华家政培训市场的乱局，有效指点需求学员培训的方向，金华市家政服务业协会秉承"协会搭台服务，企业共享共建"的原则，积极引领金华家政培训规范标准化发展，将协会会员中的4家培训机构紧密组团，改变以往单打独斗的局面，通过组团式发展引领培训市场规范，提升培训质量，为市场积极培育高素质、高技能、服务规范标准的家政人才，实现"1+1+1+1＞4"的工作目标。由此，2017年7月，四大培训机构组团式发展的协会培训联盟中心应运而生。

主要做法

自协会培训联盟中心组建后，原有四大培训机构不再独立运作，全权委托协会代表会员培训机构面向社会统一操刀组织家政技能培训，实施统一宣传、统一师资、统一课程、统一培训、统一收费的"五统一"运作。

一是统一宣传。协会积极通过微信公众号、各会员企业自建网络平台、媒体以及政府相关微信群等多种信息渠道发布联盟对外统一的培训宣传信息，突出培训质量和就业安排，对协会统一培训的优势、培训专项职业的种类、师资力量、自主评价功能、考核鉴定含金量以及就业无忧对接等进行有效传播，形成强有力的吸引力。统一宣传后，有效地改善了以前各个培训机构单打独斗的局面，形成了较好的规模效应，提升了培训联盟中心行业竞争力。截至目前，培训联盟中心发布各类信息24条，点击量超万条，吸引400余人参加培训。

二是统一师资。有效整合了原有四大培训机构专职或兼职的讲师资源，优选出一批施教接地气的专业讲师和助教，由协会培训联盟中心集中掌握，结合参加培训学员情况，以最佳的师资水平和授课状态满足各专项职业、各技能等级、各层次学员的培训需求，提升培训效果。联盟中心可以根据参训人员的情况，指派不同层次、不同技能等级讲师满足培训人员要求，有效提升学员培训成效。截至目前，培训联盟中心共有专职（兼职）讲师80余人，可以满足各类家政技能培训课程要求。

三是统一课程。为了更好地开设相应培训课程，培训联盟中心根据国家和行业规范标准，综合专业老师以及参训企业、人员的多方意见，从市面众多的培训教材中优选出最契合金华市家政服务技能培训要求的教科本，制定职业道德、礼貌礼仪、法律安全常识、入户须知以及职业技能等内容丰富翔实的教学课程，并为培训提供完备的实操道具、工具、专用器材和设施设备等。同时，为了真正提升参训人员的实践操作能力，培训联盟中心明确规定每期培训必须确定一定课时的实践操作课程，确保人员培训结束后就可以上岗满足雇主要求。

四是统一培训。培训联盟中心将原先四大培训机构的场地、教学器材资源统一纳入协会培训联盟中心集中使用。除协会直接接纳社会需求者报名外，各会员企业根据协会每月相对固定的培训专项职业和日期随时向协会推荐生源，协会予以一定的物质奖励。同时，为助推培训质量进一步提升，培训联盟中心在市人社局的大力扶持下，取得了业内唯一具备自主评价的资格。培训联盟中心运用其功能对每位学员、老师进行培训效果的评价，结合实际考核鉴定的结果，为评定合格者颁发相应资格或能力证书。取得相应资格或能力证书的学员，还可按规定向当地就业部门申请职业技能培训和鉴定补贴。就业对接实施哪里推荐回哪里就业、直接向协会报名则分送会员企业就业的原则，实现培训、就业全链接。

五是统一收费。根据培训教学成本、市场培训价位和社会物价水平，培训联盟中心始终坚持以保本不赔为基本原则，制定相对偏低的各专项职业培训学费，并在各会员企业门店内予以明码标价。同时，以谁输送生源谁暂收学费为准则，开展多种为学员报名和交费提供便利的服务。每半年清算，若略有盈余，培训联盟中心则向推荐生源企业按在家政服务业协会不同任职确定阶梯比例予以返还，体现协会为会员服务的广纳生源激励政策，努力保证会员和培训机构的利益。培训联盟中心的成立不仅为家政从业人员培训提供了便利，同时也降低了企业培训成本，很好地助推了金华市家政服务业发展。

经验效果

经过近一年12期的组团式培训实践，金华家政培训市场凸显了组团式培训的有生力量，深受每期培训班学员的高度认可和称赞，也备受家政企业和社会的关注，主要成效体现在四个方面。

一是化零为整，降低培训成本。面对竞争激烈的金华家政培训市场，尽管原有四大培训机构挖空心思明争暗抢培训生源，但依然免不了因生源不足导致培训经费的入不敷出。联盟中心组团式培训实行后，将原有培训机构由主角变为配角，不再有培训生源、师资及人力、物力、财力的成本顾虑。组团式培训通过化零为整，实现了多方培训资源充分共享、成本降低、奖励返还机制不失利益以及原有培训人力节省的多重效果。

二是放心招生，消除培训顾虑。协会培训联盟中心组团式培训不掺杂任何企业营利性元素的推介宣传，家政服务业协会本身职责就是为各家政会员企业提供服务，严格实施哪里推荐回哪里就业的培训制度。因此，各会员企业都可以放心，也有较高的积极性向培训联盟中心推送学员。协会统一培训实现了推荐学员的企业既有利益分享，又能扩充供给队伍的双赢效果。

三是全程评价，提升培训质量。培训联盟中心以行业技能标准为本，全程把控教学质量，严格施教、评价、鉴定机制。对老师、每位学员都有评价权，实施优胜劣汰，老师教有压力；对学员，考核绝不留情，学员学有动力，非常认真。组团式培训达到了师资高水平、学员高满意率、考核高合格率的"三高"效果。

四是品牌效应，壮大队伍力量。协会组团式培训，隐含着行业主流培训的风向标，加上行业协会为社会、行业服务的本职，以及协会能够安排就业的能量，更能取信于社会百姓尤其是家政行业从业者。协会较高的公信力凸显了协会优势，招引了一些培训机构和非会员企业洽谈合作和入会，实现了引领培训市场健康发展、彰显协会作用、壮大协会队伍的效果。

湖南省凤网 e 家服务平台致力传播正能量
融合发展　聚力精准扶贫

基本情况

凤网 e 家家庭服务平台（以下简称凤网 e 家）是湖南今日女报社下属湖南凤网传媒有限公司在湖南省妇联的大力支持下，为落实国家"大众创业、万众创新"发展战略，精准发力脱贫攻坚，积极推进湖南省家庭服务业规范化、职业化"两化"建设而全新创建的家庭服务业大数据平台，同时也是中央财政文化产业专项资金重点扶持的重大文化产业项目。

2016 年 5 月 5 日，凤网 e 家正式上线运营，目前，凤网 e 家通过 App、微信公众号、PC 网站、语音电话等多种渠道，为广大居民提供 O2O 家庭服务，截至 2018 年 5 月，平台注册用户 15 万多个，先后有优秀家政企业 44 家加盟、家政服务就业人员近 2 万名，为 6 万多名用户提供了保洁、保姆、月嫂、育儿、洗涤、家电维修等服务。

为响应习近平总书记关于"家政业是朝阳产业，要把这个互利共赢的工作做实做好，办成爱心工程"的号召，充分发挥媒体力量和行业协会在整合社会资源、强化行业自律管理以及规范行业秩序等方面的独特作用，积极承接政府职能转移，2018 年，《今日女报》、凤网携手湖南省家庭服务业协会，率先在全国合作建设家庭服务业创新发展共同体，促进家庭服务业的诚信化、品质化、信息化、品牌化发展，大力彰显新时期湖南家庭服务业的创新自信、发展自信、产业自信和职业自信。

主要做法

1. 行业权威信息发布

凤网e家依托《今日女报》、凤网全媒体，全方位打造湖南省家政行业全媒体，充分发挥女性主流媒体的传播影响力，权威发布行业信息及数据，占领舆论高地，形成正确舆论引导力量；让大家更深入地了解行业、一线服务人员的真实工作和生活，让有关部门听到他们的困扰和诉求，为共同营造和谐社会、满足人民群众最根本的需求助力。

2. "互联网+妇联网+女性全媒体"开展家政扶贫培训

自2016年开始，凤网e家主动响应湖南省委、省政府精准脱贫工作号召，依托全省妇联组织大力支持，按照《商务部、发展改革委、财政部、全国妇联关于开展"百城万村"家政扶贫试点的通知》等工作要求，积极探索"互联网+女性全媒体+巾帼家政培训+平台就业"模式，整合社会各方面资源，开展有针对性的家政技能培训，增强广大妇女的就业技能，让家政服务成为实现精准扶贫、精准脱贫的重要抓手。

3. 连续举办家政大赛，不断提高行业影响力

2016～2017年，凤网e家在省妇联的指导下，连续两年承办湖南省家政服务职业技能大赛，通过开展大赛，集中展示湖南省优秀家政服务从业人员风采，全面推动湖南省家政服务行业的健康发展。

4. 平台建设提质扩容，提升行业信息化水平

近几年，随着互联网创新成果与社会经济各领域深度融合，"互联网+"已经成为主动适应和引领经济发展新常态，形成经济发展新动能。"互联网+家庭服务业"也成了家政服务行业的新宠。由于缺乏资金和技术力量，大部分家政公司没有开发互联网平台。为促进家政行业适应时代发展的需要，凤网e家通过开展技术研发，打造具有知识产权的互联网家政服务平台，将各类服务资源无缝接入互联网系统，为全省家政行业提供了"互联网+"的技术支撑。

为适应湖南省家庭服务业规范化、职业化"两化"建设需要，促进行业健康发展，解决行业发展的痛点，凤网e家在省商务厅、省妇联指导下，不断完善湖南省家政服务诚信体系、法律权益保障体系，大力拓展和提升

凤网 e 家平台信息化服务的边界与效能。

经验效果

1. 正面发声,全媒体立体报道,改变行业被妖魔化、边缘化的现状

自 2016 年以来,凤网 e 家通过《今日女报》、凤网全媒体对省家庭服务业的发展进行了大量的正面宣传报道,仅在 2017 年,就刊发各类新闻报道 250 余篇,通过大力弘扬行业正能量,特别是对家庭服务业中的先进人物与事迹进行专题报道,提振了行业社会影响力,彻底改变了行业"好事不出门,坏事传千里"的传播形象。

2018 年,凤网 e 家首开先河,和省家协一道打造湖南省家政行业全媒体,在《今日女报》开辟凤网 e 家·家政专版,每周一期;凤网开辟凤网 e 家·家政专区;《今日女报》微信矩阵开辟凤网 e 家·家政专栏,每周推送一次;《今日女报》微博根据双方工作需要,不定期推送相关消息,缔造行业典范,树立行业形象。

2. 多措并举,线上线下联动,让家政脱贫培训网络化、实用化

目前,家政是极少数能大量容纳教育程度低、大龄贫困妇女等就业困难人员的行业,其中部分服务项目技能要求不高,只需经过初级技能培训即可入职。为便于广大贫困妇女上岗就业,凤网 e 家在 App、微信公众号以及网页上设置了"我要培训"模块,方便大家通过手机、PC 互联网等方式报名学习。同时,在省妇联、省商务厅、省财政厅大力支持下,凤网 e 家依托各地妇联,联动加盟企业,强化培训工作,不断为行业发展提供经过职业技能培训与资质认证的家政服务人员。凤网 e 家在为广大用户提供精细化互联网家庭服务的同时,实现用工需求与培训供给的有效对接。

2017 年,凤网 e 家不断总结以往家政培训工作经验,将用户的多元化优质服务需求与各地的精准扶贫家政服务技能培训相结合,深入湖南省 35 个扶贫开发片区县,开展了 46 场巾帼家政培训,打造贯穿"教、学、练、测、评"一站式培训模式。对近 3000 名贫困妇女开展多层次、多样化的家政服务入职培训,同时,通过平台 40 余家加盟企业安排了数千名女性就业,进而实现稳定就业和精准脱贫。

3. 以赛为媒，互比互学、共同提高

凤网 e 家以家政大赛促行业进步，不断提升湖南省家政服务从业人员的职业素质和技能水平，把比赛作为提高从业人员职业技能、提升服务质量、扩大就业、促进家政服务业健康发展的重要手段。据统计，2016 年、2017 年两届湖南省家政服务职业技能大赛共选拔近 200 名优秀一线服务人员参加比赛，共表彰人员 126 人，其中，湖南省妇联授予 18 名选手湖南省"巾帼建功标兵"荣誉称号。团省委省青年职工工作委员会办公室授予 18 名选手"湖南省青年岗位能手"荣誉称号；省人社厅授予 18 名选手"湖南省技术能手"称号，并为 125 名选手颁发技术等级证书；省总工会分别授予 12 名选手"湖南省五一劳动奖章"荣誉称号。

2016 年 7 月，凤网 e 家从全省家政服务职业技能大赛获奖选手中选拔出 9 名代表，经过强化培训与技能考核，有 3 名队员成立湖南省凤网 e 家队，代表湖南省参加当年度全国巾帼家政服务职业大赛，并获得优异成绩。

4. 技术赋能，打造政府放心、用户舒心的互联网家政服务阵地

凤网 e 家通过免费为入驻平台家政公司提供自主研发的系统，第一次真正意义上帮助家政企业实现了对门店服务人员、订单、用户、财务的综合管理，解决了家政公司存在已久的低效率问题，并将传统模式下的门店，从独立的信息孤岛串联在云端，利用大数据分析服务人群，掌握消费者生活习惯，并结合家政公司和服务人员的深度数据挖掘，不断改进服务方式，有效提升经营效益，助力行业发展，推动服务转型，扩大了人员的就业规模。

同时，凤网 e 家按照《商务部、发展改革委、财政部、全国妇联关于开展"百城万村"家政扶贫试点的通知》要求，在省商务厅、省妇联的领导下，联合省家协，通过建设湖南省家政服务诚信体系，为行业发展正本清源。同时，双方依托省妇联的维权工作体系，线上线下联动，探索建立消费者、家政企业、家庭服务人员权益保障长效机制，切实保障从业人员的权益。

案例 66

四川省成都市家政服务行业协会着力发挥职能职责，助推家政服务业健康快速发展

基本情况

2007 年底，成都市 10 家大型家政（清洁）服务企业作为发起人，向成都市商务委（原商务局）、成都市民政局提请成立成都市家政服务行业协会，2008 年 1 月 17 日经成都市民政局批准，成立成都市家政服务行业协会（以下简称协会）。协会自成立以来，严格按照"服务企业、规范行业、发展产业"的办会宗旨，不断促进行业自律、加强行业交流、推动行业发展。截至 2018 年 6 月，协会现有会员单位 230 余家，会员单位主要包括家政服务企业、清洁服务企业和家政产业链上产品销售、职业培训、专业咨询等机构。协会管理体系完善，现设有 3 个专业委员会（家庭清洁、母婴护理、普通家务），有专职工作人员 5 人。2010 年，协会按照成都市商务委机关党委要求，成立中共成都市家政服务行业协会党支部。协会于 2008 年被四川省民政厅评为"5·12"抗震救灾先进社会组织；2013 年被成都市委组织部、成都市民政局评为"成都市社会组织规范化服务型示范党组织"；2013 年成功通过成都市民政局 AAAAA 级社会组织评定，成为全国家政行业首个 5A 级社会组织。10 年来，协会先后积极协助开展国家"家政服务工程"、家政服务体系建设和培育龙头家政企业项目，制定 4 个家政服务标准（规范），建设家政商誉查询平台，开展家政企业等级评定和实施家政扶贫等，举办家政行业论坛和专题沙龙活动 28 场次，培训家政企业高层管理人员达 2000 人次，举办技能大赛 4 场次。通过举办各种行业

活动，提高了家政行业声誉，树立了行业形象，家政服务企业运营能力和家政从业人员服务水平和职业自豪感得到大幅提升。

主要做法

协会在推动全市家政服务业快速健康发展方面，坚持目标导向、问题导向，以扩大有效供给为抓手，积极培育市场主体，着力促进家政服务业标准化、规范化、专业化发展。

1. 健全运行机制，提升服务能力

2010 年，协会成立协会党支部，将党的路线、方针、政策深入贯彻落实到协会管理和行业中；成立家庭清洁、母婴护理、公共环境清洁 3 个专业委员会，有效解决资金缺乏、人力不足、服务能力不足问题；建立会员管理、财务管理、会议管理、档案管理、考勤管理、薪酬管理等制度，完善协会管理体系，提升协会管理和服务能力。

2. 建立沟通机制，加强信息交流

信息服务是协会的主要职能之一，协会主要通过微信群、QQ 群、网站、微信公众平台、书面等方式，不定期发布行业信息，为会员单位提供政策、法律法规信息。协会建立了会长办公会、理事会等会议机制，定期开展行业、协会重大事项决策、重点问题分析等活动，畅通行业信息渠道。

3. 开展法律援助，保障行业利益

家政服务业属劳动密集型行业，消费纠纷、劳资纠纷、家庭纠纷较多，协会聘请常年法律顾问，充分利用其专业资源，竭尽全力提供法律咨询、法律援助服务，为会员单位保驾护航，截至 2018 年 6 月底，为家政企业提供法律帮扶服务 56 个次，挽回经济损失 150 余万元。

4. 建立行业标准，引导规范发展

2011 年，协会编制并推行了《家庭清洁服务流程及质量标准》《保姆服务操作标准》《母婴护理服务操作规范》，实施了《成都市家庭清洁（保洁）服务合同》《成都市保姆（钟点工）服务合同》《成都市母婴护理服务合同》监制合同。2014 年，协会通过四川省质监局发布地方标准《家庭清洁服务规范》。标准和格式合同的建立，有效提升了家政服务人员的服务技能，增强了家政服务需求的透明度。2016 年，协会编制《家政服务机构运营规范》，为家政机构的日常经营、行业自律提供指导。

5. 建立诚信平台，促进行业自律

为提升家政行业发展水平，有效规范行业发展，协会初步建成"成都市家政服务业商誉查询平台"，查询平台以第三方的角度，将家政企业（机构）的工商信息、业务信息、企业规模、奖罚信息和从业人员的身份信息、培训信息、职业认证信息、服务评价信息、奖罚信息等纳入查询平台供消费者查询识别，减少以次充好、以小充大的恶性竞争行为，全面提升家政消费透明度。

6. 强化行业交流，促进共同发展

协会每年开展行业发展情况摸底，发布行业调研分析报告，为企业及时掌握行业发展动态提供了便利。协会有针对性地举办家政行业论坛和专题沙龙活动 28 场次，培训家政企业高层管理人员达 2000 人次；举办家政服务技能大赛 4 场次；对内加强全市家政服务业和从业人员的沟通交流和相互学习。按照"走出去、引进来"的方式，有针对性地组织会员单位负责人分别前往上海、北京、深圳、广州、济南、郑州、重庆、武汉等家政先进城市交流考察，与其他行业组织建立交流合作关系，积极学习先进理念、新模式、新业态等，寻找发展差距，不断促进行业发展。

7. 开展评优评强，树立行业典范

为充分发挥先进典范的示范带头作用，协会开展了家政企业等级评定、公共环境清洁（保洁）企业等级评定、年度家政服务业"十佳诚信企业"、"品牌家政企业"、"品牌清洁企业"、"最美育婴师"、"最美清洁工"等评先选优，有效推动行业市场环境净化，促进家政服务业提质扩容。

经验效果

通过十年的发展，协会服务能力、引导能力大幅提升。在规范家政市场、促进家政行业转型升级和提质扩容等方面发挥了积极作用，受到各级行业主管部门、家政企业和社会各界的一致好评。

1. 充分发挥职能作用

一是通过建立 3 个格式合同、4 个行业标准、1 个地方标准、1 个商誉查询平台和年度评级、评先选优活动，有效提升家政消费透明度，减少服务纠纷，净化市场环境，行业引导规范作用全面体现。二是协助主管单位先后开展国家"家政服务工程"、家政服务体系建设、家政服务网络中心建设、龙头家政企业培育、家政扶贫等项目，参谋助手作用充分发挥。

2. 积极开展行业活动

通过不断健全协会管理机制，完善管理制度，畅通信息沟通渠道，强化法律援助和咨询，举办法律专题讲座、行业论坛和主题沙龙、职业技能大赛，外出交流考察学习等，充分发挥了协会的服务职能，有效提升了行业法律意识，促进提升服务技能、提高服务水平，推动家政服务业提质扩容成效突出。

3. 大力开展行业宣传

2018年初，《成都商报》、《成都日报》、成都电视台和中国经济新闻网等媒体深入报道了行业中的评优评强、职业技能大赛、诚信查询平台、推进家政扶贫等活动，充分发挥舆论导向作用，大力宣传发展家政服务业的政策措施和新观念，对家政服务从业人员的社会贡献、典型事例、先进人物、品牌企业等开展专题报道，增强社会共识。

4. 全面提升行业地位

通过不断提升协会服务能力、持续完善服务规范和提升管理水平，以及正确的宣传报道和舆论引导所营造的良好氛围，协会的吸引力和凝聚力得到有效提升，家政行业也越来越被社会关注和深入认知，家政服务社会地位全面提升。

家政服务业作为朝阳产业，精细化、专业化、网络化发展势不可挡。2018年，成都市出台《成都市促进家政服务发展行动计划（2018—2020）》（简称《行动计划》）。《行动计划》紧贴新时代人民群众对家政服务新需求，着眼建设全面体现新发展理念的城市总目标，明确了发展思路、发展目标、重点工作、支持政策、保障措施等，着力推动全市家政服务业提质扩容，为建设美丽宜居公园城市做出更大贡献。

第十一章　促进家政服务标准和规范发展

| 案例 67 |

上海市家庭服务业行业协会推进家政
行业示范性、标准化、规范化建设，
着力打响上海家政服务品牌

基本情况

上海市家庭服务业行业协会（简称协会）成立于 2009 年 3 月。其行业主管部门是上海市商务委员会，业务主管部门是上海市妇女联合会，接受上海市人力资源和社会保障局、上海市社会团体管理局的业务指导、监督。协会现有会员单位 660 余家，会长、理事单位 39 家，建有 4 个区家协、12 个市家协办事（联络）处；下设养老、母婴、婴幼儿早教、病患陪护、综合家务、家庭供应、培训和学习研究等 8 个专业委员会。协会秘书处内设办公室、会员部、项目部和宣传部。

据不完全统计，上海在工商、民政、人社及其他相关部门登记注册的家政服务机构约 2400 家；从业人员近 50 万人，其中：95% 左右是来自外省市女性，且大部分来自农村，仅有 5% 是上海本地人。以上海示范性家政服务中央管理系统中家政员为样本分析，家政员总数为 248836 人，持有上岗证的仅有 37473 人，持证率为 15.06%，持有健康证的有 195794 人，持证率为 78.68%。由此可见，上海从事家政服务的从业人员，只有近 50% 的人员归属到可统计的范围内，还有相当部分的从业人员游离于无控状态。

随着中国经济的发展和人民生活水平的提高，家政服务已成为寻常百姓家庭生活消费的重要组成部分。特别是家庭小型化、人口老龄化和家务劳动社会化的社会生活消费格局的形成，使得家政服务刚性需求呈现不断增长的态势。然而，现代家政服务的起源和行业发展环境等因素，造成从业队伍庞大，职业化程度不高；服务需求量大，有效供给不足；服务要求专业化，无标准规范可循等，影响和阻碍了家政服务业的发展。为此，上海市家庭服务业行业协会以党的十九大报告为指导，全面贯彻习近平总书记和李克强总理关于家政行业发展的讲话精神，按照国家发改委、商务部等 17 个部委提出的"家政服务提质扩容行动方案"的要求，围绕上海市委、市政府提出的打造"上海服务、上海制造、上海购物、上海文化"四大品牌的目标，紧紧围绕国家对发展家庭服务业的要求，按照家政服务提质扩容要求，积极探索和努力实践推进行业发展的新途径和新方式，发挥行业协会协助政府进行行业管理的桥梁纽带作用、促进行业发展的市场引领作用和服务会员单位的协调凝聚作用；提出了"提质增信，服务家庭，打造一个更有温度的行业"目标和"美好生活从家开始，上海家协助您如愿"口号；紧扣家政服务提质扩容主题，开展各项工作，发挥家庭服务业在服务民生、满足民需、促进就业中的独特作用。协会通过打造"上海家政"的服务品牌，提高家政服务机构管理水平，提升家政服务员职业技能，树立上海家政的市场形象，为推进上海家庭服务业的规范化、职业化、标准化、信息化发展做出了积极的贡献。

主要做法

1. 以市政府实事项目为载体，提升行业市场形象

连续 6 年上海市政府将发展家政服务业工作列入政府年度实事项目，

并将项目资金纳入年度预算，由专门机构负责跟踪督查，确保当年立项当年完成。

2013～2014年，为规范家政服务市场，上海市政府首轮把创建示范性家政服务站列入市政府实事工程项目。根据文件精神，上海分别成立了上海市政府家政实事项目领导小组和工作小组，制定了具体的工作目标和任务，提出了示范性家政服务站示范内容、创建标准、服务流程、投诉流程、督察制度、培训制度等6个一类指标、32个二类指标和74个三类指标等具体要求和条件；建立和完善了统一的示范性家政服务站的信息化管理平台；倡导和引导示范性家政服务站用"准员工制"的管理模式，并要求示范站与家政服务员签订委托管理协议，做到家政服务员的身份验证、健康体检、签订服务合同、购买保险、岗位培训和服务回访等六个百分之一百；通过信息化平台和示范站创建现场督导双管齐下，对示范性家政服务站的硬件设施、服务管理、质量管控和收费标准等相关业务实现有效管控；两年在全市范围内共创建166家示范性家政服务站。

2015～2016年，上海市政府第二轮再次把"完善家政服务信息平台功能，建立家政员登记注册制度"列入市政府实事工程项目。根据工作要求，编制了具体的工作目标和任务，建立了一整套完善的工作制度和流程，健全了横向到边、纵向到底的市区二级18个注册站和300多个注册点覆盖到全市各个街镇的家政员登记注册工作网络，方便家政员就近登记注册。在市妇联的领导和支持下，市区二级家协组织齐心协力，积极发挥示范性家政服务站的示范引领作用，统筹调动和发挥各注册点主观能动性和创造性，通过上下的联动和互动，两年内共完成了家政员登记注册22.7万余人。

2016～2017年，上海市政府第三轮将家政服务持证上门列入政府实事项目。在市商务委的领导下，由家政网络中心负责在全市93家家政服务机构中开展办理家政服务持证上门证相关培训，培训后由家政公司颁发统一的家政服务持证上门证，并通过一人一证一码，实现家政服务安全、放心和可追溯；93家家政服务公司向社会承诺"不培训、不上岗，不持证、不派单"，实现家政机构派单必须培训，家政服务员上门应主动亮证。目前，全市已有5万多名家政服务员办理了家政服务上门证。

2. 以标准化建设为引领，提升服务品质

根据国务院办公厅下发的《关于加快发展生活性服务业促进消费结构升级的指导意见》（国办发〔2015〕85号），国家标准委、民政部、商务部等五部委联合印发的《关于加强家政服务标准化工作的指导意见》，国家发展改革委会同人社部、商务部等部门印发的《家政服务提质扩容行动方案》（发改社会〔2017〕1293号）以及《上海市人民政府关于促进本市生活性服务业发展的若干意见》（沪府发〔2014〕59号），上海市商委会牵头人社部门等共同出台的《关于本市加强家政服务业管理体系建设的实施意见》（沪商服务〔2016〕26号）等文件精神要求，结合国家标准委员会2015年颁布实施的《家政服务机构等级划分与评定》和《母婴生活护理服务规范》两个家政服务相关国家标准，在市商务委的领导下，协会于2015年底启动了《家政服务机构管理要求》、《家政服务从业人员基本要求》和《家政服务溯源管理规范》三项地方标准和"行业自律、行业培训、养老护理、母婴护理、婴幼儿护理、乳房护理、居家保洁和月子中心"等八项行业规范起草编撰；同年，在上海市妇联的领导下，协会联合巾帼家政共同启动了家政服务机构管理和操作服务规范的标准化试点项目的起草编撰工作，目前已完成了68项相关内容的编撰工作。在推进行业的标准化项目建设中，协会紧紧围绕市场导向、问题导向和需求导向开展调研，并对标《家政服务机构等级划分标准》家政服务国标在全市152家机构的179个门店进行预评估；紧紧围绕标准化建设的科学性、前瞻性、完整性、可操作性和可评估性等要求全面推进，做到标准源于行业服务需求，利于行业发展趋势。目前，《家政服务机构管理要求》等三项地方标准已于2017年4月发布，并于6月1日正式实施。"八项"行业规范亦已完成，68项家政服务标准化试点项目亦已通过质监局的验收，基本形成了上海家政标准化体系框架，也为提升上海家政的服务品质奠定了基础。

3. 以规范化建设为方向，推进行业产业化发展

定期发布行业工资指导价。协会在市人社局的指导下，运用互联网工具服务于行业的规范化建设。将会员单位在微信平台上发布的供需服务信息作为行业工资指导价调研数据采集渠道，通过收集、筛选、整理，结合上海家政示范性服务站中央管理信息平台的数据进行综合分析，每季度首

月向社会发布行业工资指导价，为市民在选聘家政服务时，有参照、有依据，也有效促进了上海家政服务市场的规范化。

推广使用家政服务合同示范文本。协会与上海市工商行政管理局联合印制了《上海市家政服务合同示范文本》，并根据市场的需求和用户的建议，先后对文本进行了修订、改版，示范文本对服务三方的权利义务给出了明确的规范和定义，对三方需协商的内容也给出了一定的协调空间，为规范家政服务市场提供了有效的保障。同时，为化解服务过程中发生意外伤害的风险，在示范文本中明确了家政服务中必须有一方要购买相关商业意外保险，通过协商明确责任主体，化解服务风险，有效维护三方的合法权益。

举办"家博会""家政节"。通过政府指导、行业引导、企业参加、市民参与等内容和形式，宣传政府实事项目成果，反映行业规范化建设成效，展示优秀企业品牌化服务成果。

4. 以参与精准扶贫战略为契机，拓展家政人力资源渠道

根据商务部《关于开展"百城万村"家政扶贫试点工作的通知》要求，协会积极行动，主动作为，发挥协会社会组织的独特作用，多渠道地与相关贫困地区政府、协会和商会建立扶贫协作关系；与上海现代服务业联合会联手，与文山州签订了家政技能扶贫劳务合作协议，建立了沪文家政培训基地，通过家政技能扶贫送教上门培训，为文山州的建档立卡贫困户提供培训，帮助他们掌握相关的家政服务技能，实现当地就业、区域就业和来沪就业的多重就业需求。同时，协会还与贵州商会、长沙家协等签订了家政扶贫合作框架协议，拓展上海家政服务市场的人力资源渠道，组织化的引入贫困地区的家政人力资源，有效缓解本市家政服务市场供给侧矛盾。

5. 以提升服务技能、职业素养为重点，推进职业化进程

根据家政服务专业化、细分化和多元化的市场需求，注重家政服务人员的职业技能和素养的提升。通过开展家政员技能大赛、职业素养、法律法规知识讲座等，提高从业人员的服务技能和综合素养；与上海开放大学开设家政管理专业，鼓励家政服务机构的管理人员和家政服务人员参加学习，提高家政服务机构管理人员的管理能力，提升家政服务员的专业化程

度，目前已有近330名学员毕业，圆了不少家政人的大学梦；与中国劳动社会保障出版社上海分社联合完成了《家政服务员高级（三级）》教材的出版和《家政服务员中级（四级）》以及《家政服务专项职业能力》教材的改版工作；根据市场专业化、细分化的发展需求，开发并完成《家政服务实用英语》和《收纳整理从零开始》培训教材编撰；积极探索和推进家政服务机构建立工会组织和组织家政服务员加入工会组织途径，提高家政服务员的组织化程度，拓宽家政服务员的维权渠道。

经验效果

习近平总书记在2019年"两会"期间参加山东代表团讨论时指出："家政业是朝阳产业，既满足了农村进城务工人员的就业需求，也满足了城市家庭育儿养老的需求，要把这个互利共赢的工作做实做好，办成爱心工程"。同时，国家发改委《家政服务提质扩容行动方案》中明确了发展家政服务业，不仅是促进农民工就业增收的重要渠道，也是改善民生、扩大内需、调整结构的重要举措，是一项利国利民、一举数得的民生工程。近年来，协会围绕家政服务市场细分化、专业化和多元化的发展趋势，以缓解家政服务市场供给侧矛盾为重点，主动作为，积极发挥行业协会协助政府进行行业管理的职能；认真履行协会职责，发挥行业协会的协调、服务、推动和维权等职能，多措并举，有效地推进和实现了家政服务提质扩容。

1. 实事项目硕果累累，成效显著

三轮的市政府家政实事、示范性家政服务站创建，有效地规范了家政服务机构经营管理行为；通过"创一管三"（即一年创建，两年持续督导）创建模式，166家示范性家政服务站的建立，为引领本市家政服务市场规范化建设，引导家政服务市场健康有序地发展打下了基础；家政员登记注册制度的建立、22.7万名家政员登记注册，为探索和推进家政服务员进行组织化管理提出了一条行之有效的管理模式；5万名家政服务持证上门证，通过家政服务机构培训颁发的家政服务持证上门证，做到一人一证一码，实现了家政服务安全放心和可追溯。

2. 标准化建设助力行业发展

三个地方标准的颁布和实施为推进行业健康发展提供了依据和保障。通过多层次、多渠道的标准宣贯、培训，扩大了标准的知晓度，有效地服务三方的市场行为；八项行业规范和68项机构服务管理和操作规范的试点工作，使得机构服务管理和操作规范有章可循。家政服务管理的标准化试点在接受市质量技术监督局进行验收时，专家们给予了充分肯定，并给出了95.1分的高分评价，并为进一步推进家政服务的标准化建设奠定了基础。

3. 规范化建设助推家政服务的产业化发展

定期发布家政服务工资指导价、推广使用家政服务合同示范文本、推行家政服务商业保险以及家博会、家政节的举办等，有效地规范家政服务的市场行为。特别是家政服务工资指导价的发布已成为市民百姓关注的重点，同时，也对规范家政服务市场价格起到了一定的调节和稳定作用。

4. 家政扶贫有效地实现家政服务人力资源扩容

通过家政扶贫组织化地从贫困地区引进家政服务人员，有效缓解了本市家政服务市场人力资源供给矛盾，从根本上解决了家政从业人员可追溯，提高了家政服务从业人员的组织化管理程度。2019年，协会已与云南文山州政府联合，先后对300余名建档立卡户家庭成员举办了家政服务、母婴护理和养老护理等"沪文家政劳务合作"专项技能培训，学员中有近百名学员愿意来沪就业。沪文家政劳务合作项目，探索和创新了一条"培训促进就业，就业带动创业"家政技能扶贫新思路，通过就地就业、区域就业和来沪就业家政技能培训班，多渠道地实现一人做家政，全家都脱贫的家政扶贫目标。

5. 促进从业人员专业化建设，推动家政服务职业化

上海的经济发展带动了家庭服务的飞速发展，服务市场细分化、服务技能专业化和服务品质标准化为家政行业和从业人员提出新的要求，经过近年来的专业化建设的推动，本市家政从业人员的整体水平得到一定的提高，涌现了一批服务口碑好、专业能力强、用户评价好的上海市金牌家政员、优秀农民工、五一劳动奖章先进代表，还有一批通过自身努力取得了家政管理大专学历，有2万余名家政员加入了工会组织。

　　提质扩容推动了行业的规范化建设，促进了行业的产业化发展；助推了家政服务机构的管理能力，提升了从业人员职业归属感；为上海家政服务的品牌化建设、产业化发展奠定了基础；有效地推进上海家政服务业健康有序地发展，也有效地提高了上海市民对家政服务认可度和获得感。

案例 68

江苏省妇联坚持"好苏嫂"品牌化发展之路，树行业标杆，推进妇女就业创业

基本情况

"好苏嫂"是江苏省妇联在 2009 年为帮助农村进城务工和城市再就业人员实现创业就业、满足社会对家庭服务日益增长的需求，而倾力打造的一个家庭服务品牌，目前下设家政公司和培训学校，全部由妇联就业服务中心全资国有。

在省妇联的正确领导及省市商务和其他相关部门的关心支持下，"好苏嫂"坚持以服务社会为己任，以满足群众美好生活需求为目标，以质量求生存，不断开发服务项目，大力发展现代家庭服务业，在促进就业创业、服务民生、推动和谐等方面做出了大量卓有成效的工作；先后获"全国巾帼家政培训示范基地""全国城乡妇女岗位建功集体""商务部重点培育家政服务龙头企业""全国家庭服务业百强企业""江苏省现代服务业'十百千'行动计划重点企业""江苏省信息化示范工程""全省家庭服务职业培训示范基地"等 30 多项荣誉。

"好苏嫂"在十年的发展历程中一直专注母婴护理服务领域，月嫂、育儿嫂是关注的重点，在发展中也遇到了诸多问题与难点。

一是结构性供需矛盾，市场标准混乱。目前，家庭服务人员的总体质量参差不齐，与市场提出的高水准、高质量、高技能"综合型"家庭服务不能完全匹配，用户满意度较低；现行的家政服务行业标准引领的缺失，导致家庭服务的专业化、标准化、规范化明显缺乏。

二是从业人员的流动性大，保障政策缺失。由于缺乏相关法律规定，无法对家政从业人员的"责权利"进行对等约定，劳动关系不规范，劳动时间、工作岗位不固定，缺乏必要的社会保障。在家政服务现存的三种形式中，家政企业、服务人员与家庭业主之间没有明确受法律保护的雇佣关系，家政服务员与家政服务企业的劳动关系较为松散、家政服务员社会保险管理缺失。因从业人员相应的社会保障措施得不到落实，其流动性、随意性大。

三是培训机制缺位，资质管理混乱。家庭服务企业及职业培训机构素质参差不齐，家政服务员缺乏专业化、系统化、精准化的培训，花钱买证现象严重，导致服务质量较低，很多时候难以满足消费者的需求。同时，家政职业经理人专业管理知识的缺乏、不能正确引导家政服务员，导致服务过程中还存在一些安全隐患。

四是职业化特征模糊，服务标准匮乏。目前，家庭服务业从业人员主要是农村进城务工和城市再就业人员，文化素质偏低，且多为女性劳动者，非正规就业特征明显，职业化水平低，缺乏等级晋升与从业年限、工作绩效、证书等级、服务反馈、年度审核等诚信体系相对应的管理机制，导致等级标准、执业标准、价格混乱。

主要做法

为深入贯彻党的十九大精神，落实习近平主席对家政服务的重要指示，以及国家17部委联合印发的《家政服务提质扩容行动方案》（2017年）的要求，围绕服务江苏发展"六个高质量"和全面深化妇联改革两项战略任务，"好苏嫂"针对家庭服务及本地家政行业的现状，积极构建新时代"好苏嫂"服务标准，以质量求生存，以创新求发展，形成了自己的服务特色和服务体系。

1. 规范管理，品质服务树标杆

（1）服务全过程规范化。"好苏嫂"为了促进品牌全省协同发展，自成立以来，始终明确发展目标、健全制度、规范管理的"五统一"发展模式，培养了一支素质过硬、服务专业的家政团队，实现了全程跟踪服务，基本形成了覆盖全省、纵向联动、横向联合的"好苏嫂"家庭服务网络体系。

（2）以标准贯穿规范化。目前"好苏嫂"已完成品牌 VI 设计，注册了商标，制定了企业管理标准、三方服务协议规范文本和收费标准，并通过了国家 ISO9001 质量管理认证，首创母婴生活护理员（月嫂）评等晋级和星级服务标准，并于 2010 年成功首推家政服务员雇主责任险，为优秀家政服务员缴纳社会保险。

（3）业务新拓展规范化。"好苏嫂"借助互联网、大数据等技术，建立服务诚信记录平台，运用身份及人脸识别技术，形成信用信息共享，对雇主和服务员从源头进行有效的甄别，为家政服务从业人员、家政企业、顾客建立完善的诚信档案，确保品质服务落到实处。

通过一系列规范化、标准化建设，"好苏嫂"获得南京市家庭服务业企业信用评级的最高等次 2A；并在行业企业的分等定级评选中荣获最高等次 3A。在各类职业技能大赛和争创评优活动中，"好苏嫂"员工屡获殊荣，先后获优秀农民工、五一劳动奖章、技术能手、优秀家政服务员、"最美家政人"等称号，为"好苏嫂"的品牌发展给予有力支撑。

2. 精准创新，培训体系专业化

"好苏嫂"坚持以培训为抓手，精准对接需求，培养社会急需紧缺的家政服务专业人才，始终坚持"以市场需求为导向，以能力培养为中心"的办学指导思想，发挥基地作用，秉承多层次、多形式、多专业的办学模式，开设育婴员、母婴护理员、养老护理员、家政服务员等各级各类培训班，并开设产后运动指导师、中式面点、西式烘焙、插花、手作花艺等特色专项培训，编印了《家庭服务基本技能》培训教材，高标准建设了培训实操设施，聘请经验丰富的培训老师，采取理论知识、技能操练和岗位实训相结合的形式，对学员进行多维度、全方位的阶梯式培训。针对服务过程中出现的问题，建立了家政服务员"回炉"培训机制，并开展各类常态化公益培训，不断更新服务理念，提升服务技能，促进服务人员身心健康。同时开展广泛的异业合作，探索校企合作、定制培训等新内容，为"好苏嫂"持续发展提供了原动力。

3. 稳中求进，整合资源展智慧

"好苏嫂"结合自身资源优势，顺应潮流，改革创新，积极探索家庭服务信息化模式。2016 年 3 月，96338 智慧家庭服务平台正式运行。平台汇聚了智慧就业、智慧维权、智慧生活、智慧养老、智慧红娘五大服务，通过线上接单、线下整合，实现虚拟平台和实体服务相结合，形成现代化、标准化、网络化和信息化的全新家庭服务业态。通过信息化建设和智慧化运营，"互联网 + 家庭服务"实现了"好苏嫂"品牌"从点到线、从线到面"的升级跨越。

4. 深入社区，践行品牌新业态

紧跟新时代步伐，新思想触发新服务。2013 年，"好苏嫂"将品牌引入社区，分别在南京市区举办多场服务妇女群众家庭的主题活动，策划并组织了数百场"好苏嫂智慧社区行"活动。2017 年，携手汇鸿集团推出"服务 + 产品"的社区服务新模式，将品质服务和优质产品送到社区群众身边。2018 年，"好苏嫂"推出"母婴服务 + 母乳喂养"一站式智慧服务站，为孕妈提供更为便捷、温馨、舒适的服务，增强女性的获得感和幸福感。

面对当前家政行业的无序竞争及超常规发展，"好苏嫂"一贯秉承"坚守品质精抓服务，始终把群众利益放在首位"的初心。目前，遍布全省的 83 家"好苏嫂"门店已为数十万个家庭提供了"好苏嫂"品牌服务，年服务家庭近 10 万户，服务满意率达 98% 以上，积累了一大批忠实顾客。多年来，"好苏嫂"始终贯彻"精准扶贫"的理念，累计培训 8 万余人次，切实有效地帮助近 20 万名下岗失业、失地妇女在家政服务领域实现就业和创业，有效实现了"就业一人，幸福两家"的目标。"好苏嫂"品牌得到了社会的广泛欢迎和认可，"家有好苏嫂，生活更美好"被越来越多的家庭所熟知和认可。

经验效果

新时代带来新发展、新机遇，"好苏嫂"坚守使命、不忘初心，敢于探索创新，勇于自我完善、自我革新，开展"练内功、拓市场、增项目"等内部管理模式调整，着力推动困难和问题的解决，致力于创新服务手段、规范项目管理、拓展组织网络、提升发展能力，树立行业标杆，引领行业标准化建设，取得了一定的成绩和经验，为家政行业的可持续发展开辟了一条与时俱进的品质化发展之路。

"好苏嫂"自建成以来，新颖的服务理念和综合性的业务平台吸引了全国各地商务、妇联、人社、工会、民政等单位的关注，先后接待160多批来自全国各地、各部门及家政同行们的交流学习，得到他们的充分肯定。中国妇女报、江苏卫视、安徽卫视和《新华日报》等主流媒体对"好苏嫂"家庭服务情况进行了多次宣传报道。

国家领导，省市各级政府领导也多次来到"好苏嫂"调研考察，对"好苏嫂"家庭服务给予了充分肯定，并对"好苏嫂"发展提出了战略性发展的指导意见。省市商务和省妇联更是把"好苏嫂"家庭服务作为民生工程、摆上重要位置来抓，并给予各方面的大力支持。正是因为各部门及领导的重视与鼓励，我们有了极大的信心和动力，"好苏嫂"家庭服务事业得到快速发展。

（1）形成"好苏嫂"家庭服务三方协议规范文本和收费标准。流程明晰、服务规范，使得雇主、家政服务员及家政服务公司的"责权利"得到对等约定，有利于促进家政服务市场的规范化发展。

（2）与社保及保险相关部门协同推进，落实"员工制"管理政策，与优秀家政服务员签订劳动合同并为其缴纳社会保险；深推雇主责任保险，为家庭业主和家政服务员解决后顾之忧，最大限度降低家政矛盾调和成本，有助于促进法律机制健全，引导家政服务行业稳定发展。

（3）开展多层次、多形式、多专业的培训模式，将培训与市场需求精准融合，从源头上解决家政服务人员专业技能的缺失，并通过建立家政服务员"回炉"培训机制、公益讲座等方式，践行终生职业技能培训的要求，全力提升从业人员的服务能力，为品质服务提供有力保障。

（4）构建母婴生活护理员（月嫂）评等晋级和星级服务标准，以客户满意度和服务标准度为导向，科学界定母婴生活护理员的等级评定，实行母婴生活护理员级别与工作绩效挂钩的管理模式。创新的年审考核、全程监管机制，能更好地权衡供需关系中的焦点问题，并结合母婴行业现状，不断升级完善。

（5）顺应"互联网＋"时代特色，结合市场趋势，更贴近现代人对新服务方式的需求，建设"好苏嫂"诚信管理平台。推出"一人一卡一码"

的服务模式，通过对家政人员基本信息、从业资质、服务类别、擅长领域、体检报告、服务记录等内容的甄别和记录，建立服务人员诚信档案，并实行动态管控，随时跟踪、及时管理。用户可以通过扫码、登录查询等便捷方式，了解家政服务员的身份、信用、星级、从业经历、用户评价、征信记录等，甚至性格、脾气，极大地提升了家政服务质量和消费体验。

（6）建立"好苏嫂"联盟发展机制，夯实服务品质、拓展服务领域。"好苏嫂"品牌成员上下联动、协同发展、互补互利，在竞争中寻求合作，共享抱团发展带来的温暖，实现合作共赢，切实有效地为广大女性提供更多的就业岗位和创业机会，同时为更多的家庭带来称心如意的家政服务。

山东省现代家服中心多措并举，打造家政服务诚信体系建设新格局

基本情况

山东现代家庭服务产业发展促进中心（以下简称中心），是经山东省民政厅批准成立的社会组织，是全国第一个专门从事家庭服务产业调查研究咨询的非营利性机构。现代家庭服务产业是以现代科学技术特别是信息网络技术为主要支撑，是建立在新的商业模式、服务方式和管理方法基础上的家庭服务各业态间的总称。它既包括随着居民对美好生活需求而产生的新兴家庭服务业态，也包括运用现代技术互联网、大数据、人工智能等对传统家庭服务业的改造和提升。中心以"创新、融和、发展、共享"为宗旨，下设"一室一盟五中心"，即家政服务业研究室、家庭服务业诚信联盟、培训中心、项目中心、评价中心、网络中心、传媒中心。作为社会组织第三方，中心既是联系政府与企业的桥梁与纽带，又是植根于行业的风向标；既是创新家庭服务业的智囊团，又是规范行业的设计师；既是引领行业前进的排头兵，又是推进行业发展的领航人。

主要做法

1. 成立研究室助力行业新发展

随着经济快速发展，家政业迎来了前所未有的发展机遇。由于行业的理论研究滞后于实践需求、舆情试点经验总结提升和应用推广不充分制约行业的发展，中心成立了家庭服务业研究室（简称研究室），从高等院校、

研究机构、家政服务领军企业，以及教育、金融、司法等多个领域，高标准选聘 34 位专家，作为研究室的客座研究员，以高端人才荟萃、综合研究实力强等优势为依托，围绕行业发展重大问题开展研究，为政府决策提供高质量的智力服务。研究室在山东省商务厅的支持下，先后开展了家政行业诚信体系建设、家政行业创新与本源等课题研究，成立了家庭服务业诚信联盟并举办了一定规模的论坛、研讨会等，从理论、文化、制度、技能等层面，为山东省家庭服务做出了前所未有的探索，提出了切实可行的建议，其中许多建议被政府部门认可，有的已被采纳，社会效益显著。

2. 发挥社会组织作用积极承接政府工作

2018 年，国家发展改革委等 28 个部门签署《关于对家政服务领域相关失信责任主体实施联合惩戒的合作备忘录》，中心受商务部服务贸易和商贸服务业司委托开展了《对家政服务领域相关失信责任主体开展联合惩戒的实施细则》的起草工作。中心从研究室选出 8 位行业专家、8 位司法界专家组成起草委员会。专家们认真研读了《中华人民共和国民法总则》、《中华人民共和国治安管理处罚法》、《中华人民共和国行政处罚法》、《家庭服务业管理暂行办法》以及国家工商行政管理总局《严重违法失信企业名单管理暂行办法》等法律法规；参阅了 30 余份其他省份、行业制定的失信实施办法；并深入家政企业和广大用户调研，经过反复论证，历经三个月完成起草工作，形成《对家政服务领域相关服务贸易和商贸服务业失信责任主体开展联合惩戒的实施细则》征求意见稿，得到商务部的认可。

3. 搭建家政信用平台规范引导行业发展

党的十九大提出要推进信用体系建设，尤其是直面群众的服务行业，信用体系建设尤为重要。近几年，家政行业快速发展，由于缺乏信用平台及有效监管，一些不规范的家政企业和家政服务员隐瞒真实信息，弄虚作假，不按合同提供服务，不正当牟利，刑事犯罪等偶有发生。这不仅损害了消费者的合法权益，更对行业的健康发展造成极大的负面影响。中心在山东省商务厅的支持下，依托大数据、App 移动互联网、微信公众号等新技术，搭建了山东家政信用平台（www.sdjzxy.com）。这是集家政企业、家政服务员信息资源管理及服务功能为一体的信息化服务平台，主要由四大数据库构成。

一是家政服务员信用档案数据库。通过推行家政服务员"一人一码一张卡",家政人员的身份信息、学习经历、企业评价、从业记录、服务价格等信息均在数据库保存。家政服务员的从业信息,不仅能随时查找,还可追溯,便于广大客户监督,从而实现家政服务"可追可查可评价"。为使信息不留死角,家政服务信用平台的数据库通过与商务部门和公安机关盗窃、赌博和部分刑事犯罪记录数据库,吸毒人员、精神病患者数据库,国家人口基础信息库的死亡标识数据库进行比对,及时向家政企业反馈。二是家政服务企业信用档案数据库。企业资质、规模、信誉、收费标准等一应俱全,便于社会监督。三是消费者不诚信行为记录档案。对在消费过程中具有不良行为的消费者,平台给予警示。四是家政服务领域黑名单档案。依据《对家政服务领域相关服务贸易和商贸服务业失信责任主体开展联合惩戒的实施细则》将失信责任主体纳入黑名单档案,对失信主体采取业内警告、通报批评等惩戒措施。

4. 试行先行赔付制度开通消费维权绿色通道

家政服务是人对人、面对面的服务,生产和消费过程同时产生。为此,消费纠纷在所难免,如果纠纷处理不及时、解决不到位,将极大影响家政服务的信用,影响社会和谐。2018年,中心在家政信用平台的基础上,依据《中华人民共和国消费者权益保护法》的有关规定,探索家政纠纷先行赔付制度,切实保护消费者的合法权益,解除消费者的后顾之忧。目前,中心已经在山东省滨州市开始试行"家政纠纷先行赔付"。凡消费者在山东家政信用平台(滨州站)选择的家政企业或所属企业服务员,一旦出现消费纠纷,消费者可向中心投诉。中心开通消费维权绿色通道,结合商事仲裁制度、人民调解制度等,为消费者提供专业的纠纷处理服务,切实保护消费者、家政服务企业和家政服务员的正当权益。只要责任在经营者一方,且赔偿金额在2万元以内,所受损失均由中心先行赔付基金先行垫付,随后再向责任单位和责任人追偿。截至2018年底,中心已调解消费纠纷21起,调解满意率达100%,效果显著。家政纠纷先行赔付制度的实施一方面保障了消费者的利益,另一方面也极大地缩减了消费者的维权时间成本。同时,为了营造安全绿色和谐的家政消费环境,中心在行业内倡导企业实施"六公开、三满意"的服务模式，即价格公开、资质公开、流程公开、承诺公开、服务项目公开、服务员信息公开，接待满意、服务满意、售后满意。该制度的实施，有效维护了家政行业消费秩序，维护了家政行业暖心工程形象。

5. 完善培训评价体系提升行业职业化水平

家政是事无巨细的服务，专业技能要求涉及面广。目前市场上的家政技能培训许多流于形式，缺乏统一技能培训、评价体系。2018 年，中心把完善山东省家政服务员技能培训评价体系作为重点工作去抓。中心邀请了山东大学、山东师范大学、山东英才学院、山东利民职业学校等院校的有关专家教授，组成"山东省家政服务培训评价体系研究小组"，按照人力资源和社会保障部、商务部等八部委《关于开展家庭服务业职业化建设的通知》等文件精神，结合实际，经多次论证，拟定了家政行业专项技能的培训体系和专业技能评价体系。目前，中心遵循统一教材、统一大纲、统一题库、统一考核程序、统一证书、统一查询的"六统一"原则，开展了母婴保健师、母婴生活护理师、育婴师、催乳师、小儿推拿保健师、早教师、养老生活护理师、康复师、家政服务师、病患生活护理师等 11 个专项技能的培训与评价工作，扎实推进家政规范化职业化建设。

6. 推行"家政＋"战略促进家政服务扩容升级

党的十九大召开后，家政业发展迎来了新的发展机遇，对于家政企业而言，既是机遇又是挑战，如何把握好时机，完成传统企业的转型升级是行业发展的大事。为此中心制定了"家政＋"的发展战略，陆续开展了"家政＋旅游"延伸服务，即为家庭成员在休闲度假旅游时，提供全方位的吃、住、游、行、娱、健等个性化的私人定制的全程协同服务。开展"家政＋康养"服务项目，以陪老服务为保障，开辟适合老年人休闲养生的线路康养游。开展"家政＋产品"服务项目，积极推进家政服务与家庭生活相关联的用品深度融合，开展"家政＋金融"合作项目，中心与山东地矿集团投资公司达成金融战略合作，积极为山东省家政中小企业提供贷款、过桥等投融资服务，协助中小企业发展等。

经验效果

1. 有利于政府科学决策

家庭服务是新兴产业，发展过程中有待解决的热点、难点问题很多，迫切需要有相关的专业机构能系统地认识问题、分析问题、回答问题、解决问题，以科学咨询支撑政府的科学决策，以科学决策引领行业的科学发展。中心成立的行业发展研究室就是行业发展智库，就是集思想之成、酿理论之先、树发展之帜的基石，通过创新性理论观点和决策研究成果，为各级政府决策提供高质量的智力服务。

2. 有利于推进家政信用体系建设

家政服务是一手托两家的大业。"一家"是零距离服务的广大用户，其中大部分是老幼孕病的弱势群体，诚信服务事关重大。"另一家"是农民工占了大部分的家政服务员，在风险性较大的家政服务中保障他们的合法权益，提升他们诚信服务的职业道德，这也是家政服务业的重头戏。搭建山东家政信用平台，建立家政服务纠纷处理保障机制，能更好地规范家政服务业发展，加快推进家政服务业信用体系建设，让消费者在家政市场放心消费。信用平台建设需注意以下三方面。一是信息无死角，让那些不履约的服务机构和服务员没有生意可做，让黑中介、恶保姆无处遁形，促进家政服务市场的监管。二是有了信用平台，广大消费者可获得真实可靠的家政企业、家政服务员的信息，实现安全消费，放心消费。三是信用平台的建设，使家政企业被社会监督，使家政服务员被广大用户监督。山东家政信用平台的建立有利于增强家政服务企业和家政服务员的信用意识与责任意识，有效遏制违法、违规、违约等行为。

3. 有利于规范行业发展

通过健全完善行业的培训评价体系，全面提升山东省家政服务业从业人员职业化水平，不断促进家政服务业提质扩容和家政企业规范化、标准化、专业化、规模化发展，切实发挥家政服务业在改善民生、扩大内需、调整结构中的重大作用。

4. 有利于打造产业新格局

中心提出"家政+"产业发展战略，不是服务单一的相加，而是服务的再创新。其目的就是通讨家政服务业与其他行业有机融合发展，带动传统服务业转型升级，产生新的经济形态，达到企业经济增长的目的。中心积极通过"家政＋"项目的落地，取得初步成效，很多家政企业衍生新服务、新产品。创新行业发展新思路，才能更好地带动山东省家政行业向现代服务业转型升级，才能为家政服务业的健康发展注入新动力、新活力。

| 案例 70 |

河南省郑州市家庭服务业协会以标准规范
发展，以品牌引领服务

基本情况

郑州市家庭服务业协会（以下简称郑州市家协）成立于 2002 年，有新一届理事会、会长、副会长单位 17 家，常务理事、理事、会员单位共 380 家。其主要业务范围是以家庭为主要服务对象开展的家政服务、清洗保洁服务、居家养老、日间照料、产褥期母婴护理、育婴服务、家庭钟点工、家庭餐饮、家庭教育、家庭园艺、家具保养、家庭搬家、家电清洗、幼儿接送等服务。郑州市家协创立至今，先后被国家民政部授予"全国先进民间组织"；被中国家庭服务业协会评为"诚信经营单位"和"先进服务单位"；被河南省民政厅评为"家庭服务业先进协会"；被郑州市民政局评为 5A 级社会组织和"社会组织工作先进单位"。

主要做法

1. 围绕"规范"，不断提升工作新高度

一是协助政府主管部门出台《郑州市人民政府办公厅关于印发〈郑州市加快发展生活性服务业促进消费结构升级实施方案〉的通知》（郑政办〔2016〕77 号），重点培育打造家庭服务知名品牌，健全完善家庭服务业体系，加强标准化体系建设，提升从业人员素质，促进家庭服务业实现转型升级。2013 年《家庭服务业管理暂行办法》颁布实施后，郑州市加大宣传贯彻力度，相关职能部门联合对"黑月嫂"、"黑中介"及经营不规范等

问题进行了重点查处，切实维护了消费者、从业人员和服务机构的合法权益。二是建立完善的家政服务业行业标准体系。郑州市家庭服务业协会适应市场需求变化，相继成立了养老护理、保洁、母婴护理、育婴、家电清洗等5个专业委员会，并组织制定了《家政保洁服务规范》《产褥期母婴护理员等级规定和服务规范》《养老护理员等级规定和服务规范》《育婴师（员）等级规定和服务规范》等4个专业化标准，并由省质监局在全省范围内发布实施。四项标准实施九年来，对引领行业规范发展发挥了积极作用。但由于有些标准内容出现了许多新情况新问题，部分条款已与当前相关政策要求和家庭服务行业发展形势不相适应。2018年，郑州市家协组织相关人员和专家组成修标工作小组，计划对原四项标准中的三项进行重新修订，目前已完成了三轮，包括立项和初稿审核，修标工作取得了有质有序地进展。三是开展家政服务机构等级划分及评定工作。郑州市家协以国家标准委2016年2月颁布实施的《家政服务机构等级划分及评定》标准为依据，启动郑州市家政服务机构等级划分及评定工作。四是积极承接政府职能转移和购买服务。2017年以来，我们发挥行业组织优势，通过立项、招投标程序在承接人社部对郑州市开展2016年度试调查和2017年度调查基础上，继续推进2018年度郑州市家庭服务业调查工作，调查范围扩大至全市各县区，并形成郑州市家政行业调查总结和分析报告；申报和实施了郑州市网格化社区服务平台项目；家政服务诚信平台项目以及家政服务进社区公益项目等，达到了政府想做、行业组织愿做、群众满意的效果，促进了行业发展，扩大了协会影响力。五是加强诚信体系建设。郑州市家协在官微上推出家政服务诚信平台，同步全国3·15首家家政诚信平台的数据支持，通过立项和上线推广，有利于家政企业诚信经营和家政服务员上线"二维码一扫清"的认证追踪。平台提供预约、投诉、查询、评价等功能，重点解决假证、盗窃雇主财物、打虐看护对象、甩单、旷工或擅自离岗、借钱或私自涨价、泄露雇主隐私等问题，起到了约束和警示作用。

2. 围绕培训，推进家庭服务业职业化

一是开展家政服务定点培训工作。组织家政培训定点机构制定培训大纲并严格按照"四统一"要求（即统一时间、统一试题、统一证书、统一宣传），对从业人员进行理论和实操业务培训。自 2017 年以来，郑州市共培训合格人员 21800 人，为家政市场输送了大量的人力资源，促进了社会就业。此外，我们邀请行业领军人物和知名专家，面向家政公司中高层管理人员，每年开展 4 期大型公益培训讲座，不断提高家政企业经营管理水平，受到广泛好评。二是开展校企合作。联合郑州市办学机构开设养老护理、幼儿教育、电子商务等专业，通过线上线下组织招生、注册登记、编写教学大纲实例、提供实操道具等方面多点合作，努力提升家政服务员学历教育水平。组织家政服务员公益培训、供需见面招聘会 8 期，解决了培训班学员学习、就业渠道的"最后一公里"。三是开展"巧媳妇工程"。积极参加省、市妇联实施的"巧媳妇工程"，以雪绒花为代表的 12 家家政企业被确定为"郑州市巧媳妇工程培训基地"，为妇女就业创业培训，创造了良好的条件。四是开展以"展技能风采、铸工匠精神"为主题的职业技能竞赛，促进从业人员业务提升。自 2008 年起郑州市家协已连续举办了八届郑州市家政服务技能大赛，并积极组织参加全省家政服务员职业技能竞赛，共产生了"河南省技术能手"3 名，"河南省巾帼建功标兵"3 名；"郑州市技术状元"24 名，"郑州市技术能手"109 人，"郑州市巾帼建功标兵"57 人；雪绒花等 10 余家单位被授予全国妇联、省市"巾帼文明岗"称号。

3. 围绕"扶贫"，多措并举助推家政服务提质

通过政府搭台，郑州市家协积极组织家政企业深入贫困县开展对接、培训、签订协议送技能送岗位活动，取得了阶段性成果。一是召开动员会。学习传达了商务部关于全面推进"百城万村"家政扶贫工作的通知以及省市有关发展家庭服务业促进就业行动计划工作方案的通知精神，发出了全市家政行业扶贫倡议，制订了家政扶贫工作实施方案，明确了目标任务，成立了以郑州市家庭服务业协会会长为组长，由 10 家龙头企业组成的精准扶贫专项行动工作组，建立了推进家政服务劳务对接工作机制。二是组织参与调研。协助政府主管部门就推进"百城万村"家政扶贫工作的深入开展，到市家政企业雪绒花、大樱家政、爱十缘、家佳佣、人正智能家公司进行实地调研，并针对目前扶贫工作中有关政策落地、存在的困难和问题进行了座谈。省商务厅领导在认真听取汇报后对市家庭服务业工作给

予了充分肯定，并指出家政服务业是朝阳产业，发展前景广阔；振兴产业、带动扶贫是家庭服务业发展的基础和关键；河南省加快发展家政服务业具有显著的区域优势和人口优势，希望郑州市家协和龙头企业要抢抓机遇，真抓实干，为推动家庭服务业提质扩容、转型发展，树立标杆，形成示范。三是举办创新论坛。自 2017 年以来，郑州市家协组织了四次多种形式的创新发展论坛。论坛聚焦家庭服务业供给侧结构性改革，围绕家庭服务行业的新形势、新要求、新机遇，共同探讨"百城万村"家政扶贫工作创新发展新思路。四是扶贫对接，提供岗位。2018 年 3 月 25 日，郑州市家协组织家政企业雪绒花、阳光家政等赴安徽淮北参加"淮北大嫂"精准扶贫经验交流会，并与全国率先开展精准扶贫试点的山东、贵州、湖北家政企业负责人就有关家政扶贫项目的落实交流取经。6 月 14 日和 7 月 6日，郑州市家协分别组织家政企业参加"郑州市与卢氏县结对帮扶人才招聘会"；10 月 15 日，在省商务厅、市商务局支持下，协会组织家政企业雪绒花、天天阳光、大豫家政、共青家政、爱子缘、贝贝乐 6 家企业负责人对接国家级贫困县平舆开展扶贫宣传推介会。在对该县郭楼镇前店村进行实地调研后，双方就如何推进平台对接，扶贫落地的方法和途径达成共识，并建立了首个职业培训基地和扶贫就业基地。五是培训扶贫，主动作为。在原有家政讲师团基础上，采取自愿报名、协会筛选，组织成立郑州市家政扶贫行动巡讲团。第一批巡讲团成员由 14 人组成，巡访贫困县，广泛开展座谈交流和公益宣讲。阳光家政在定点帮扶工作中，领导重视，主动作为，积极与驻马店确山县以及各乡镇对接，利用当地劳动力资源优势，已连续举办四场家政服务技能培训班，培训受益人数 800 人次。他们的工作做法得到当地各级政府部门的高度肯定。据不完全统计，自 2018 年以来郑州市家政企业雪绒花、娘家人、阳光家政、大豫家政、爱子缘、贝贝乐、火凤凰等签订贫困县对接协议 29 份，输入家政服务员 1163 人；输出家政服务员 1495 人，其中建档立卡人员 55 人，开展家政服务职业技能培训的人数 4195 人，实现就业总人数 2549 人。

4. 围绕"品牌"，助力家政服务高质量发展

一是通过打造企业品牌，实现带动作用。认真开展"千户百强"家庭服务企业创建工作，加快推进家政企业规模化、职业化、规范化发展。截

至目前，郑州市家政行业有 12 家单位被评为全国"千户百强"企业，涌现出河南天天阳光集团、河南雪绒花、共青家政、大豫家政、爱子缘、贝贝乐、鸿基梦等 8 家河南省家政品牌企业，并荣登 2018 年下半年河南诚信建设守信"红名单"。二是通过提升专业化实现精准服务。如河南雪绒花母婴服务公司专注于母婴护理服务，着力打造品牌影响力，强化管理与培训，狠抓服务品质并通过市场化运作，拥有两所雪绒花母婴培训学校，两个高端母婴月子会所和雪绒花管家班，成功布局西安、成都两家分公司和省内多家连锁、加盟店，年营业收入达千万元，已成为郑州市乃至全国母婴行业的示范标杆企业。此外，郑州市还涌现出主营小儿推拿的儿推世家公司、主攻家具镀膜翻新的邦美洁公司，以及主攻城市高空清洗的高空清洗联盟等一批创新型细分企业，成为活跃在家政领域的生力军。三是通过跨界经营实现融合服务。郑州市家政企业通过市场资源整合和开展跨领域合作，经营范围进一步拓宽，经营模式更加灵活。如天天阳光集团家政公司同时涉足家政、物业、社区养老、人力资源和清洁领域；娘家人月子服务中心与无公害蔬菜基地合作，为客户提供更为安全健康的配餐服务；金域检测作为健康医疗检查专业机构，通过与协会合作顺利对接社区健康服务等。四是通过"互联网 + 家政"实现智慧服务。郑州市引入企业资金，探索建设网格化"帮个忙"服务平台。其中，公益性社区服务由郑州市家协理事企业提供，采取 O2O 模式，涉及家庭清洁、家庭护理、居家养老、社区医疗钟点工等 20 个门类、100 多个服务项目。此外，郑州市家协还与 58 同城、赶集网等知名网站建立了合作联盟。

经验效果

郑州市家庭服务业协会理事会秉承宗旨，思路清晰、定位准确，在前进中不断探索、创新发展，做到了"双贴近"，即始终贴近大局、始终贴近家庭服务业的发展要求，达到了"双提升"，即促进了家政服务员素质的提升和社会上对家协工作认可度的提升。

一是工作制度日趋完善。2015 年郑州市家协制定和实行了《轮值会长负责制管理办法》，要求每个副会长单位参加单月轮值，轮值会长在轮值期内负责协会日常工作的组织实施与落实，基本职责就是"一二一"，即主持召开一次会长办公会或常务理事会，走访两家会员单位并做好书面记录，承办一次会员活动。

二是平台作用日益显著。2018 年郑州市家政行业有 5 人获得市级劳动模范，1 人获得市级五一劳动奖章荣誉。郑州市家政先后举办了劳模标兵先进工作者座谈会和劳模事迹报告会。通过学习交流劳模和巾帼建功标兵们的感人事迹，在家政行业掀起了一个爱岗敬业，"学劳模、做劳模、向劳模看齐"活动的高潮。

三是社会影响力持续提高。坚持每年在 3·15 国际消费者权益日，组织家政行业企业向社会和市民发布"诚信自律、塑造品牌、爱岗敬业、服务为民"诚信宣言，开展多种形式的公益活动，受到省电视台等新闻媒体的关注和社会好评。每年组织行业进行年度评比表彰，举办高峰论坛、专题讲座、"最美家政人"演讲比赛等。

四是服务形式不断丰富。充分利用微信的简便、快捷和影响力，积极做好微信群、公众号的营销和推广。发挥郑州市家协网站作用，重点突出协会的宗旨和服务职能，利用网站、微信群便捷的优势，信息共享、做好服务。办好《郑州家庭服务》，免费向家政会员单位和有关部门发放，成为加强业务交流、宣传企业形象、展示明星风采、推广家政服务经验的重要阵地和窗口。

| 案例 71 |

湖北省武汉市家庭服务业协会十年坚守使命，引领家庭服务业行业进步发展

基本情况

武汉市家庭服务业协会成立于 2009 年，是武汉市商务局主管、经武汉市民政局批准注册的全市家庭服务业唯一行业性组织，现设有母婴护理、居家养老、病患陪护三个专业分会，会员企业有 90 余家，年安排就业近 10 万人次。2014 年，武汉市家庭服务业协会荣获武汉市民政局 4A 级社会组织称号。

主要做法

武汉市家庭服务业协会（简称协会），从成立之初，就有非常明确的工作目标——致力于行业规范，推动行业发展，引领行业不断满足现代家庭生活服务的需求，引导企业专业化发展。十年来，在市商务局、市人社局、市妇联等部门的关怀和支持下，协会发挥桥梁纽带作用，在内部建设、统计调研、标准制定、行业自律、培训竞赛、消费者维权等方面进行了积极探索，得到了政府和社会的认可。

1. 建设专业分会，引导企业走专业化发展的道路

专业细分，是一个行业技术成熟的重要标志。为满足不断细分的服务市场，协会从 2016 年初开始，陆续成立了居家养老分会、母婴护理分会、病患陪护分会。经过三年的努力，三个分会已经在各自专属的服务领域里

发挥越来越重要的作用。居家养老分会建立的老人生存状态体验中心，在武汉乃至全国都是独树一帜的，让市民感受老人的生活困难，树立全社会理解老人、尊重老人的社会风气，起到了重要的推动作用；先后有来自全国的8000多人次前往体验中心参观体验，其中，青少年体验人群占参观人数的90%；吸引来自全国10个省、市的政府部门前来参观学习；全省20个新闻媒体进行了宣传报道。

2017年的武汉市首届养老护理服务技能大赛，吸引来自全市养老护理企业的300多优秀养老护理员参加决赛，有30多位护理员获取品牌服务员荣誉称号，涌现出一批优秀养老护理服务员，积极推动了市养老护理事业的发展。

随后成立的母婴护理分会，积极参与母婴护理行业规范的起草工作，引导会员企业市场细分和互相合作。病患陪护分会负责制定《湖北省医院病患陪护服务标准》，拥有专业会员企业近30家，占全市医院护理企业总数的70%。

2. 引进商业保险，培养企业风险责任意识

2009年，协会开始探索家政服务风险问题的解决之道。家政行业的灵活就业性质，使得从业人员享受不到国家的任何风险保障政策。为帮助企业减轻经营风险，协会与各大保险公司商谈，最终选择了太平洋保险公司为家政服务量身定制的雇主责任险及家政经营责任险。这两个险种的推出，填补了武汉市家政服务风险管理的空白，目前，协会95%的会员企业购买了行业保险，已为服务人员购买意外伤害保险累计45000人次，该保险的设立，为家政企业正常经营起到了重要的保驾护航作用。

3. 寻求政府支持，为企业搭建培训平台

家政服务培训是一个两难问题。服务员不经培训，会引发更多的服务投诉与服务纠纷，严重影响行业形象。培训服务员，无论是成本还是培训手段，一般家政企业是无法解决的。为帮助企业摆脱培训问题的困扰，协会与武汉市妇女创业中心合作开展形式多样的培训工作。2017年，武汉市妇联搭建家政服务实操培训基地，协会与基地挂钩，为企业提供免费培训场地支持。企业只需要提前报告自己的培训计划，就可以免费利用基地的场地，开展企业培训。专业的培训场地、良好的教学环境、灵活的培训时

间，为企业开展服务培训，提供了十分难得的帮助。

4. 引进渠道家政，鼓励企业跨界发展

传统家政服务业利润水平低，管理无法提升，一直困扰着行业的发展。而海外的家政企业，早已探索出通过自身渠道跨界发展家政行业的经营思路。

不断探索新思维，引导企业可持续发展，是行业协会不可推卸的责任。为此，协会适时启动了渠道家政推介会，3 个商家企业与协会渠道家政平台签了合作协议。将家庭生活相关的服务和产业，通过家政服务渠道，带进客户家，让客户足不出户，就能享受到自己需要的生活用品。服务员、家政企业、消费者在这个渠道里都可以找到自己的利益诉求。先后有近 20 家相关生活服务和生活用品企业入住平台，与家政企业对接；有近 80 家会员企业，加入渠道家政运营系统。此举，让许多家政企业看到了企业发展思维的多样性，许多企业经营者脑洞大开，在企业经营与服务创新上，开始了经营思路的探索与创新。

经验效果

2017 年，国家出台《家政服务提质扩容行动方案》，明确提出发展家政服务业，这不仅是促进农民工就业增收的重要渠道，也是改善民生、扩大内需、调整结构的重要举措，是一项利国利民、一举数得的民生工程。从文件中我们深切地感受到，武汉市家庭服务业协会十年的工作，始终与国家发展家庭服务业的目标相向而行。坚持不懈的努力，带来了武汉市家政服务业可喜的发展与变化：武汉拥有了 8 家家政服务龙头企业、10 余家全国千户百强家政服务企业、8 个家政服务培训基地、6 个省家政服务职业培训示范基地。

2011 年 8 月，商务部在吉林省吉林市召开推进家庭服务业发展现场经验交流会并在会上做了交流发言，获得商务部和中家协领导的一致好评。

2012 年，我们制定了《武汉市家政服务规范》系列行业标准，获武汉市人民政府标准研制项目四等奖，并且被武汉市发改委作为优秀行业标准立项贯标。我们大大提升了全市家政企业的培训意识，通过武汉市妇女创业中心的培训平台，10 年累计为企业培训服务人员 5000 多人次。在此带动下，企业的培训工作也逐渐加强，企业内训人数逐年增加，大部分企业做到了员工不培训不上岗，从中还成就了一批优秀家政培训教师。粗略统计，武汉家政服务业每年接受培训人员在 1 万人次以上。我们推出的保险项目，不仅仅帮助企业减轻了风险压力，也大大提升了企业的经营风险把控意识，服务事故逐年下降。据保险公司统计，家政保险的意外赔付率下降了80%，各类服务纠纷也明显减少。

在协会的引导下，武汉市家政服务市场呈现规范化、专业化、现代化、国际化经营趋势：把培训学校作为家政企业的基础建设；剔除大杂烩式的企业模式，走专业化发展道路；"互联网＋"的经营模式；传统企业与国外先进养老企业合资；等等。家政企业彻底突破了作坊式管理，逐步走向现代企业化管理之路。

武汉市家庭服务业协会，是全国成立较早的家庭服务行业组织，也是一个坚持推动行业规范发展的协会。不忘初心，方得始终。我们将坚持行业协会的组织宗旨，做好政府管理行业的参谋和助手，做行业规范的引导者，做行业进步的推动者，为武汉市现代家庭服务业的发展持续贡献自己的力量。

第十二章 推进家政信用体系建设

|案例72|

吉林省家庭服务业协会以诚信建设为基础
拓展市场化规范发展之路

基本情况

随着近年来家政服务业的发展壮大，吉林省家庭服务业市场暴露出的问题也越来越多。市场秩序混乱、假证泛滥、无证经营、价格恶性竞争、服务欺诈、劳务纠纷等现象普遍，致使家庭服务消费者、从业人员和经营者的合法权益无法保障。

旺盛的市场需求背后，是无法组合的、庞大的家政服务市场资源和未被充分开发的产业价值，消费者需要可信、优质、满意的服务无从期待，严重的信息不对称造成了市场三方关系的恶化，而无人对失信行为和后果承担责任。

中小型经营者"投机""对缝"成本低，且无须承担企业的社会责住。规范经营成本高，从业人员忠诚度低、流动性高，企业创新能力、品牌影响力不足。稍具规模的家政企业，主营收入来源又完全脱离家政市场，造成有改造行业、改变市场格局的心，没有实施能力或现实性回报而放弃……

市场亟须公众认可的、可靠的、可信的，形象、沟通、服务能力、整体服务人员素质、信息化水平符合消费者需求和习惯的第三方品牌单位供需双方提供半公益性服务整体的配套性解决方案。鉴于此，吉林省积极引导家政行业以诚信建设为基础，拓展市场化规范发展之路。

主要做法

按照省家庭服务业监管部门和"提质扩容"的要求，吉林省家庭服务业协会认真分析当前的政策环境后，利用换届时机，对章程内容进行了必要的修订，提出了一系列的改革举措，对内部机构进行了必要的调整，对协会的发展宗旨和新时期的发展任务，提出了新的要求。我们在具体实践工作中的主要做法如下。

一是明确以"服务企业、规范行业、发展产业"为方向，强化党的领导，加强组织建设，成立行业协会的党组织。二是在业务范围中增加"引进、研发先进的互联网技术、开展家庭服务业'互联网＋'的项目推进和实施，建立以诚信为基础的家庭服务业商业生态体系"。三是搭建行业内教育培训资源共享的教育培训联盟"商学院"。四是将原内设机构的部分专委会、分会（筹备组）改为"事业发展中心"，探索新的拓展模式。五是以市场化合作模式开发和完善"吉林省家庭服务业公共服务信息平台"，启动"家庭服务业诚信交易电子商务示范试点建设工程"，实施"吉林省家庭服务业诚信保障计划"，恢复设立信用信息中心。六是筹备成立以会员为主要投资参与对象的"吉林省吉好生活服务集团有限公司"，以符合市场机制的形式，推动市场交易规范化，联合会员组成共建、共享的经济共同体，带动中小会员一起发展，创建诚信服务公共品牌。七是积极参与地方标准和建设工作，申请承接地方性标准的制定和修订。

经验效果

通过一年来的实践我们在实践工作中取得了如下成果。

1. 承接了省质量技术监督局的两项地方性标准修订工作

修订的两项地方性标准分别是《DBXM120 - 2018 家政服务机构诚信服务规范》《DBXM121 - 2018 家政从业人员等级评价体系》，2019 年这两项地方标准进入标准实施的试点和推广阶段，为本省的家庭服务业市场的规范化提供了标准依据，为家庭服务业市场的供需双方提供了可执行量化的标准，有效减少消费过程中由于误解或无参照标准造成的纠纷无法判定；是经营者在经营活动当中，科学管理、规范管理的重要依据；是社会治理、行业治理的重要组成部分；是行政法规强制力约束的重要补充。两项标准的实施，对推动区域性家庭服务业市场的规范化发展有重要作用。

2. 引入社会资本，投资成立了吉林省吉好生活服务有限公司，以市场化合作模式开发和完善"一库双平台"

"一库"，即吉林省家庭服务业信用信息数据库。数据库将归集服务提供商（经营者）、分销商的法人信息，服务人员（服务提供者）的自然人信息，公共信用基础数据库按照基础信息、资质信息、行为信息、行政处罚信息、交易信息、评价信息等进行分级分类管理和电子认证。"双平台"，即"吉林省家庭服务业公共服务信息化平台"，对公众提供基础信息、资质信息等企业一般信息的查询，定期公布企业失信情况，提供公共信用投诉举报窗口，充分发挥平台的服务、引导、监督和警示作用；通过诚信信息管理系统，实现诚信信息检索、诚信信息公示分级管理、诚信信息归集输出、信用异议处理，行业信用评价等功能；通过数据共享开放和与第三方诚信平台对接，推广诚信体系在其他重要领域和行业应用，促进整个社会诚信体系建设。"吉好生活服务平台"推动行业标准化、规范化服务，引导服务提供商（经营者）、分销商、服务人员（服务提供者）按照吉林省家庭服务业诚信保障计划的示范性要求开展服务。整合线下行业内服务资源，以实名制、承诺制为基础，由行管部门、行业协会对交易全流程进行监控，是整体展示、查询、交易、评价、支付的一个诚信信息交互平台，实现"行政监管、行业自律、商业管控、技术约束、市场调节"共同协作的诚信数据资源整合,适应多种不同的基础数据环境,实现不同部门、不同系统以及下级系统数据资源之间的数据交换和信息共享。与省内监管机构协同处理家庭服务业经营、交易及服务过程中复杂问题,对失信行为实行标签化管理,降低行政监管成本,逐步实现行业自律发展。

形成交易数据动态采集分析的核心是通过"一库双平台"的建设,加强经营、交易、服务的监督,提高行业管理部门的服务和监管能力;通过推广信用体系在家庭服务业(生活服务业)领域的应用,构建政府主导、行业自律、社会参与的全方位社会信用体系。

目前项目已经进入部署实施阶段,在业务主管部门和省商务厅的支持下,近期将实现与商务诚信吉林子平台行业诚信信息(经营机构、从业人员)数据同步,争取在2018年底实现1000户家政企业、10000名家政行业经过实名制验证的从业人员入驻平台。

未来,吉林省家庭服务业协会主要通过实施《吉林省家庭服务业诚信保障计划》发挥作用。增强行业内服务提供商(经营者)的信用管理和风险防范意识,全面提升市场竞争能力;在交易各方自愿的基础上可以为相关各方提供交易相对方的信用参考,过滤信用风险,降低对交易各方的信用调查时间和费用成本;打造信用品牌企业,为其提供更多的商业机会和融资渠道,降低经营成本;培育责任企业、新型企业、龙头企业,引导行业发展方向;建立起严密的诚信监督网络,弘扬诚信,打击失信行为,确保市场秩序的有序运行;促进区域信用环境建设的改善,为打造区域信用品牌形象奠定良好的基础。以指定的示范性电商服务平台(网站)为示范性试点,开放"吉林省家庭服务业信用信息数据库",为交易的各环节提供诚信(信用)信息服务,帮助服务提供商(经营者)、分销商、服务人员(服务提供者)、消费者(客户、雇主)实现快速对接,完成交易并回收评价结果作为历史数据;利用服务提供商(经营者)、分销商、服务人员(服务提供者)、消费者(客户、雇主)的历史交易和评价信息,与吉林省家庭服务业信用信息数据库比对,形成动态信用报告,对符合金融机构信用等级要求的,联合金融保险机构合作,共同放大信用交易的规模,吸引产业链上游、下游产品和服务形成新的业务流开放或闭合。

3. 发起成立"吉林省家庭服务业教育培训联盟"

联盟规范全称：吉林省家庭服务业协会教育培训联盟管理中心，引导行业培训市场规范运行，实施标准化培训流程，增强从业人员的职业自信，提升从业人员的服务形象和技能水平，提高培训机构的培训和运营能力，形成区域内联合统一的从业培训测评认证体系，实行"七统一"，即学员报名注册统一、岗位要求设置统一、师资资源共享统一、教材课件使用统一、课时收费标准统一、考核测评证书统一、业务平台结算统一。

培训市场的现状不是"一剂药方"就能解决的问题，行业协会可以正向引导驱动，但单纯发挥组织作用依据行业标准和地方标准推动规范行业培训市场，明显动力不足，参与者的积极性不高。所以必须考虑以综合性解决问题的方法，来保证培训质量、考核测评和整个流程的规范化，在"有序承接"遥遥无期的现状面前，需要运用市场化的手段做保障，只有让它变成"经济上的共同需要和与我有关"才能快速实施正向引导。在保持目标、宗旨一致的前提下，成立专业化的教育培训联盟管理中心，利用市场化机制和契约约束、组合市场培训资源，以自愿为原则，共同发起成立专业型公司会让参与者的联系和关系更加紧密，既化解了协会"没有枪，没有炮，只有一把冲锋号"无现金资本可投的现状，又解决了参与者对期望回报的渴望，以经济为纽带，以事业为方向，互相监督，规范运行，更符合市场需求。

"具有一定目标、规模和系统的对社会发展有影响的经常活动"，这是我们发展家庭服务业的事业心。通过近一年的实践，我们对提质扩容的本质和内在要求还需要更深入的理解，才能将"互联网＋""家政＋"融合发展实现得更好。集中优势力量和资源，在区域性市场建立复合型多功能的服务枢纽和分布式服务网点是我们下一个阶段的目标，届时将更全面地展现家庭服务业对社会经济贡献的价值，更好地满足"人民对美好生活向往"的期待。

案例 73

上海市家政服务网络中心推行持证上门服务营造诚信安全生态圈

基本情况

1. 上海家政行业现状及主要问题

上海家政服务机构众多，经登记注册的有 2400 多家，实际经营的有700 多家；从业人员队伍庞大，达 50 万人（其中机构内人员 30 万人），绝大多数为外来务工人员。随着家庭小型化、人口老龄化、生活现代化和服务社会化，以及互联网技术的广泛运用，上海市家政服务新需求、行业新模式日新月异，催生了一批"互联网＋"的新兴业态企业，培育了一批规模化、品牌化龙头企业，行业发展呈细分化、专业化、信息化趋势。同时，上海家政服务需求呈现三个明显变化。一是需求多元化。从过去传统的洗衣、做饭、清洁卫生等日常家务料理，逐步走向陪护老人、病床陪护、家庭护理、月子照顾、母婴护理等，其中诚信安全成为家政市场最基本的需求。二是服务快餐化。家政服务消费的频次日益加大，家政服务"快餐化"发展特征日趋明显。消费者更喜欢像打车、叫外卖一样"随叫随到"的家政服务，其中极速保洁服务备受市场欢迎。三是消费年轻化。大都市中年轻人群体因追求更高的生活品质，日益成为家政服务消费的主流。据不完全统计，消费者 30 岁以下人群约占家政服务消费的半数。

家政服务既事关民生保障，又事关市民的美好生活。家政服务一方面是日益增长的市场需求，另一方面是鱼龙混杂的诚信安全缺失。近年来，广东保姆毒死老人案、杭州保姆纵火案，让广大市民胆战心惊，雇主对家政从业人员的基本情况无从了解，更谈不上诚信安全。究其原因，家政服务行业是一个劳动密集型行业，行业从业门槛低，家政服务人员的流动性较大，对于从业人员的服务履历审查和信息公开透明度不够，家政服务存有一定的安全隐患，主要集中在雇主对用工的家政从业人员信息不了解，信息不对称。目前，家政从业人员的信息登记还是比较分散的，缺乏全面性和追溯性，数据不统一。多数家政公司不会全面评估考查家政人员的个人情况，不会了解其底细，不会进行必要的调查。此外，各个家政公司之间的人员管理也是割裂的，缺乏统一的平台进行管理和跟踪监管，这些都是家政服务中的不安全因素。

为解决普遍关注的行业诚信安全问题，上海以"家政上门服务证"为抓手，积极推行家政持证上门服务。一是通过登记家政从业人员信息和家政服务机构信息，形成家政服务人员信息的可查询、可追溯、可评价，进一步促进行业诚信。二是通过上门服务证持证培训，夯实家政从业人员最基本的道德礼仪、行业服务常识、安全知识等。

2. 家政持证上门服务

上海家政持证上门服务，是指持"家政上门服务证"。上海市通过建立行业查询追溯机制，实现对家政持证上门服务人员的"可查询、可追溯、可评价"，营造持证用证、查证验证及评价持证服务的良好环境，计划持续建设3~5年，力争"十三五"末实现上海市家政服务业的广覆盖，打造诚信、安全的家政服务管理体系，服务保障民生，满足市民美好生活。

2016年，上海赋予上海家政服务网络中心试点探索持证上门服务；2017年，家政持证上门服务列入市政府实事项目推进建设，取得了社会各界的好评和赞誉；2018年，家政持证上门服务再次列入市政府实事项目持续建设。家政持证上门服务，迎合了家政市场的现实需求，助推了规模品牌企业发展，成为规范行业发展的有效抓手；家政持证上门服务，凸显了"诚信""安全"的建设理念，推进了行业安全诚信建设，净化了行业生态，让广大市民多了一份保障和放心；家政持证上门服务，是诚信的呼唤和契约，成为上海国际大都市美丽生活的文明载体之一。

3. 上海家政服务网络中心简介

2009 年 8 月，百联集团下属子公司上海华联家维服务技术有限公司（简称华联家维），根据商务部、财政部〔2009〕149 号文《关于推动家政服务网络体系建设工作》精神要求，向上海市商务委申请承办"上海家政服务网络中心"建设项目，同年 9 月项目申请通过审批。市商务委正式确认华联家维承办"上海家政服务网络中心"的建设项目。"上海家政服务网络中心"项目通过整合服务资源，培育服务企业，培训从业人员，形成了比较健全的家政服务体系，为上海的城乡居民提供便利、安全的家政服务消费。平台拥有近百家的服务网点，并与"上海市民热线 12345 平台"实现了有效对接和联通。

主要做法

1. 科学设计上门服务证

（1）家政服务人员上门证（简称上门服务证），是一种能够快捷有效识别从业人员身份信息、从业信息，具有可查询、可追溯功能的一种标识。同步制作电子化上门服务证，支持下载到手机等移动终端（见图 1）。

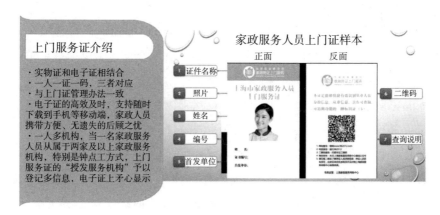

图 1 家政服务人员上门证

（2）上门服务证功能特点。一是可查询。上门服务证采取一人一证一码的原则，提供"网站、电话、微信、二维码"等查询方式，支撑"家政上门服务证"的上海家政服务信息追溯系统已投入试运营，市民可采取四种方式对所聘用的家政从业人员身份、履历、特长等相关信息进行查询：①拨打 962512 上海家政服务热线；②登录 WWW.962512.com 网站；③扫描证件上的二维码；④关注"上海家政服务"微信公众号。查询过程中如有疑问，或对持证人员的服务有疑问，可向市家政服务网络中心和持证人所在的家政公司投诉。二是可追溯。由上海家政服务信息追溯系统支撑，可追溯从业人员真实身份，追溯服务机构的服务资质，追溯服务行为。三是可评价。逐步建立和完善服务机构和从业人员评价体系，构建本市家政服务生态圈（见图2）。

可查询	可追溯	可评价	市公安数据比对
·提供"网站、电话、微信、二维码"等咨询方式	·依托上海家政服务信息追溯系统支撑，实现可追溯功能，核实从业人员真实身份，追溯服务机构服务资质，追溯服务行为	·逐步建立和完善服务机构和从业人员评价体系，构建本市家政服务生态圈	·身份信息真伪识别。通过身份证信息进行比对，核实身份证的真伪情况，防止虚假身份信息。 ·过往犯罪记录情况。通过数据库比对，检查当事人有无存在违法犯罪的记录情况。 ·行业关注重点问题检索。主要包括吸毒史、偷窃、盗窃、赌博、暴力违法五类情况的信息反馈

图 2 上门服务证的特点

（3）上门服务证的信息登记。信息登记主要涉及五个方面。一是从业人员基本信息。包括姓名、身份证、居住证或临时居住证（可选填）、联系方式、现住地址等身份基本信息；服务类型及特长、学历、培训情况、健康体检、保险信息、所属家政服务机构、承诺书等从业基本信息。二是所属家政服务机构信息。登记信息包括工商登记信息（法人身份证/企业负责人身份证、工商营业执照或民办非企业单位登记证书、组织机构代码证、税务登记证等）、家政服务企业诚信承诺书、经营地址房屋租赁合同复印件、家政服务企业相关资质证明。三是从业人员诚信信息。按报名类别，分别由相关家政服务机构和"家政网络中心"负责登记并定期上传系统更新。四是服务行为信息。主要由服务机构登记上传所属从业人员的签单日期、服务主题、协议时间等服务行为信息记录。五是服务评价信息。家政服务信息追溯系统建设评价体系，支撑客户评价，服务评价要围绕家政相关标准进行，服务投诉由服务机构负责解决，家政服务网络中心提供投诉信息的登记管理（见图3）。

向家政服务企业开放信息维护商品，面向公众查询

从业人员基本信息	家政服务机构信息	从业人员诚信信息
对所属家政人员的信息进行维护更新，包括工作经历、服务等级、健康证、保险等动态信息。	对本家政服务机构的信息维护（工商登记、营业地址、联系方式、联系人等）方式：备案审核制	对所属家政人员的诚信信息进行评价方式：备案审核制（机构提出备案，网络中心审核）

服务行为信息	服务评价信息
主要由服务机构登记上传所属从业人员的签单日期、服务主题、协议时间等服务行为信息记录	网络中心后台收集整理客户对服务人员的评价，家政公司自行匹配和分析，实现分时间段的查询检索

后台维护，面向企业检索查询

图3　上门服务证的信息维护

（4）上门服务证管理。统一制作上门服务证（含电子上门服务证）和信息监管，制定《上海市家政服务人员上门服务证管理办法（试行）》，规范家政上门服务证的登记、培训、制作、申领、发放、注销等管理，由从业人员所在家政服务机构署名（见图4）。

- ·实物证的制作及样张
- ·电子证的制作及样张

| 上门服务证的制作 |

- ·培训发证　·遗失补证
- ·变更注销　·更新换证

| 上门服务证的管理 |

| 上门服务证的查询 |

- ·网站查询　·微信查询
- ·电话查询　·二维码扫描查询

| 上门服务证信息维护 |

- ·家政服务人员、机构信息维护
- ·家政服务人员诚信信息维护
- ·客户评价信息检索

图4　上门服务证管理模块

（5）上门服务证培训。培训对象为在沪从事家政服务的从业人员及家政服务机构的管理人员。参加培训的服务机构应具有良好的商业信誉和社会知名度；无严重违规、无重大质量投诉事件；主动承担社会责任，积极参与节假日市场保障供应等。持证上门服务作为行业自律行为遵循自愿参加原则。培训内容集中在上门服务证的功能介绍，申请流程、条件、资格、出具材料，证的使用、管理、注销，持证人员的职业道德、文明礼

仪、法律常识、安全知识、电器操作与安全、家庭照料等内容。家政培训管理流程见图5。

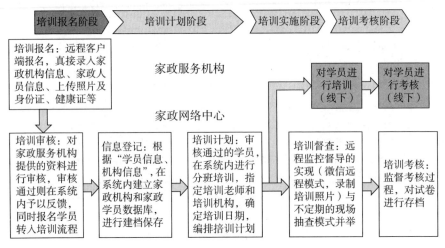

图5 家政培训管理流程

2. 建设信息追溯系统支撑

（1）建设上海家政服务信息追溯系统。上海家政服务信息追溯系统是上海家政持证上门服务项目的配套组成部分，逐步探索建设上海家政服务信息追溯系统，完善并建立服务信息追溯信息库，在此基础上追溯本市家政从业人员的真实身份，追溯家政服务机构的服务资质，追溯家政服务行为的规范性与诚信度（见图6）。

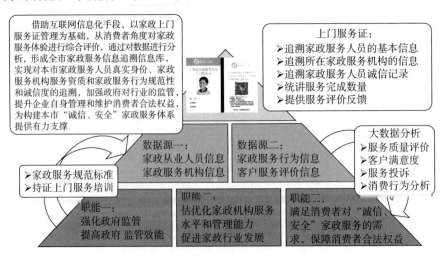

图6 上海家政服务信息追溯系统

（2）拓展上海家政服务信息追溯系统功能。查询检索：家政从业人员查询、家政服务机构基本信息查询。追溯跟踪：从业人员的追溯，服务工作经历情况的有效追溯。服务测评：从业人员的服务评价，规范性测评，向家政企业反馈信息。诚信评价：从业人员及家政服务机构的诚信情况。行业统计：服务派单数据的汇总统计、做好行业统计。数据分析：家政服务大数据的集约，后台数据分析，趋势研判。资源调配：家政行业的峰谷预警与预案调配，供需对接的资源合理配置。行业监管：向主管部门提供行业动态数据，作为行业管理和提升依据之一。

3. 营造持证服务良好环境

（1）制定地方标准支撑。制定了《家政服务机构管理要求》（DB31/T 1045）、《家政从业人员基本要求》（DB31/T 1046）、《家政服务溯源管理规范》（DB31/T 1047）三个上海家政地方标准。其中《家政服务溯源管理规范》，分别明确了家政服务用户、从业人员和服务机构"铁三角"信息追溯要求，把持证上门服务上升为上海家政行业的自律行为。根据《家政服务溯源管理规范》，从家政服务的源头开始，后续按照行业的发展情况，循序渐进地建立覆盖服务过程的溯源管理体系。在服务提供前，可运用互联网技术建立完善的家政服务智能化公共服务信息平台，通过家政服务员登记管理制度，形成家政服务可追溯的基础信息平台，评估家政服务机构、家政服务员和客户。在服务提供中，出示家政上门服务证件，确保家政服务过程的信息可查、质量可控、纠纷可溯。在服务提供后，通过规范化服务评价系统，为客户提供安全、优质的家政服务。

（2）提升含金量助推。"上门服务证"定位于行业工作证，信息是否具有真实性和权威性，是持证上门服务推行能否成功的前提基础。工作实践中，我们严把"三个关口"，提升上门服务证的含金量。企业担责关。家政员所在企业，负责登记信息核实，并承担"证"的管理责任。系统核验关。上海家政服务信息追溯系统对身份证信息的录入，须经身份证识别器识别方可录入。公安比对关。以家政上门服务证的办理发放为契机，对已培训的持证人信息与市人口办的居住证人口信息系统进行核查比对，核验持证人身份证真伪和有无犯罪记录。

（3）坚持市场化推广。市场化推广是持证上门服务推行成败的关键，把握好供需两侧平衡发力。通过各种形式，培养广大市民形成用证、查证、验证、评价的良好习惯，以市场的需求端倒逼持证上门服务的供应侧。要坚持政府引导、市场主导，用持"证"的家政员、评持"证"人的服务，从根本上提升持证上门服务的市场生命力，打造上海"诚信、安全"的家政服务市场。

经验效果

上海探索的家政持证上门服务，以"上门服务证"为载体，以信息系统为支撑，构建了以市场化为主体的监管模式，有效促进了家政员诚信安全服务，夯实了发证企业主体管理责任，提升了政府对家政行业的信息化服务监管。对家政员而言，上门服务证定位于家政从业人员的工作证，持证家政员须事先提供"征信授权书"，授权发证企业和监管部门依法查询其征信情况，持证上门服务成为家政员诚信安全服务的一个标志。对消费者而言，选择持上门服务证的家政员，利益一旦受到侵害，上门服务证的"可查询、可追溯、可评价"功能，使追责成为可能，多了 份安全保障。对家政企业而言，根据"谁发证谁负责"的原则，负有对持证家政员的审核把关管理之责，成为企业规避风险的正常经营行为。

截至 2018 年 6 月，经过两年多的建设，上海家政持证上门服务从业人员超过 5 万多名。上海家政持证上门服务，取得了家政从业人员认可、家政企业支持、市民欢迎的建设实效。山东、安徽、宁波、天津等省市的商务部门纷纷来沪调研考察。

| 案例 74 |

浙江省杭州市开展家政诚信体系建设，营造家政服务行业发展新生态

为推进家政行业向标准化、优质化、规范化发展，以诚信为本，提高职业化水平，在杭州市商务委员会的指导下，杭州市家政服务业协会开展了杭州市家政诚信体系建设系列工作。

基本情况

杭州市家政服务业协会（简称协会）成立于 2003 年 6 月 6 日，是由杭州市从事家政服务业的企事业单位、从业人员、科研人员等有关人员组成的行业性、民间性、地方性、非营利性的社会组织。协会登记管理机关是杭州市民政局，党建领导机关是杭州市商务委员会，接受登记管理机关、党建领导机关、有关行业管理部门的业务指导和监督管理。

协会主要围绕"指导、服务、协调、监督、联系"十个字开展工作，指导会员单位遵纪守法、诚信经营，切实遵守行规行约；维护会员单位的合法权益，培训从业人员的职业技能，为会员单位打品牌、上效益提供有效服务；加强会员单位与有关部门、会员单位与会员单位的工作协调，达到加快会员单位发展的目的；监督杭州市家政服务单位的经营行为，完成"行业自律、规范市场"的使命；密切会员单位与政府之间、会员单位与新闻单位之间的工作联系，起到桥梁与纽带作用。

为贯彻落实习近平总书记关于"家政行业大有可为，要以诚信为本，提升职业化水平，做到与人方便、自己方便"的有关指示精神，根据《家庭服务业管理暂行办法》（中华人民共和国商务部令 2012 年第 11 号）第

二十八条的规定："县级以上商务主管部门建立健全家庭服务机构信用档案和客户服务跟踪监督管理机制，建立完善家庭服务机构和家庭服务员信用评价体系"及《关于印发〈家政服务提质扩容行动方案（2017 年）〉的通知》（发改社会〔2017〕1293 号）"加强家政服务行业诚信体系建设，建立家政服务企业、从业人员信用记录"等文件要求，由杭州市商务委员会指导，杭州市家政服务业协会组织实施，协调有关部门共同推进杭州市家政诚信体系建设，促进杭州市家政服务诚信经营。

主要做法

杭州市家政诚信体系建设主要依托"杭州市家政公共服务平台"，推行持证上岗，建立从业人员诚信档案库，通过"家政企业诚信服务进社区"活动进行线下宣传，营造市场氛围，以行业管理办法为参考，结合纠纷调处机构，保障家政诚信新生态。

1. 杭州市家政公共服务平台建设

将互联网平台和家政卡相结合，借助信息技术优势更好地管理家政服务机构及从业人员，整合行业资源和政府政策资源。一是记录家政从业人员经历，建立家政从业人员服务溯源系统，逐步实现验证家政从业人员身份、健康、技能等信息，提升家政从业人员服务信息透明度。二是规范家政服务机构管理，引导家政服务机构向员工式（制）管理转变。三是通过对家政服务员进行认证发卡，对从业人员健康体检、技能培训等情况进行认证，从而实现诚信背书。四是家政企业和雇主可以通过扫码读取家政卡上的家政人员信息，能更方便快捷地了解家政人员的基本情况。

2. 开展家政企业诚信服务进社区活动

定期组织家政企业开展诚信服务进社区活动。以居家服务、养老护理、病患陪护、母婴护理四大业态为主，为社区居民送温暖、送爱心、送服务、送技能。

具体服务措施包括如下几点。

（1）居家服务进社区。可为社区居民提供小家电的修理、管道疏通、水电维修、皮具护理、家庭保洁等居家便民服务、技能咨询及服务预约。

（2）母婴护理服务进社区。可为社区居民提供母婴护理服务的技能培训、母婴护理专业知识（母乳喂养、营养餐等）及技能的咨询和服务预约。

（3）养老护理服务进社区。可为社区居民提供测量血压、养老护理服务的技能培训、养老护理专业知识（老年人沟通、心理疏导等）及技能的咨询与服务预约。

（4）病患陪护服务进社区。可为社区居民提供病患护理服务的技能培训、病患陪护专业知识及技能的咨询与服务预约。

（5）其他家政服务进社区。其他涉及家政服务的项目咨询及指导，家政服务产品的介绍。

（6）诚信服务调查问卷互动。宣传家政服务的规范化、职业化、优质化、诚信化，把"贴心、放心、舒心"的家政服务理念送到家，不仅在家政企业中进行诚信经营的宣传，也让居民了解更多诚信规范的家政企业。

3. 协助修订杭州市家政服务行业管理办法

为规范杭州市家政服务经营行为，维护家政服务消费者、家政服务人员、家政服务机构的合法权益，推进家政服务业提质扩容，根据国家商务部《家庭服务业管理暂行办法》，国家发改委、商务部等17部委联合发布的《家政服务提质扩容行动方案（2017年）》等相关要求，杭州市家政服务业协会协助杭州市商务委员会组织修订《杭州市家政服务业管理办法》，将为家政行业提供管理规范，为杭州市家政服务诚信体系建设筑牢政策依据。

4. 树立家政企业诚信、专业的行业典范

为鼓励和推动家政企业依法诚信经营，提高信用意识，加强信用管理，塑造信用形象，营造良好的信用市场环境，在杭州市商务委员会的指导下，协会在全市开展健康养老示范企业及"我心目中最诚信的家政企业"评优评先活动，宣传表彰讲信誉、守信用、重承诺，为履行社会责任做出榜样的企业，进一步弘扬"取之社会、回报社会"的社会责任感和使命感，弘扬诚信文化，构建诚信体系。

5. 设立家政服务纠纷调处机构

协会下设家政服务纠纷调解中心，负责纠纷调查调解工作，收集纠纷事件类型，为后期开展制定规章制度提供参考。

家政服务纠纷调解中心的主要工作职责是：接受雇主、企业及劳务人员三方的申请，对纠纷进行调查核实，整理纠纷事件材料，向有关部门反馈情况，提出意见建议；主动调解有可能激化、演化为群体性事件的纠纷；接受当事人关于法律法规等方面知识的咨询等。本着合理合法、平等自愿、不妨碍当事人诉权和"调解优先"的原则，引入调解工作机制。

家政服务纠纷调解中心按照功能适用、交通便利、独立办公的原则设立固定办公场所，设置办公室、接待调解室，配备必要的办公设施，建立健全各项规章制度，规范工作流程，并将工作制度、工作流程和组成人员加以公示。

经验效果

在现今家政市场的发展情势下，尽快建立家政行业诚信体系，规范家政市场势在必行、迫在眉睫，有利于家政服务这一民生事业的健康发展，让百姓、家庭、社会都能受益。

试点阶段，在杭州家政公共服务平台上选取有代表性的23家家政企业作为平台注册点，截至7月5日，协会已录入家政人员近千人。杭州家政公共平台的建设，是推进行业规范有序发展的重要制度创新和模式创新，可以为行业的良性发展提供实实在在的平台支持、机制支撑，有效加强政府对家政行业的监管，规范家政市场，引导家政机构规范员工管理，提升服务质量。

2017年，杭州市家政服务业协会组织会员单位开展了三次家政企业诚信服务进社区活动。参加活动的企业均为杭州市家政行业的诚信企业，三次活动分别走进上城区东平巷社区、江干区运新社区、西湖区莲花广场，进行诚信服务宣传，提供便民服务。活动受到了社会各界的一致好评。三次活动总计有27家家政企业参加，为25位独居老人提供免费的保洁或玻璃清洗服务，帮助7位空巢老人清洗油烟机及管道疏通，并在现场免费为老人理发、测量血压。大力提倡家政企业诚信经营，助推杭州家政行业"加强诚信建设，践行诚信服务，倡导诚信理念"的建设，进一步提高家政企业的诚信服务意识，让社区居民足不出户享受安全诚信的服务。

在杭州市商务委员会的指导下，协会组织了2017年度健康养老示范企业及杭州市"我心目中最诚信的家政企业"评选活动，最终评选出 5 家健康养老示范企业、20 家诚信家政企业，为全市家政企业树立诚信经营的典范，提高企业诚信经营的意识，推动家政行业诚信体系的建设。

协会通过纠纷调解机构，及时妥善、公平公正地化解矛盾纠纷，构建和谐的市场氛围，维护雇主、企业及劳务人员的三方合法权益，维持正常的市场秩序，是建设"平安"的现实要求，是维护全市社会稳定的重要举措。

根据家政企业的发展现状，建立家政行业的诚信体系、规范行业市场是势在必行的举措。杭州市家政服务业协会建设家政公共服务平台，大力推行家政企业诚信服务进社区活动，积极评选诚信示范企业，树立优秀企业典型，推动了家政行业的制度化、规范化、标准化发展。

| 案例 75 |

江西省"江西家服"公共平台探索
"互联网 + 家政"新路径

基本情况

由江西省商务厅、江西省财政厅建设的覆盖全省的公益性民生工程——江西省家庭服务业公共平台（以下简称平台），自 2015 年 4 月 15 日上线以来，已连续开通运营 3 年，平台为进一步创特色、促繁荣、惠民生，积极探索"江西服务"新模式、新特色，取得明显成效。

平台根据家庭服务业与民生息息相关，家庭服务企业普遍"散、小、弱、乱"，难以满足居民日益对家庭服务增长的需求，经营模式亟待创新等实际情况，按照国务院关于"互联网 +"行动计划和商务部《家政服务网络中心建设规范》要求，由商务部一般性服务业专项资金支持，江西省商务厅主导、江西省家庭服务业协会承办运营、江西省商务信息和电子口岸中心研制建设和技术维护，以"互联网 + 家庭服务"为载体，采用最新云端技术，运用门户网站、微信公众号和服务热线，免费为全省家政企业和居民提供电商化供需对接及多样化信息服务，推动家庭服务业转型升级和提质扩容。

平台围绕"实现居民找家政首选本平台，了解家政行业只需浏览本平台，家政企业营销离不开本平台，行业管理需要本平台，使百姓得方便、企业得市场、政府得民心"的愿景，将互联网与传统的家庭服务业结合起来，创新家庭服务模式，力求打造一个覆盖全省的集"电商对接、运营监管、信用评价、数据统计、信息发布"于一体的多功能家庭服务业公共平台，解决家庭服务业"信息不对称、供需不平衡、信用不透明、市场不规范"问题。平台由公共信息平台、营运监管系统、供需对接功能三部分构成。

（1）公共信息平台主要是以门户网站形式，展示行业发展情况、国家和地方有关政策、服务质量和职业技能标准等；发布行业服务动态、开展活动的信息；宣传、推介获得荣誉的家政企业和先进从业人员，介绍成功的经营管理经验，并可查询服务人员的技能等级及入驻企业的基本信息等。

（2）运营监管系统是对全省家庭服务业的经营、管理、服务能力、客户评价等基本情况进行统计监测，建立家庭服务企业诚信档案等。

（3）供需对接功能主要是采用最新云端呼叫中心技术，免费为全国和全省居民与江西省家庭服务企业提供电商化供需对接服务。

主要做法

平台在建设过程中，集思广益，以采用最新技术、最大化方便居民和企业使用、降低自身运营成本为优先考虑，根据需要研制、开发和创新了很多先进实用的功能。本平台在上线以后直至现在，仍然根据实际情况的变化，不断地修改和完善原有功能和应用新技术开发新功能，从而确保了本平台功能与时俱进、好用、实用。目前平台已具备六大功能。

1. 对接、抢单功能

平台对接了保姆、钟点工、月嫂、催乳通乳、产后修复、育婴、护工、保洁、早教、婚庆、搬家、水电维修、管道疏通、家电维修、养老、养生保健等16大类和62个分类的服务项目，有利于客户找到各种业态的家政服务。

平台首创了实时自动转介居民需求的信息，入驻企业用电脑、手机"抢单"的服务模式和QQ对话框；入驻企业可以通过电脑或手机收到客户的需求信息或接到需求电话，可以即时在QQ对话框里与客户视频商议服务事项，有利于扩大企业的影响力和降低营销成本。

平台供需对接的渠道多样便捷。全省居民选择登录网站（www.88812343.cn）、关注微信公众号（jx88812343）、拨打服务热线（0791 -

88812343，接听时间为法定工作日 9：00 ~ 17：00）这 3 种方式中的任何一种提出需求，平台均会立即形成订单，一年 365 天，每天 24 小时，都会用信息发送到距居民最近的家政企业抢单。

三家企业抢单后，平台会自动关闭没有抢到单的企业信息，避免扰民；客户和已抢单的企业都能收到平台自动发出的供需对接信息，客户可以"货比 3 家"。如果 5 分钟内企业没有抢单，本平台会自动扩大发送需求信息的范围，由更多企业抢单。服务热线的功能强大，可以同时接入 30 个电话。对一些特殊的没有企业抢单的需求，本平台会采取人工点单、配单的方法解决对接问题。

"抢单式"服务模式促进了家庭服务企业由传统型向 O2O 电子商务模式转型，顺应了时代的发展，让居民足不出户就可以方便快捷地雇用相匹配的家政服务人员。

2. 公示、查询功能

平台给每一个入驻企业设置了展示空间，公布入驻企业的服务项目、经营地址、联系方式、服务人员及服务产品信息，自动记录了每一个企业的服务次数、客户评价得分、浏览次数和每一个业务近期成交的服务价格，便于居民了解家政行情。

客户雇用家政服务人员之前，登录网站（www.88812343.cn）或用手机关注微信公众号（jx88812343），点击"证书查询"栏，输入准备雇用的家政服务人员的姓名、身份证号码等，就能查询到该家政服务人员是否取得合规的技能等级证书。

3. 评价、评选功能

平台对入驻企业提供的每一次服务，会根据客户的评价自动生成得分。评分标准是：客户评价"好"的，企业得 1 分；评价"中"或没有评价的，企业不记分；评价"差"的，企业扣 1 分。本平台设有按企业服务次数多少排序、按服务得分高低排序，让客户一目了然地知道企业的服务能力和服务好坏。

平台设有投票系统，已进行了江西省家庭服务业优质服务先进企业评选活动、江西省第一届家庭服务业品牌企业评选活动，对当选企业除进行其他表彰外，均会在平台上宣传展示，达到既宣传参评企业又宣传平台的效果，让实力强、管理好、服务质量高、深受大众关注的家政企业脱颖而出。平台现又启动江西省家庭服务业"最佳家政服务员""优秀家政经理人"的评选活动，树典型、立榜样，营造比、学、赶、帮、超的良好氛围，激发全行业提升家庭服务质量和管理水平，提高全社会对家庭服务业的认知度，从而更好地满足居民生活需求和吸引更多的从业人员在家庭服务行业创业、就业。

4. 宣传、推广功能

平台在网站上设置了文本、图文、视频三个广告区，在视频广告区，刊登"公共平台简介指南"、"企业接单操作指南"和"居民下单操作指南"，便于人们了解平台，实现了平台宣传推广自身的效益。每个企业都可以提供宣传稿件，被采纳的，都会在本平台的广告区上刊登宣传。

平台设有模糊搜索企业功能，便于客户在目前 500 多家入驻企业中，很快搜寻到要找的企业；设有微信推广链接功能，只要彼此加了微信，就可以发送这个链接，让亲朋好友关注平台的微信公众号，用于下单和查阅家政服务信息；不断收集、制作相关信息，用服务号和订阅号发送到微信朋友圈吸纳粉丝。

5. 管理、规范功能

平台设置了企业入驻的条件：一是依法注册且经营范围属于家政服务；二是无违法违规、无不良经营记录或无投诉；三是有责任意识和服务保障能力；四是与协会签订入驻协议并自觉履行协议；五是有实现供需电商化对接愿望。同时符合 5 项条件的企业才能入驻本平台。平台还对入驻企业提供的服务情况进行监督，并展示消费者对企业服务满意度的情况等。

平台将已出台的标准挂在政策信息栏里，供大众阅读，并在网站的下载专区可免费下载，让大众都能获取标准，便于客户用服务质量标准正确衡量家政服务，维护自身合法权益；便于服务人员按服务质量标准中的规定提供服务，规范服务行为；便于家政企业按服务质量标准的要求，规范经营管理。

6. 培训、学习功能

通过平台网站，实时发布和及时更新家庭服务业的服务动态、国家相关政策、行业和职业标准等相关信息；将省家庭服务业的师资培训、行业表彰等重大活动做成视频，在平台的广告栏里宣传推广；不断收集大家喜闻乐见的家庭服务技巧和知识等，通过平台微信公众号和订阅号发布，便于社会各界了解家庭服务业方方面面的情况。

经验效果

目前，平台已具备了"找家政服务，上本平台下单，五分钟完成；鉴别服务人员等级，上本平台查询，就知结果；了解家政行情，上本平台浏览，一目了然"的功能，大大方便了家庭服务，其成效显而易见。

1. 平台受到社会广泛关注

截止到 2018 年 6 月 30 日，平台吸引了《参考消息》、《江西日报》、《南昌日报》、《江南都市报》、《江西晨报》、《赣南日报》、城市论坛、凤凰资讯、新华网、中国网、江西省人民政府网、江西热线、海外网、华龙网、大赣网、江西电台（二套）、赣州电视台、新余电视台、九江电视台、萍乡电视台、上饶电视台等中央、江西和全国各地新闻媒体的广泛关注，大篇幅报道文章有 50 多篇，电视报道 10 多次，网站浏览量达 3063 余万次、微信关注 83460 人。

2. 平台深受居民青睐

随着平台上线时间的增长，全国和全省各地越来越多的居民到平台上下单找家政，截止到 2018 年 6 月 30 日，平台共为居民实现供需对接 2391 单，很多居民通过平台找到了相匹配的家政服务人员。特别值得一提的是，在国家法定节假日里，不少居民通过平台的微信公众号、门户网站下单，及时找到企业派出家政人员提供服务，解决了家中突发情况、急需家政服务等棘手问题。

3. 平台使家政企业受益匪浅

截止到 2018 年 6 月 30 日，入驻企业 514 家，入驻企业通过平台承接业务金额 1258 余万元，很多家政企业通过平台不但承接了业务，还大大提高了知名度和影响力；同时，很多家政企业通过查看平台上的行业政策、服务规范、同行情况、技能培训、职业鉴定、市场需求、人力成本和行业发展趋势等重要信息，做好了经营定位。

4. 平台有利于市场监管

平台通过让合法企业免费入驻，引导、规范和监督企业服务行为，实时发布行业服务动态等办法，使消费家政服务的居民能在平台获取相关信息，在一定程度上有效解决了因家政企业散、小、弱、乱而难以管理等难题。

5. 平台便利政府决策和监管

政府相关管理部门均可通过平台，实时掌握江西省家庭服务企业、从业人员、行业活动、发展动态等一系列情况，获取企业、从业人员、客户需求、各业态服务额占比、各地市服务额占比等很多大数据，非常有利于对家庭服务业进行市场监管。

| 案例 76 |

云南省公共保洁与家政行业协会创建云南家政诚信平台，推进家政信用体系建设

基本情况

1. 云南省公共保洁与家政行业协会简介

云南省公共保洁与家政行业协会成立于 2006 年，现有会员 170 多家，会员来自昆明、玉溪、曲靖、文山等 10 个市州。协会从成立之日起，一直致力于行业的规范化发展，从引领散、小、乱的家政公司聚拢发展开始，找问题、找出路，订立标准、组织培训、开展评优等，使云南省家政服务行业逐渐走向规范化，家政企业逐步壮大。

2. 云南家政诚信平台简介

云南省公共保洁与家政行业协会为更好地满足人民群众日益增长的消费需求，进一步规范市场经营行为，营造良好的市场竞争环境，适应家政行业诚信体系建设需要，启动了以信息系统为基础的云南家政诚信平台建设，带动行业建立健全诚信体系和标准化体系。

平台采用"O2O（线上线下结合）"方式整合家政服务新业态新模式，服务全省消费者。建设集互联网应用、移动互联网终端于一体的公益性综合服务平台，提供与网上交易相关的信息发布、交易撮合、合同网签、预约服务等电子商务功能，方便消费者和经营企业双方在信息服务平台进行双向选择。平台对服务的在线监督管理，为消费者提供服务有标准、工作有规范、质量有保障的一站式家政服务平台。

3. 云南诚信家政服务平台解决的主要问题

（1）信息不对称，依靠传统渠道

经营企业利用信息网络开展服务的情况不普遍，消费者对经营企业相关信息的获取更多的是通过客户间的推荐实现，报纸杂志广告仍是当前传递家政服务信息最重要的形式。消费者与企业利用互联网和移动互联网的水平较低，是云南家政行业发展的一个瓶颈。

（2）企业、服务员诚信缺失

目前，云南家政服务企业经营的主要形式是中介制，家政公司服务质量长期参差不齐，消费者对家政服务缺乏信心，家政公司、家政服务员诚信度较低，消费者、家政公司、家政服务员之间沟通不畅，相互之间缺乏信任，家政服务缺乏标准。整个行业还处于起步阶段，这些不规范的问题将会影响行业未来的可持续发展。

（3）家政人员职业化程度低

目前大部分家政服务从业人员大多来自农村，受教育文化程度较低，大多是初中及以下文化水平，上岗前没有接受过家庭服务业务培训。家政企业管理者整体素质不高，很难满足必要的管理需求，家政服务业从业人员素质有待提高。

主要做法

1. 解决问题的主要方法

（1）以信息化驱动引领家政服务提质扩容。云南家政诚信平台充分利用云计算、"互联网＋"、大数据、区块链和 LBS 技术等，深入推进"透明家政"和"智慧家政"建设，实现家政服务提质扩容与"大扶贫、大数据、大生态、大健康"四大战略行动的统筹融合，推进家政服务业专业化、规模化、网络化、规范化发展，形成"互联网＋家政服务新业态"的行业发展和大众创业、万众创新的应用新局面，以培训为重点，着力提升家政服务员的素质。

（2）推进云南家政诚信体系建设。为推进家政诚信体系的规范管理，云南省公共保洁与家政行业协会采取如下措施。一是出台了《云南省家政行业诚信体系建设实施意见》《云南省家政服务诚信经营承诺书》等一系列文件，建立了云南省家政服务员职业守则和行为准则，明确了从事家政服务工作的基本条件，如家政服务员应提供的身份及健康证明材料等条件。二是推行家政服务卡管理办法，对家政服务员进行实名注册登记，发放家政服务卡，通过对家政服务卡的管理，对服务人员进行身份识别、查询和追溯。这一方面便于对家政企业进行管理，同时，服务人员也可以凭卡参与行业培训，购买保险，进行健康体检和享受相关优惠政策。三是对家政企业的经营和家政服务员的培训做了相关规定，对家政企业、家政服务员、家政服务消费者三方的权利、义务做了相关规定。云南家政诚信平台通过对以上数据的采集，使家政服务人员除了个人隐私外，所有与从业相关的经历、职业资格证书等都登记"入库"，方便消费者随时可查。另外，消费者登录平台也是实名注册，一旦决定要签约，需要出示身份证，保证流程的规范性。

（3）提升家政服务员素质。云南家政诚信平台与云南开放大学合作建立了云南省家政服务职业培训示范基地，为云南农村转移劳动力和"4050"妇女提供家政服务上岗培训，创造就业机会；为家政从业人员提供网络再教育平台，实现职业技术提升，从而提升家政服务员专业化、职业化水平；为家政服务企业提供订单式培训，提升企业员工素质和服务技能水平；为家政教育培训机构提供宣传平台、培训课堂和虚拟实训基地，为云南家政服务产业"提质扩容"行动打下良好的人才基础。

2. 创新做法

（1）技术创新。以互联网为载体，利用大数据、云计算、区块链、LBS、"互联网＋"等新技术，建立"家政服务大数据中心"，实现全省家政服务信息化统一集约化建设和高效运行管理。建立基于区块链技术的家政服务监管体系和行业诚信体系，实现家政服务状态的实时感知与家政服务市场的在线监督管理。建设基于O2O的家政服务网络服务平台和基于移动互联网的从业人员在线培训综合服务平台，形成基于大数据和"互联网＋家政服务新业态"的行业发展和大众创业、万众创新应用新局面。云南家政诚信平台的建设使家政服务信息化能力和持续发展能力得到极大提升，实现了"透明家政"和"智慧家政"的跨越发展，为推进家政服务业专业化、规模化、网络化、规范化发展提供科学的数据和坚实的技术保障。

（2）商业模式创新。构建"互联网＋家政服务"商业模式，破解传统家政服务模式受空间与成本约束以及服务质量难以监管的难题。基于平台的诚信体系建设、服务监管和供需对接等服务，行业协会服务家政企业和家政服务员有了新的抓手，提升了家政服务品质。家政服务线下资源的整合，使家政企业开展家政服务有了新的平台，家政服务领域进一步拓宽，家政企业的盈利渠道增加。对于消费者而言，除服务品质有保障外，便利性大大提高，消费者用手机、电脑都可以选择相关家政服务，节省了大量的时间成本，实现了多方共赢。

经验效果

1. 云南家政诚信平台建设成效

云南家政诚信平台上线推广后，签约 100 多家家政公司入驻，近 10000 名家政服务员入职。云南从事家政服务工作的 90% 为外来务工人员，从业门槛低，人员流动性大，文化程度较低。过去大部分家政企业经营管理粗放，经过云南家政诚信平台的引导，家政企业信息技术应用积极性增强，管理走向规范，企业与员工逐渐重视自身素质的提高，涌现了一批服务有特色的家政企业，如南鑫家政、龙凤院家政、宝瑞来家政、阿惠家政等。

云南家政诚信平台通过区块链技术使家政服务企业、从业人员和消费者各方获得一个透明可靠的统一信息平台，即可以实时查看状态，也可以在发生纠纷时进行举证，追查、追溯人员的从业经历和培训技能的整个过程。基于经营企业和从业人员诚信信息形成的企业诚信基础、企业信用状况、企业诚信保障能力、企业诚信品牌价值等诚信指标数据库，云南家政诚信平台可以形成对企业诚信等级评价结果，从而引导企业不断改进服务或经营管理，提高企业诚信等级，同时诚信等级评价的结果也可为政府决策提供参考，为银行等金融机构开展业务提供依据。

2. 创新家政服务模式

云南家政诚信平台以云南家政诚信平台建设为主体，滇家政微信公众号、滇家政移动 App 为两翼，共同形成一个综合的云南省家政公共服务平台，开启了云南家政信息化服务的全新格局。

滇家政微信公众号根据消费者与家政从业人员需求不同，提供不同的服务界面。通过在线预约服务功能，让消费者通过手机享受到专业家政服务。顾客通过滇家政微信公众号预约并填写相关资料后，云南省家政诚信平台将在规定时限内主动对接顾客。滇家政微信公众号可以为市民家庭提供更加便捷的服务，市民可随时随地了解信息和预约服务；家政企业通过大数据的运用，可以更好地配置市场资源，尤其是服务员资源。如月嫂市场处于供不应求状态，产妇预产期并不确定，提前预约便于更加合理地安排人员；对于保洁、钟点工等需要就近安排的服务，也可以更加科学合理地规划流程、路线，做到集中、就近安排，进一步优化了人力资源利用效率，服务效率整体提升。

滇家政移动 App 则采用百度地图 API，提供基于地理服务的信息检索系统，便于消费者检索和与家政员互动。滇家政移动 App 有家政从业人员在线自助登记注册、年度签注功能，为家政从业人员，尤其是非组织化的家政从业人员开辟注册便捷通道，将非组织化的家政从业人员纳入登记注册，为服务质量、服务人员可追溯提供了可能。

3. 借鉴意义

通过信息技术建设的云南家政诚信平台，让传统的家政行业拥抱互联网，推动了行业的发展和进步，每一位家政服务人员的信息都在平台上线，使消费者可以直接通过网络查询到为自己服务的家政服务员的信息，并在网络上直接下单预约家政服务员上门服务，实现了"一部手机找保姆"。

通过建立线上家政培训课堂和线下培训基地，加强家政服务员的法律教育、职业道德教育，提升家政服务的能力，实现家政服务员的专业化、技能化和职业化发展。

通过云南家政诚信体系的建立和完善以及相关标准、制度、规范的制定，使行业服务有标准、监管有依据，建立起消费者、家政服务员和家政企业的三方诚信体系，从根源上解决家政行业诚信缺失的问题。

发挥家政行业协会的作用，以行业协会推动相关规范和标准的制定与落实，通过行业协会对家政企业实行诚信体系考核，曝光不良信用企业，让更多消费者免受不良企业坑骗，不仅净化了市场，也使守法企业和家政服务员权益得到保障，让有一技之长和敬业之心的家政服务员更加有市场，从而推动云南家政行业健康发展。

后　记

　　为贯彻落实《国务院办公厅关于促进家政服务业提质扩容的意见》，总结各地家政服务业发展的有效做法，国家发展改革委、商务部、人力资源社会保障部在全国范围内征集遴选了一批家政服务业发展典型案例。经过初步评选和地方复核，遴选出一批典型案例，并在国家发展改革委社会发展司、商务部服务贸易和商贸服务业司及人力资源社会保障部农民工工作司网上予以公示，接受社会各界监督。

　　在本书编写过程中，国家发展改革委、商务部、人力资源社会保障部有关负责同志给予了关心和指导，提出了许多宝贵的意见，各地发展改革、商务、人力资源社会保障等部门，有关第三方机构和单位给予了无私的支持和帮助，在此，我们一并表示深深的谢意。

　　由于时间较紧，本书的编写一定存在不足之处，欢迎读者批评指正。

本书编委会

2019 年 6 月

图书在版编目（CIP）数据

推进家政服务提质扩容：家政服务业发展典型案例汇编／国家发展改革委社会发展司，商务部服务贸易和商贸服务业司，人力资源社会保障部农民工工作司编著. -- 北京：社会科学文献出版社，2019.7

ISBN 978 - 7 - 5201 - 4717 - 0

Ⅰ.①推… Ⅱ.①国… ②商… ③人… Ⅲ.①家政服务 - 产业发展 - 案例 - 汇编 - 中国 Ⅳ.①F726.99

中国版本图书馆 CIP 数据核字（2019）第 080486 号

推进家政服务提质扩容
—— 家政服务业发展典型案例汇编

编 著／国家发展改革委社会发展司
　　　　商务部服务贸易和商贸服务业司
　　　　人力资源社会保障部农民工工作司

出 版 人／谢寿光
责任编辑／杨　雪
文稿编辑／王　悦

出　　版／社会科学文献出版社·城市和绿色发展分社（010）59367143
　　　　　地址：北京市北三环中路甲 29 号院华龙大厦　邮编：100029
　　　　　网址：www. ssap. com. cn
发　　行／市场营销中心（010）59367081　59367083
印　　装／三河市尚艺印装有限公司

规　　格／开　本：787mm×1092mm　1/16
　　　　　印　张：24.75　字　数：374 千字
版　　次／2019 年 7 月第 1 版　2019 年 7 月第 1 次印刷
书　　号／ISBN 978 - 7 - 5201 - 4717 - 0
定　　价／98.00 元

本书如有印装质量问题，请与读者服务中心（010 - 59367028）联系